STAAT UND POLITIK

Herausgegeben von Prof. Dr. Ernst Fraenkel,
Prof. Dr. Otto Heinrich von der Gablentz, Prof. Dr. Karl Dietrich Bracher

unter Mitwirkung von
Prof. Dr. Waldemar Besson, Prof. Dr. Gert von Eynern,
Prof. Dr. Ossip K. Flechtheim, Prof. Dr. Georg Kotowski,
Prof. Dr. Richard Löwenthal, Prof. Dr. Gerhard A. Ritter,
Prof. Dr. Kurt Sontheimer, Prof. Dr. Otto Stammer

Band 11

KLAUS MELSHEIMER

Sicherungsübereignung oder Registerpfandrecht

Eine politologische Studie
über den Kampf von Interessengruppen
um die Reform des Kreditsicherungsrechts

SPRINGER FACHMEDIEN WIESBADEN GMBH

ISBN 978-3-663-06689-7 ISBN 978-3-663-07602-5 (eBook)
DOI 10.1007/978-3-663-07602-5

D 188

Verlagsnummer 205411

Ursprünglich erschienen bei Westdeutscher Verlag · Koln und Opladen 1967

Scire leges non hoc est verba earum tenere, sed vim ac potestatem.

Celsus L 17 Dig I 3

Inhaltsverzeichnis

Vorbemerkung

Die Arbeit untersucht die Bestrebungen von Interessengruppen in den letzten fünfzig Jahren, durch Einwirkung auf Staat und Öffentlichkeit eine Änderung des Kreditsicherungsrechtes, vor allem eine Umwandlung der Sicherungsübereignung in ein Registerpfandrecht (Mobiliarhypothek) herbeizuführen. Sie hat sich daher zur Aufgabe gesetzt, die verschiedenartigen Einflußnahmen von Interessenverbänden auf Gesetzgebung, vollziehende Gewalt sowie auf die an dieser Frage interessierte Öffentlichkeit – und über diese wiederum teilweise auf die Rechtsprechung – darzustellen. Hierbei ist grundsätzlich von der Darstellung der Existenz organisierter Interessen in Deutschland und ihrer intensiven Einwirkung auf die staatliche Willensbildung bereits in der Zeit vor dem Ersten Weltkrieg abgesehen worden, da hierfür eingehende Untersuchungen vorliegen.

Die verschiedenen und im Laufe der Entwicklung zum Teil wechselnden Stellungnahmen einzelner Wirtschaftsbeteiligter zur Frage einer Umgestaltung des Kreditsicherungsrechts sind begründet in der ökonomischen und sozialen Bedingtheit der von den Verbänden repräsentierten Wirtschaftsinteressen. Eine sachgerechte Analyse der Stellungnahmen von Gläubigergruppen muß daher die konjunkturellen Lagen, die besondere Stellung widerstreitender Interessengruppen im Erzeugungs- und Verteilungsprozeß sowie die durch die Rechtsprechung bewirkte Fortbildung der umstrittenen Rechtsinstitute und ihre Durchsetzung auf Grund allgemein akzeptierter Geschäftsgebräuche in die Untersuchung einbeziehen. Denn diese Faktoren sind nicht nur ursächlich für die Interessenlage der Gläubigergruppen, sie bestimmen auch die Art ihrer Einwirkung auf die Reformbestrebungen.

Entsprechend der Aufgabenstellung ist die juristische Literatur und die Rechtsprechung nur insoweit berücksichtigt worden, als in ihr der Standpunkt von Interessengruppen zum Ausdruck kommt oder durch sie beeinflußt wird. Es ist daher auch nicht angestrebt worden, die rechtsgeschichtliche Entwicklung der Sicherungsübereignung in ihrer jeweiligen Ausgestaltung durch Kautelarjurisprudenz und Judikatur darzustellen. Da die Zielsetzung dieser Arbeit keine genuin juristische ist, sind rechtsdogmatische Fragen nur behandelt worden, soweit dies für das Verständnis der Reformbestrebungen erforderlich ist.

Teil I

Der Kredit und seine Sicherung

1. Die Rolle der Kreditsicherung in der modernen Wirtschaft

Die moderne Volkswirtschaft ist im Gegensatz zur Wirtschaft der Agrargesellschaft durch ihre Dynamik und ihr Streben nach ständiger Expansion gekennzeichnet. Die seit Mitte des 19. Jahrhunderts sich durchsetzende allseitige Industrialisierung [1] rief ein immer schnelleres Wachstum der Wirtschaft hervor, das wiederum einen stets größeren Einsatz von Kapital bedingte, insbesondere der Mittel zur Beschaffung von Produktionsgütern bei dem gesellschaftlich wichtigen Produzentenkredit [2].

Das in einer gegebenen Volkswirtschaft vorhandene Kapital wird der Produktion und den anderen Bereichen der Wirtschaft mittels der Gewährung von Krediten zugeführt. Der gewährte Kredit muß jedoch in der Regel gesichert werden. Denn die aus der Wirtschaftsgeschichte resultierende Erfahrung besagt: Ungesicherter Kredit ist grundsätzlich teurer, weil risikobehafteter als der gesicherte Kredit. Der Risikoausgleich führt bei allen ungesicherten Krediten in der Regel zur erheblichen Verteuerung des Einzelkredits oder, anders ausgedrückt, zu hohen Zinssätzen.

Aber auch banktechnische Gründe haben zur grundsätzlichen Sicherung der vergebenen Kredite geführt. Der ungesicherte Personalkredit war typisch für den Privatbankier, der als selbständiger Geschäftsmann mit eigenem Vermögen seine Kreditdispositionen treffen und diese von seiner persönlichen Kenntnis der Kreditwürdigkeit der Kunden abhängig machen konnte. Diese Vertrautheit mit der geschäftlichen Situation der Kreditsuchenden setzt zudem überschaubare, kleinstädtische Verhältnisse voraus, die durch die Bildung von Großstädten schon nicht mehr gegeben waren [3].

Die moderne Großbank als Produkt der Konzentration und Rationalisierung der Bankwirtschaft verdrängt und beseitigt nicht nur den Privatbankier und die Kleinbank, sie bedingt von der Organisation her auch eine andere Geschäftsgebarung bei der Kreditvergabe. Für sie muß schon wegen der Ausdehnung des Kundenkreises und der Unübersichtlichkeit der geschäftlichen Verhältnisse ein nach schematischen Gesichtspunkten gewährter und kontrollierter, also gesicherter Kredit der Regelfall sein [4]. Zudem ist der als Kreditsachbearbeiter tätige Angestellte einer Großbank an feste Vergaberichtlinien gebunden; er will und kann auch gar nicht das Risiko eines ungedeckten Kredits auf sich nehmen.

[1] Vgl. hierzu die Ausführung von Schumpeter, Konjunkturzyklen, Bd. I, S. 265.
[2] Vgl. Corell, S. 211, 290; Fröhl in Handw. d. Sozialw., Bd. 6, S. 302.
[3] Schönitz, S. 45, 48; Zwingmann, S. 17, 19.
[4] So schon Prager, DJT, Bd. 3, S. 253.

Die von Zeit zu Zeit immer wieder erhobene Forderung nach dem ungesicherten Personalkredit mutet daher reichlich unrealistisch an.

Ihre Verwirklichung, sofern sie überhaupt möglich wäre, würde zu einer volkswirtschaftlich untragbaren Verteuerung des Kredits führen, deren Folge die Einschränkung von Investitionen wäre [5]. Das aber würde gerade den in der modernen Industriegesellschaft angestrebten Zielen, von denen nur die stete Erhöhung der Wachstumsrate, die Aufrechterhaltung ständiger Vollbeschäftigung genannt seien, zuwiderlaufen. Hinzu kommen Aufgaben, die die in Permanenz übergegangene technische Revolution heute z. B. in Gestalt der Automatisation an die Kreditbeschaffung stellt.

Der Kredit, der letztlich nur als gesicherter Kredit die hinreichende Mobilisierung des vorhandenen Kapitals für diese Zwecke erfüllen kann, muß zudem in der praktikabelsten und mit dem geringsten Aufwand verbundenen Weise gewährt werden können. Eine komplizierte schwerfällige Art der Kreditsicherung hat deshalb denselben Effekt wie seine Verteuerung – das wurde oft bei den Plänen zur Reform der Kreditsicherung nicht berücksichtigt.

2. Die Kreditsicherungsrechte des BGB

Im folgenden sollen die wichtigsten von der Zivilrechtsordnung zur Verfügung gestellten Sicherungsmittel des Waren- und Geldgläubigers kurz dargestellt werden, wobei jedoch spezielle rechtliche Einzelfragen erst in der Darstellung des Kampfes der Interessengruppen um die Reform der Kreditsicherung behandelt werden.

Das BGB hat als Kreditsicherungsrechte für den Warengläubiger den in § 455 BGB erwähnten Eigentumsvorbehalt, für den Geldkreditgeber vor allem die Bürgschaft und das Pfandrecht normiert [6]. Die Bürgschaft als typische Personalsicherung ist in der Neuzeit in immer geringerem Maße geeignet, den Bedürfnissen des Massenkreditgeschäftes zu dienen. Sie setzt eine Kenntnis des Geldgebers über die Kreditwürdigkeit und die finanzielle Solidität des Bürgen voraus, die nur bei überschaubaren Lebensverhältnissen gegeben war. Der moderne Kreditverkehr ist daher im wesentlichen auf der Realkreditsicherung aufgebaut, hinter dem die Bürgschaft zurücktritt und nur als zusätzliche Sicherheit [7] oder in Ausnahmefällen bei dem Geldgeber besonders bekannten Bürgen eine Rolle spielt.

Das Pfandrecht ist aber noch weniger in der Lage, den Anforderungen des modernen Massenkreditverkehrs zu entsprechen. Seine Ausgestaltung im BGB beruht auf dem in Ablehnung der publizitätslosen, gemeinrechtlichen Mobiliarhypothek streng durchgeführten Faustpfandprinzip. Der Schuldner muß daher die als Kreditunterlage dienenden Sachwerte dem Gläubiger zu unmittelbarem Besitz übertragen oder ihm den Herausgabeanspruch gegen den unmittelbaren Besitzer abtreten (§ 1205,

[5] Samuelson, Bd. I, S. 392.

[6] Die Grundpfandrechte können hier außer Betracht bleiben, da sie für den kurzfristigen Umschlag in der Wirtschaft keine Rolle spielen; ihre Bedeutung liegt vielmehr in der langfristigen Kreditaufnahme der Landwirtschaft und des städtischen Grundbesitzes.

[7] Vgl. Larenz, S. 306.

1206 BGB). Die ratio legis geht dahin, daß die als Kreditmittel dienenden Sachen aus dem erkennbaren Vermögen des Schuldners ausscheiden. Sobald er wieder ohne Eigenmacht in den Besitz der Sachen gelangt, erlischt daher das Pfandrecht des Gläubigers (§ 1253 BGB).

Diese auf dem strengen Publizitätsprinzip aufgebaute Regelung macht das Pfandrecht ungeeignet, dem Kredit des durchschnittlichen Geschäftsverkehrs zu dienen. Denn im allgemeinen besitzt der Kaufmann oder Fabrikant als einzige mögliche Kreditunterlage sein Geschäftsinventar, Warenlager, Maschinen usw., deren Besitz er auf keinen Fall entbehren kann, sofern er seine Geschäftstätigkeit fortsetzen will.

Daher spielt das vom BGB als Hauptsicherungsmittel des Mobiliarkredits vorgesehene Pfandrecht nur in zwei Fällen eine bedeutsame Rolle.

Zum ersten dient seine Hingabe als Faustpfand an Pfandleihanstalten der Erlangung von Kleinkrediten des täglichen Lebens. Weiterhin ist es wichtig als Pfandrecht der Banken an Wertpapieren, Edelmetallen, Wertgegenständen, Devisen, Dispositionspapieren usw., die der Kunde bei ihnen hinterlegt hat [8].

Der Rechtsverkehr mußte sich deshalb ein Institut schaffen, das unter Absage an das Publizitätsprinzip dem Wirtschafter Besitz und Verfügung über seine Vermögenswerte beläßt, ihm aber andererseits deren Verwertung als Kreditunterlage ermöglicht.

3. Die Sicherungsübereignung als Sicherungsmittel des Geldkreditgebers

a) Sicherungsübereignung von Einzelsachen

Eine solche Sicherung, die den Anforderungen des modernen Wirtschaftslebens genügen konnte, schuf sich an Stelle des Pfandrechts die Wirtschaft in der Sicherungsübereignung, die dem Gläubiger eine Kreditunterlage bot, dem Schuldner hingegen aber den Besitz, Nutzung und gegebenenfalls auch das Verfügungsrecht an den der Sicherung dienenden Gütern beließ [9]. Das Rechtsinstitut der Sicherungsübereignung hatte als constitutum possessorium schon im gemeinen Recht höchstrichterliche Anerkennung [10] und wirtschaftlich eine starke Verbreitung gefunden. Im BGB, das hinsichtlich des Mobiliarpfandrechts an dem starren Faustpfandprinzip festgehalten hatte (§§ 1205, 1206), war die Sicherungsübereignung nicht ausdrücklich geregelt worden. Im Rahmen dieser politikwissenschaftlichen Untersuchung kann es jedoch dahingestellt bleiben, ob man die Sicherungsübereignung als eine auf Delegation beruhende Rechtsfigur secundum legem (§ 223 II BGB) oder ein von der Praxis geschaffenes Rechtsinstitut praeter legem ansehen [11] oder ihr aber

[8] Baur, § 55 II, S. 497, 498; Wolff-Raiser, § 159 IV, S. 668, § 174, S. 716 f.; für das Pfandrecht der Banken Ziff. 19 (2) AGB.

[9] Unter Sicherungsübereignung wird im folgenden die Sicherungsübertragung gemäß § 930 BGB verstanden, bei der der Sicherungsgeber im Besitz der übereigneten Gegenstände bleibt, also keine Publizität des Eigentumsübergangs stattfindet.

[10] RGZ 2, 173–176 (174); 13, 200–204 (203, 204); 26, 180–185; 57, 175–179 (177).

[11] Ob die Sicherungsübereignung aus § 223 II BGB hergeleitet werden kann, scheint fraglich; auf jeden Fall hatte man sie bei der Ausarbeitung des BGB im Auge gehabt und nicht verbieten wollen. Vgl. Motive, Bd. III, S. 335; Protokolle, S. 196–199, 201 f.

die Rechtswirksamkeit bestreiten will, weil sie contra legem, nämlich als Umgehung des Verbots der Mobiliarhypothek, das man aus dem Faustpfandprinzip zu folgern pflegt, entstanden ist [12]. Die überwiegende Meinung sieht sie heute als gewohnheitsrechtlich sanktioniert an [13]. Das wirtschaftliche Bedürfnis nach einem Kreditsicherungsmittel ohne Besitzübertragung jedenfalls war stärker als alle Bedenken begriffsjuristischer Konstruktion, und das Reichsgericht erkannte kurze Zeit nach Inkrafttreten des BGB – im Jahre 1902 – die Sicherungsübereignung auch unter der Herrschaft des neuen Gesetzbuches als wirksam an [14]. Es ist von dieser feststehenden Rechtsprechung, die vom Bundesgerichtshof fortgesetzt wurde, niemals wieder abgewichen. In der Folgezeit haben höchstrichterliche Judikatur und Kautelarjurisprudenz in einem Wechselspiel die Sicherungsübereignung zu einem immer mehr verfeinerten Instrument der Kreditsicherung ausgebaut.

Die Sicherungsübereignung, früher oft auch als Verschreibungsakte bezeichnet, wurde anfangs in Anlehnung an frühere Gesetzgebungen, insbesondere das ALR, in der Form des Sicherungskaufes vereinbart, weil für die Parteien ungewiß war, ob die Gerichte auch nach Inkrafttreten des BGB den Sicherungszweck als hinreichenden Erwerbsgrund für den Eigentumsübergang ansehen würden [15]. Da das BGB, aufgebaut auf dem Prinzip der Abstraktion von der causa [16], die Rechtswirksamkeit des abstrakt dinglichen Vertrages unabhängig von einem diesem zugrunde liegenden Verpflichtungsgeschäft anerkannte, verschwand unter seiner Geltung bald die unterschiedliche Ausgestaltung der Sicherungsverträge, und der Sicherungskauf als eigenständige Rechtsfigur wich der reinen Sicherungsübereignung [17].

Da der Zweck des Geschäftes für die Einigung über den Eigentumsübergang bei der Sicherungsübereignung gleichgültig ist, kann die Eigentumsübertragung zum Zwecke der Sicherung einer Forderung rechtswirksam vorgenommen werden.

Da die Übertragung des Eigentums bei der Sicherungsübereignung nicht ein Veräußerungsgeschäft bezweckt, sondern auf die Sicherung einer Forderung gerichtet ist, geschieht sie meistens unter der auflösenden Bedingung, daß die Forderung getilgt wird. Dem Sicherungszweck der Eigentumsübertragung kann aber auch dadurch genügt werden, daß der Gläubiger nach der schuldrechtlichen Sicherungsabrede verpflichtet ist, das Treugut nach Befriedigung der gesicherten Forderung zurückzuübertragen [18]. Da der Sicherungszweck aus der abstrakten Übereignung

[12] Boehmer, II 2, S. 142.

[13] Vgl. Heck, § 107, S. 433; Enneccerus-Nipperdey, I 2, § 148, II 1 b, S. 925; Bauer, § 56 II, § 57, S. 520, 523; Serick, § 4, II 2, S. 57.

[14] Boehmer, II 2, S. 148; Schäfer, Die Rechtsprechung über die Sicherungsübereignung, S. 7.

[15] Vgl. Serick, § 4, II 1, S. 56 f.

[16] Das das ganze BGB durchziehende Prinzip der Abstraktion von der causa hat für die Herausbildung und starke Verbreitung der publizitätslosen Sicherungsübereignung nicht die Rolle gespielt, die ihre Kritiker wie Brandt, Eigentumserwerb und Austauschgeschäft, S. 102, 204 ff., ihr zusprechen. Hierfür waren in erster Linie wirtschaftliche Gründe ursächlich.

[17] Schäfer, Die Rechtsprechung über die Sicherungsübereignung, S. 21; s. auch die Entschdg. des RG v. 5. 12. 1905, RGZ 62, 126–130.

[18] Berg in Staudinger, Bd. III, § 929, Anm. 32, S. 627; Serick, § 4, II 2, S. 57; Wolff-Raiser, § 180, II 2, S. 740; Trost–Schütz, S. 565.

nicht ersichtlich ist, der Sicherungsnehmer folglich Dritten gegenüber noch als Volleigentümer sich gerieren kann, hat man in Erörterungen gegen die Sicherungsübereignung eingewandt, daß sie dem Sicherungseigentümer mehr gebe, als er zu beanspruchen habe, nämlich volles Eigentum an Stelle einer Pfandsicherung.

Das bei der Sicherungsübertragung zu vereinbarende Besitzmittlungsverhältnis kann nach § 868 BGB ein Leih-, Miet- oder Pachtverhältnis, ein Verwahrungsvertrag, ein Kommissionsgeschäft usw. sein. Die Rechtsprechung hat im Laufe der Zeit herausgearbeitet, daß die Vereinbarung eines abstrakten Besitzkonstituts für den Eigentumsübergang nicht genügt, andererseits eine im BGB normierte Vertragsart nicht erforderlich ist.

Ausreichend ist demgemäß auch ein Verhältnis, das dem Sicherungsnehmer den mittelbaren Besitz verschafft und den Herausgabeanspruch nicht auf die Dauer ausschließt bzw. den Schuldner berechtigt, die Sache zu behalten und weiter zu nutzen unter Auferlegung der Pflicht, sie dem Gläubiger im Falle der Säumigkeit zur Verwertung herauszugeben [19].

Eine große Rolle im Geschäftsleben spielten von Anfang an in zunehmendem Maße die Übereignung von Warenlagern, bei denen die Wichtigkeit für das Wirtschaftsleben mit der Zahl der durch sie ausgelösten rechtlichen Probleme korrespondiert.

b) Sicherungsübereignung von Warenlagern

Da nach deutschem Recht nicht Sachgesamtheiten, sondern nur einzelne Gegenstände übereignet werden können, standen Geschäftspraxis und Rechtsprechung vor der zu lösenden Schwierigkeit, wie bei Warenlagern mit wechselndem Bestand dem Grundsatz der Bestimmtheit der zu übereignenden Gegenstände genügt werden kann. Die dem Sicherungsnehmer gemäß § 185 I BGB notwendigerweise erteilte Ermächtigung, Sachen aus einer solchen Gesamtheit zu veräußern, bedingte, daß neu hinzukommende Ersatzstücke in das Sicherungseigentum des Gläubigers übergehen mußten, sofern nicht eine völlige Entleerung des sicherungsübereigneten Warenlagers die Folge sein sollte. Rechtlich vollzieht sich dieser Ersatz im Wege der vorweggenommenen Sicherungsübereignung. Sie erfordert eine äußere Handlung, durch die zum Ausdruck kommt, daß der Sicherungsgeber jeweils durch Selbstkontrahieren (§ 181 BGB) die eingebrachten Sachen auf den Sicherungsnehmer überträgt [20].

Die Grenzen wirksamer Übertragung, die sich gerade hier oft verschoben, mußten im Hinblick auf den Bestimmtheitsgrundsatz erst im Laufe der Zeit von der Rechtsprechung herausgearbeitet werden [21].

Ein weiteres Problem, das von der Rechtspraxis gelöst werden mußte, war die Sicherungsübereignung eines Lagers mit wechselndem Warenbestand, in dem sich

[19] Wolff–Raiser, § 180, II 3, S. 741; Westermann, § 43, II 2, S. 209; RGZ 118, 361–365 (364), vor allem aber RGZ 132, 183–189 (186).

[20] Berg in Staudinger, Bd. III, Anm. 35, S. 630; Johannsen in BGB–RGRK, § 930, Anm. 10, Wolff–Raiser, § 180, II 1, S. 739.

[21] Vgl. die Ausführungen zu diesem Problem bei Serick, § 2, III 2, S. 18 f.; Berg hält Bestimmbarkeit für ausreichend, Staudinger, § 929, Anm. 35, S. 631; a. A. Trost-Schütz, S. 565; letzte grundlegende Entscheidung BGHZ 28, 16–30 (22).

neben eigenen Sachen des Schuldners Fremdgut befand, also insbesondere Vorbehaltswaren. Sie führten – allerdings erst nach längeren juristischen Kämpfen – zu dem Ergebnis, daß der Schuldner durch Sicherungsübereignung oder antizipiertes Besitzkonstitut dem Gläubiger unter Eigentumsvorbehalt stehende Waren zwar nicht übereignen, wohl aber ihm sein Anwartschaftsrecht sicherungsübertragen kann. Dieses erwächst mit der Bezahlung des Kaufpreises durch den Schuldner unmittelbar zu Volleigentum beim Sicherungsnehmer [22].

Abschließend sei noch auf die Problematik verwiesen, die mit der Unwirksamkeit von Sicherungsübereignungen wegen Sittenwidrigkeit (§ 138 BGB) und der Haftung des Sicherungsnehmers anderen durch die Sicherungsübereignung geschädigten Gläubigern aus dem Gesichtspunkt der Kreditschädigung (§ 826 BGB) gegeben ist. Das Reichsgericht hat in den Jahren seiner Tätigkeit Grundsätze für die Nichtigkeit (§ 138 BGB) eines Sicherungsübereignungsvertrages herausgearbeitet, nach denen gegebenenfalls auch für geschädigte Gläubiger Schadensersatzansprüche nach § 826 BGB begründet sein können, wenn der Sicherungsnehmer zumindest den bedingten Willen gehabt hat, durch die Sicherungsübereignung dritten Gläubigern Schaden zuzufügen. Es sind dies:

1. Vorliegen einer Konkursverschleppung
2. Stille Teilhaberschaft des Sicherungsnehmers
3. Aussaugung durch Knebelungsvertrag des Sicherungsnehmers
4. Kreditbetrug
5. Gläubigergefährdung durch den Sicherungsnehmer [23]

c) Sicherungsübereignung in Zwangsvollstreckung und Konkurs

Der Sicherungsnehmer kann bei Zwangsvollstreckung in das Vermögen seines Schuldners die Freigabe des Sicherungsgutes mit der Drittwiderspruchsklage (§ 771 ZPO) verlangen. Die Rechtsprechung des Reichsgerichts hat stets die von Vertretern der Wissenschaft und Praxis geforderte Gleichstellung des Sicherungseigentümers mit dem Pfandgläubiger abgelehnt, die ersterem im Falle der Zwangsvollstreckung Dritter in das Sicherungsgut nur einen Anspruch auf vorzugsweise Befriedigung nach § 805 BGB zukommen lassen wollte [24].

Hingegen wird dem Sicherungsnehmer, nachdem dies anfänglich umstritten war [25], beim Konkurs seines Sicherungsgebers nur ein Anspruch auf abgesonderte Befriedigung von der Rechtsprechung zuerkannt [26].

Im übrigen ist der Sicherungsnehmer nicht an die Vorschriften über den Pfand-

[22] A. A. war das Reichsgericht, das für eine »logische Sekunde« den Vorbehaltskäufer Eigentümer werden ließ. RGZ 140, 223–231 (229), jetzt BGHZ 20, 88 ff. (100).

[23] Vgl. Ausführungen Berg in Staudinger, § 929, Anm. 37, S. 633 f.; Johannsen in BGB-RGRK, § 903, Anm. 67, S. 446 f.; Trost-Schütz, S. 567 ff.

[24] So zuerst wohl Hellwig, Gläubigernot, S. 155–157; Westermann, § 43, IV 1, S. 212; wohl auch Baumbach-Lauterbach, § 771, Anm. 5, S. 1290/91.

[25] Vgl. Berg in Staudinger, § 929, Anm. 40, S. 636 f.

[26] RGZ 24, 45 ff., *48;* 91, 12 ff., *15;* 277 ff., *80*; 118, 209 f.; 124, 73 f., 75; 145, 188 ff., 193; Jaeger, Konkursordnung, Bd. I, § 48, Anm. 13, S. 703.

verkauf gebunden, er kann seine Befriedigung bei Fehlen einer Abrede in der Regel durch freihändigen Verkauf des Sicherungsgutes herbeiführen [27].

4. Sicherungsabtretungen von Forderungen

Ein weiteres Mittel der Sicherung des Mobiliarkredits von erheblicher wirtschaftlicher Bedeutung für den Geldkreditgeber ist die Vorausabtretung von Forderungen aus Sicherungsgründen. Diese Vorausabtretung künftiger, also noch nicht entstandener Forderungen war nach gemeinem Recht anerkannt und wurde durch eine Entscheidung im Jahre 1903 vom Reichsgericht nach dem BGB für zulässig erklärt [28].

Diese Sicherungsabtretung wurde anfangs auch oft fälschlich im Bankverkehr als »Diskontierung von Buchforderungen« bezeichnet, obwohl kein Ankauf einer noch nicht fälligen Forderung unter Abzug der Zwischenzinsen vorliegt, sondern die Sicherungsabtretung einer Forderung zum Zwecke der Erlangung eines Bankkredits [29]. Diese Sicherungszessionen künftig entstehender Geschäftsforderungen als Kreditunterlage setzten sich bei den deutschen Privatbanken – bei der Deutschen Bank Anfang 1909 – im allgemeinen in den Jahren 1909/1910 durch [30].

Diese Kreditgewährung auf der Unterlage von Sicherungsabtretungen wurde aus Österreich übernommen, wo sie als Eskomptierung von Buchforderungen in den Jahrzehnten zuvor starke Verbreitung gefunden hatte und bei Fehlen einer Sicherungsübereignung, wie sie das deutsche Recht ausgebildet hatte, zu einem der wichtigsten Sicherungsmittel für den Geschäftsverkehr geworden war [31].

Da die Sicherungsabtretung entsprechend ihrem Sicherungscharakter in der Form der »stillen« Zession vorgenommen wird [32], erfolgt grundsätzlich keine Mitteilung an den Schuldner, der Zedent zieht vielmehr auch die Forderung treuhänderisch ein. Das ist erforderlich, um durch eine Mitteilung an den Schuldner über die erfolgte Abtretung den allgemeinen Geschäftskredit des Zedenten nicht zu gefährden [33]. Eine Offenlegung der Abtretung und Einziehung durch die Bank erfolgt daher nur, falls der Zedent seinen Verpflichtungen gegenüber der Bank nicht nachkommt, insbesondere aber, wenn er insolvent zu werden droht.

Obwohl die stille Zession künftiger Forderungen für die Banken gewisse Gefahren in sich birgt, da der Abtretende die Forderung mehrmals zedieren kann, es

[27] Trost–Schütz, S. 567; Baur, § 57, VII, S. 534; Westermann, § 43, V, S. 212 f.

[28] RGZ 55, S. 334, 335; vgl. Schlegelberger–Hefermehl, Anh zu § 368, Anm. 73, S. 1911.

[29] Hoeniger, Die Diskontierung von Buchforderungen, S. 7; Heilfron, Geld-, Bank- und Börsenrecht, S. 163; Schönitz, Der kleingewerbliche Kredit, S. 334; Trost–Schütz, S. 518, stellt daher fest, daß die Diskontierung von Buchforderungen nicht mehr vorkommt. Vgl. auch Scholz, Das Recht der Kreditsicherung, S. 329.

[30] Heilfron, a.a.O., S. 164.

[31] Schönitz, Der kleingewerbliche Kredit, S. 334; Heilfron, Geld-, Bank- und Börsenrecht, S. 163; Koch, Der Warenkredit der Banken und seine Sicherstellung, S. 72; vgl. auch Prager in Verhandlungen des 31. Deutschen Juristentages, Bd. III, S. 253.

[32] Über die Zulässigkeit der »stillen« Zession vgl. RGZ 90, S. 248 ff., 249; 92, S. 105 ff., 107; 133, 234 ff., 242; RG JW 1937, S. 3029; Schlegelberger–Hefermehl, Anh. zu § 368, Anm. 74, S. 1911.

[33] So schon Heilfron, Geld-, Bank- und Börsenrecht, S. 164; Schönitz, Der kleingewerbliche Kredit, S. 334; Schlegelberger-Hefermehl, Anh. zu § 368, Anm. 247, S. 1976.

einen gutgläubigen Erwerb von Forderungen nicht gibt und dem Abtretungsempfänger alle Einwendungen gegen die Forderung entgegengesetzt werden können, die auch gegen den Zedenten hätten vorgebracht werden können, hat sich in den folgenden Jahrzehnten diese Form der Kreditsicherung in weitestem Umfange durchgesetzt [34].

Entscheidend hierfür war die bequeme Art und Weise der Realisierung der Banksicherheit. Die Bonität der sicherungszedierten Forderung vorausgesetzt, bedarf es für die Bank lediglich der Mitteilung von der Abtretung an den Schuldner verbunden mit der Aufforderung, nur an sie zu zahlen, um sich aus der Sicherheit zu befriedigen [35]. Bei der Sicherungsübereignung, die anfangs als Kreditunterlage bevorzugt wurde, bereitete gerade die Verwertung des Treugutes u. U. erhebliche Schwierigkeiten. Wegen ihrer leichten Realisierbarkeit erfreute sich die Sicherungsabtretung im Bankgewerbe bald immer mehr steigender Beliebtheit und wird als Kreditsicherheit zumindest der Sicherungsübereignung von Warenlagern vorgezogen [36].

Im Verlaufe der weiteren Herausbildung von Sicherungsmitteln der verschiedenen Gläubiger des Wirtschaftslebens trat an die Stelle der einfachen Sicherungsabtretung die Mantel- und später die Globalzession.

Bei der Mantelabtretung verpflichtet sich der Bankkunde, die ursprünglich zedierten und später an ihn gezahlten Forderungen durch neue Forderungen laufend zu ersetzen. Die Abtretung der einzelnen Forderungen erfolgt aber erst mit dem jeweiligen Eingang von Zessionslisten in Gestalt von Rechnungsabschriften usw. bei der Bank. Diese erhält für ihren Kredit somit eine fortlaufende Sicherheit; die Abtretung der betreffenden Forderung tritt aber erst ein mit Eingang der Abschrift oder Liste bei der Bank [37].

Mit der generellen Durchsetzung des verlängerten Eigentumsvorbehalts, vor allem in der weiteren Verstärkung durch die Kontokorrent- und Konzernklausel in den allgemeinen Lieferungsbedingungen der Warenlieferanten trat an die Stelle der Mantelabtretung die »globale Forderungsabtretung« [38], die auch als fortlaufender Zessionsvertrag bezeichnet wird. Durch sie zediert der Bankkunde von vornherein seine sämtlichen gegenwärtigen und künftigen Forderungen gegen bestimmte Schuldner an die Bank und überreicht lediglich in bestimmten Abständen Schuldnerlisten, aus denen die abgetretenen Forderungen ersichtlich sind.

Die Forderung geht aber im Gegensatz zur Mantelzession sofort mit ihrer Entstehung auf Grund des Globalvertrages auf die Bank über; die Einreichung der Listen hat demzufolge nur deklaratorische Bedeutung [39]. Bedeutung gewann die

[34] Herold–Hilgermann–Bernicken, S. 355.

[35] Scholz, Das Recht der Kreditsicherung, S. 327, 328. Die Banken pflegen daher sich sofort bei der Abtretung ein vom zedierenden Kunden unterschriebenes Mitteilungsschreiben geben zu lassen, um dieses gegebenenfalls bei Offenlegung dem Forderungsschuldner zu übersenden.

[36] Fischer, Kollision des verlängerten Eigentumsvorbehaltes des Warenlieferanten, S. 12.

[37] Vgl. Trost–Schütz, S. 522, und Fischer, a.a.O., S. 12; Scholz, Das Recht der Kreditsicherung, S. 329 ff.; Schlegelberger–Hefermehl, Anh. zu § 368, Anm. 222, S. 1970.

[38] Wunschel, Die Krise des verlängerten Eigentumsvorbehalts, S. 653.

[39] Trost–Schütz, S. 519; Fischer, a.a.O., S. 13; Scholz, Das Recht der Kreditsicherung, S. 321 f.; Schlegelberger–Hefermehl, Anh. zu § 368, Anm. 222, S. 1970.

Globalzession aus dem Ringen der Geldkreditgeber mit den durch die immer mehr verfeinerte Ausgestaltung des Eigentumsvorbehaltes stärker gewordenen Warenlieferanten.

5. Eigentumsvorbehalt als Kreditsicherungsmittel des Warengläubigers

a) Der sogenannte einfache Eigentumsvorbehalt

Den Sicherungsmitteln des Geldkreditgebers steht das typische Institut der Kreditsicherung des Warenlieferanten gegenüber, der Eigentumsvorbehalt, der – allgemein auch als einfacher Eigentumsvorbehalt [40] bezeichnet – in § 455 BGB seine Regelung gefunden hat.
Bei ihm wird der Kaufvertrag unbedingt abgeschlossen, die Übereignung aber unter der aufschiebenden Bedingung der völligen Bezahlung des Kaufpreises vorgenommen. Der Käufer wird daher erst mit Tilgung der Kaufpreisforderung, dann allerdings ipso iure, ohne daß es einer erneuten Willenserklärung des Verkäufers bedürfte, Eigentümer der gekauften Ware [41]. Der Vorbehalt muß allerdings spätestens bei Übergabe der Ware vereinbart werden, einen nachträglichen, einseitig durch den Lieferanten erklärten Eigentumsvorbehalt gibt es nicht. Allerdings kann nach der unbedingten Übereignung das Eigentum sicherungshalber zurückübertragen werden [42].

Eine große Bedeutung erlangte der Eigentumsvorbehalt von Anfang an in Verbindung mit dem Abzahlungsgesetz bei der Konsumfinanzierung durch sog. Kredithäuser [43].

In den allgemeinen Geschäfts- und Lieferungsbedingungen der Industrie und teilweise auch des Großhandels fand er erst nach dem Ersten Weltkrieg in vollem Umfang Verbreitung [44].

Im Wirtschaftsleben erfuhr er jedoch in den folgenden Jahren »Erweiterungen« und »Erstreckungen« in den verschiedensten Ausgestaltungsformen.

Zuerst setzte sich in den Lieferungsbedingungen der sog. »uneinheitliche« Eigentumsvorbehalt durch. Er bezweckt, dem Verkäufer einen Schutz gegen die Sicherungsübereignung der gelieferten Sache durch den Käufer zwecks Erlangung von Bankkredit zu geben. Im allgemeinen wurde und wird auch heute noch folgende Formel benutzt [45]:

»Die gelieferte Ware darf vor voller Bezahlung oder Einlösung der dafür hingegebenen Wechsel oder Schecks ohne Zustimmung des Verkäufers an Dritte weder weiterverpfändet noch zur Sicherheit übereignet werden.«

[40] Flume, Der verlängerte und erweiterte Eigentumsvorbehalt, S. 841.
[41] Enneccerus–Lehmann, § 118, III 1, S. 479; Larenz, § 39, II c, S. 77; Rühl, Eigentumsvorbehalt, S. 7, 97.
[42] Larenz, § 39, III c, S. 73; Enneccerus–Lehmann, § 179, II 2, S. 479; Rühl, Eigentumsvorbehalt, S. 72 ff.
[43] Rühl, Eigentumsvorbehalt, S. 7, 218 ff.
[44] Enneccerus–Lehmann, § 118 A, S. 476.
[45] Rühl, Eigentumsvorbehalt, S. 75.

Diese zwar rechtswirksame Klausel gibt dem Lieferer jedoch nur einen obligatorischen Anspruch gegen seinen Käufer [46]. Die von den Lieferfirmen angestrebte Begründung eines Schadenersatzes aus § 826 BGB gegen Dritte, die sich das Vorbehaltsgut als Sicherheit übereignen lassen, scheitert im allgemeinen, sofern nicht gerade ein komplottartiges Zusammenwirken von Vorbehaltskäufer und Sicherungsnehmer zum Nachteil des Lieferanten vorliegt [47].

Mit dem Aufkommen des echten Eigentumsvorbehalts, insbesondere in den Ausgestaltungsformen der Verlängerung und Erstreckung, wurde der uneigentliche Eigentumsvorbehalt aus den Geschäftsbedingungen zeitweise verdrängt [48].

Weiterhin fand der sog. »weitergegebene oder weitergeleitete Eigentumsvorbehalt« in den formularmäßigen Geschäftsbedingungen Aufnahme. Durch ihn wird dem Käufer die Pflicht auferlegt, bei Weiterveräußerung seinerseits seinem Abnehmer nur unter Eigentumsvorbehalt zu verkaufen [49].

b) Formen des verlängerten und weitergeleiteten Eigentumsvorbehalts

Später wurde in den Geschäftsbedingungen der Eigentumsvorbehalt dahin erweitert, daß dem Vorbehaltskäufer einerseits gestattet wurde, die gekaufte Sache im Rahmen eines ordnungsmäßigen Geschäftsbetriebes weiterzuveräußern, andererseits mußte er aber die Forderung aus der Weiterveräußerung dem Verkäufer abtreten [50].

Die vertragliche Bestimmung lautet etwa [51]: »Bei einem Weiterverkauf der dem Lieferanten gehörenden Waren tritt die volle Kaufpreisforderung an Stelle der Ware.« Derartige Klauseln des sog. »verlängerten« Eigentumsvorbehalts begannen in den Jahren 1930/31 Eingang in die allgemeinen Geschäftsbedingungen zu finden [52].

Es liegt hier eine antizipierte Forderungsabtretung vor, und zwar in Gestalt einer Zession künftiger Forderungen. Das ist zulässig.

Rechtliche Schwierigkeiten tauchen jedoch auf, wenn der Eigentumsvorbehalt mit antizipierter Forderungszession weiterverlängert wird durch den Kontokorrent- oder Saldovorbehalt. In diesem Falle erstreckt sich die Fortdauer des Eigentumsvorbehalts bis zur Bezahlung sämtlicher Forderungen aus der Geschäftsverbindung des Käufers mit dem Lieferanten. Für den Konzernvorbehalt dauert darüber hinaus

[46] Rühl, Eigentumsvorbehalt, S. 77; Meisner, Der Eigentumsvorbehalt, S. 4; Jacusiel, Der Eigentumsvorbehalt, S. 92 f.

[47] Rühl, Eigentumsvorbehalt, S. 77; Jacusiel, Der Eigentumsvorbehalt, S. 93.

[48] Jacusiel, Der Eigentumsvorbehalt, S. 92.

[49] Jacusiel, a.a.O., S. 34 f.; Larenz, § 39, II e 2, S. 83 f.; Schlegelberger-Hefermehl, Anh. zu § 368, Anm. 94, S. 1920.

[50] Enneccerus-Lehmann, § 118 A. S. 477; Larenz § 39, II e 1, S. 82, 83; Rühl, Eigentumsvorbehalt, S. 45 f.

[51] Rühl, Eigentumsvorbehalt, S. 42.

[52] Schantz, Verlängerter Eigentumsvorbehalt – wie lange noch?, S. 21; Fischer, Der verlängerte Eigentumsvorbehalt in der Krise, S. 366.

der Vorbehalt fort bis zur Bezahlung sämtlicher Forderungen der zum Konzern des Lieferanten gehörigen Firmen [53].

In den Fällen des verlängerten Eigentumsvorbehaltes, insbesondere des Kontokorrent- und Konzernvorbehaltes, in denen der Eigentumsvorbehalt die Sicherungsübereignung zu überrunden begann, konnte es, insbesondere wenn der Käufer gleichzeitig einer Bank Forderungen durch Globalvertrag abgetreten hatte, zweifelhaft sein, welchem Gläubiger die jeweils entstehende Forderung zukommt [54].

c) Der erstreckte Eigentumsvorbehalt und § 950 BGB

Besondere Schwierigkeiten bereitete anfangs den Lieferanten von Rohstoffen und Halbfabrikaten, die ihren Abnehmern die Verarbeitung des Vorbehaltsgutes gestatten mußten, die Vereinbarung eines wirksamen Eigentumsvorbehaltes. Nach § 950 BGB erwirbt der Hersteller einer Sache das Eigentum an den in ihr verarbeiteten Rohstoffen und Halbfabrikaten. Da die Vorschrift des § 950 BGB anfänglich als zwingendes Recht angesehen wurde [55], hatte die Vereinbarung eines Eigentumsvorbehalts mit dem Verarbeiter für Rohstofflieferanten wenig Sinn. Es wurden verschiedene Wege beschritten, um dem Lieferanten dennoch das Eigentum an den verarbeiteten Rohstoffen vorzubehalten.

Einmal betonte man, daß § 950 BGB dem Verarbeiter das Eigentum an der Neuherstellung aus Gründen der Rechtsklarheit zusprechen wolle, falls anderweitige Vereinbarungen nicht getroffen worden sind [56]. Das lief darauf hinaus, den § 950 BGB zu einer Vorschrift dispositiven Rechts zu erklären [57] und stimmte mit den Bestrebungen überein, diese Vorschrift kraft gesetzlicher Bestimmung zu abdingbarem Recht umzugestalten.

Im übrigen versuchte man in zweifacher Weise, dem Eigentumserwerb des Herstellers durch Verarbeitung zu entgehen. Einerseits wurde durch Vereinbarung eines Dienst- oder Werkvertrages, manchmal auch eines Gesellschaftsverhältnisses der Eigentumsanfall des Vorbehaltskäufers durch Verarbeitung zu verhindern versucht, weil nach herrschender Lehre der Eigentumserwerb nur beim selbständig tätigen Unternehmer als Hersteller, nicht beim Auftragsverarbeiter eintritt [58]. Da jedoch zweifelhaft sein konnte, ob die Rechtsprechung einen Ausschluß des Eigentumserwerbes auf Grund einer solchen Vereinbarung anerkennen würde, ein Gesell-

[53] Enneccerus-Lehmann, § 118 A, S. 447, für Kontokorrentvorbehalt; Larenz § 39, II e 3, S. 84; und der abgedruckte Kontokorrentvorbehalt bei Schantz, Verlängerter Eigentumsvorbehalt – wie lange noch?, S. 12.

[54] Fischer, Der verlängerte Eigentumsvorbehalt in der Krise, S. 369.

[55] Daß erst die Entwicklung des Eigentumsvorbehalts die Frage nach der Abdingbarkeit des § 950 BGB auftauchen ließ, ist augenscheinlich; vgl. Fischer, Kollision des verlängerten Eigentumsvorbehaltes, S. 80 f.

[56] Flume, Der verlängerte und erweiterte Eigentumsvorbehalt, S. 843.

[57] Westermann, § 53, III 2 e, S. 259.

[58] Wolff-Raiser, § 73, III, S. 273; Westermann, § 53, III 2 b, S. 257; vgl. hierzu die Darstellung bei Fischer, Kollision des verlängerten Eigentumsvorbehalts des Warenlieferanten. . ., S. 85–89; für die Rechtsprechung vgl. RGZ 72, 281 ff. (285); 138, 84 ff. (88); BGHZ 14, 114 ff. (117); 20, 159 ff. (163 f.).

schaftsverhältnis darüber hinaus den Lieferanten mit Verpflichtungen belasten würde, die zu übernehmen er im allgemeinen nicht bereit sein konnte, vereinbarte man in den allgemeinen Geschäftsbedingungen eine vorweggenommene Sicherungsübereignung an den aus den Rohstoffen hergestellten Fabrikaten zugunsten des Vorbehaltsverkäufers. Das ist nach allgemein herrschender Ansicht in Literatur und Rechtsprechung anerkannt worden [59].

Die Problematik einer derartigen Regelung wird im vollen Umfang jedoch erst offensichtlich, wenn Vorbehaltswaren verschiedener Lieferanten verarbeitet werden, da sich oft die Bezugsquellen der bei der Verarbeitung verwendeten Materialien infolge der technisch-tatsächlichen Vorgänge nicht werden feststellen lassen. In den meisten Fällen wird es zumindest unmöglich sein, die Miteigentumsanteile der einzelnen Lieferanten in Entsprechung zu § 947 BGB exakt festzustellen [60].

d) Eigentumsvorbehalt und §§ 93, 946 BGB

Der Lieferant kann seine Sicherheit aber auch verlieren, wenn das Vorbehaltseigentum an der gelieferten Ware durch Verbindung mit einem Grundstück (§ 946 BGB), mit einer beweglichen Sache (§ 947 BGB) oder durch Vermischung (§ 948 BGB) untergeht.

Eine besondere Rolle hat diese Frage bei den Lieferungsverträgen der Maschinenindustrie gespielt, da gerade in diesen Fällen das gelieferte Vorbehaltsgut oft eingebaut und dadurch über die feste Einfügung in das Gebäude mit Grund und Boden verbunden wird. Sofern durch diese Verbindung die eingebaute Maschine wesentlicher Bestandteil von Grund und Boden wird, erstreckt sich gemäß §§ 93, 946 BGB das Grundstückseigentum auch auf den Sicherungsgegenstand. Diese Vorschriften sind nach absolut herrschender Meinung zwingendes Recht [61] und können durch die Vereinbarung eines Eigentumsvorbehalts auf keinen Fall abbedungen werden [62].

6. Interessenkollisionen zwischen den verschiedenen Gläubigern

Die sukzessive Durchsetzung der Sicherungsmittel der Geld- und Warenkreditgeber führte zu Kollisionen zwischen beiden Gläubigergruppen und im Laufe der Entwicklung auch zu Interessengegensätzen zwischen den Gläubigern, die sich dasselbe Mittel zur Sicherung der von ihnen gewährten Kredite einräumen ließen.

[59] Westermann, § 53, III 2 e, S. 260; Eichler, Bd. II, 1. Halbbd., S. 75; Schlegelberger-Hefermehl, Anh. zu § 368, Anm. 71, S. 1910; Palandt-Hoche, § 950, Anm. 3 a, S. 910; Fischer, Kollision des verlängerten Eigentumsvorbehalts des Warenlieferanten, S. 90.

[60] Baur, § 53 b, III 3, S. 459; vgl. hierzu auch Fischer, Kollision des verlängerten Eigentumsvorbehalts des Warenlieferanten, S. 84.

[61] RGZ 62, S. 410 f. (411); 63, S. 416 ff. (418 ff.); Westermann, § 52, I 3, S. 249; Wolff-Raiser, § 72, I, S. 266.

[62] RGZ 73, S. 333 ff. (335); 130, S. 310 ff. (312); Johannsen in: BGB-RGRK, § 946, Anm. 20, S. 494; Berg in: Staudinger, § 946, Anm. 4, S. 692.

Der allergische Punkt, der diese Konflikte offenkundig werden ließ, war die Einzel- und Gesamtvollstreckung.

Mit der allgemeinen Verbreitung des durch die Sicherungsübereignung gedeckten Mobiliarkredits begannen die Klagen über das Fehlschlagen der Einzelzwangsvollstreckung und der Aushöhlung der Konkursmassen.

Die Fruchtlosigkeit der Zwangsvollstreckung, weil der Sicherungsnehmer oder Vorbehaltseigentümer die Freigabe der Pfandsache verlangen kann, ebenso wie die oft beklagte Minderung der Konkursmasse durch Aus- oder Absonderungsansprüche führte zu einem scharfen Gegensatz zwischen gesicherten und ungesicherten Gläubigern [63]. Letztere, die durch die Sicherung der anderen Gläubiger so gut wie vollständig ihre dem Schuldner gewährten Kredite verloren, sahen in den offenkundigen Sicherheiten der anderen Kreditgeber das Hauptübel.

Dieser Interessengegensatz erhielt eine weitere Nuancierung, als es den Warenlieferanten gelungen war, das für ihre Kreditierungen eigentümliche Sicherungsmittel, den Eigentumsvorbehalt, im Wirtschaftsleben in den allgemeinen Geschäfts- und Lieferungsbedingungen durchzusetzen [64].

Jetzt trat neben die Kollisionen zwischen gesichertem und ungesichertem Gläubiger der Kampf der Geld- und Warenkreditgeber um die Sicherheiten, später um die Surrogate der ursprünglichen Sicherungen, nachdem die Verlängerungsformen von Eigentumsvorbehalt und Sicherungsübereignung Verbreitung im Geschäftsleben gefunden hatten [65].

Nicht einbezogen in das Ringen um Sicherheiten wurden diejenigen Gläubiger, denen es auf Grund ihrer spezifischen Stellung im Wirtschaftsleben auch in den folgenden Jahrzehnten nicht gelang, für ihre Kredite Sicherungen zu erlangen. Da sie bei Insolvenzen von Schuldnern zu den ständigen Verlierern gehörten, verstand es sich von selbst, daß aus ihren Kreisen immer wieder die Forderung nach einer Reform des Kreditsicherungsrechts erhoben wurde. Ungesichert waren vornehmlich solche Gläubiger, die – wie das Handwerk [66] und der Einzelhandel – von ihren Kunden grundsätzlich keine Sicherheiten verlangen konnten, andererseits aber oft Zahlungsaufschub gewähren mußten. Weiterhin müssen Wirtschaftskreise erwähnt werden, deren Funktion im Geschäftsleben Kreditgewährungen einschloß, die aber durch wirtschaftliche Entwicklungen hierzu nur schwer in der Lage waren, andererseits aber Kreditsicherungen von ihren Abnehmern meistens nicht verlangen konnten. Diese Gläubiger, für die der Eigentumsvorbehalt das typische Sicherungsmittel gewesen wäre, richteten ihre Angriffe in erster Linie gegen die Sicherungsübereignung, die ja den Banken schon frühzeitig als Kreditunterlage gedient hatte.

[63] Westermann, Interessenkollisionen und ihre richterliche Wertung bei den Sicherungsrechten, S. 24; Serick, § 2, I 1, S. 9.

[64] Flume, Der verlängerte und erweiterte Eigentumsvorbehalt, S. 842.

[65] Serick, § 2, II 2, S. 14; Münzel, Eigentumsvorbehalt und Sicherungsübereignung, S. 131, 134; v. Caemmerer, Verlängerter Eigentumsvorbehalt und Bundesgerichtshof, S. 97.

[66] Serick, § 2, I 1, S. 9.

7. Reformvorschläge

Die bis 1910 geäußerten Reformvorschläge laufen im wesentlichen darauf hinaus, die Sicherungsübereignung durch ein Registerpfandrecht zu ersetzen und die erste dann zu verbieten.

Hierbei wurde von Anfang an auf ausländische Rechtsordnungen, insbesondere auf das englische [67], französische [68] und schweizerische Recht [69] verwiesen, in denen es eine Sicherung des Kreditgebers durch eine bedingte Übereignung nicht, dafür aber eine verschiedenartige Ausgestaltung von Pfandrechten durch Registereintragung gibt [70].

Vereinzelt wurde auch die Forderung erhoben, der Sicherungsübereignung die Wirksamkeit im Vollstreckungs- und Konkursverfahren durch eine erweiterte Anfechtungsmöglichkeit und eine Umkehr der Beweislast hinsichtlich der Absicht der Gläubigerbenachteiligung weitestgehend zu nehmen [71].

Schon auf dem 15. Deutschen Juristentag im Jahr 1880 erörterte man die Frage, inwieweit eine Übereignung mittels constitutum possessorium zu Sicherungszwecken als Umgehung des Faustpfandprinzips anzusehen sei. Der Berichterstatter, der den Gutachten zustimmte, daß das Faustpfand in keiner Weise geeignet sei, den modernen Kreditbedürfnissen zu entsprechen, glaubte daher, die Existenzberechtigung der Sicherungsübereignung nicht verneinen zu dürfen. Er gab jedoch unter Bezugnahme auf das englische Recht zu erwägen, ob nicht bei Sicherungsübereignungen, die keinen dauernden Eigentumswechsel beabsichtigten, die Eintragung in ein öffentliches Pfandbuch vorgeschrieben werden sollte [72].

Indessen fand diese Erwägung keinerlei Zustimmung, da man Übereignungsgeschäfte zwecks Umgehung der Bucheintragung nicht verhindern zu können glaubte [73], im übrigen aber, wie Brunner betonte, die Gefahr bestünde, daß man zu viele öffentliche Register bekäme, die sich in ihrer praktischen Wirksamkeit gegenseitig illusorisch machten [74].

Eingehende Erörterung fand die Frage des Pfandregisters erst nach der ersten Lesung des Bürgerlichen Gesetzbuches im Reichstag. Die Kritiker des Gesetzentwurfs bemängelten, daß die starre Durchführung des Faustpfandprinzips zur Verhinderung der Kreditaufnahme für diejenigen Wirtschaftskreise führe, die die als Kredit-

[67] Wiener in: Verhandl. d. 15. Deutschen Juristentages, Bd. II, S. 100, 101; Linckelmann, Die Sicherungsübereignungen, S. 229–234; Geiger, in: DJZ 1907, Sp. 590.

[68] Schauer in: DJZ 1907, Sp. 589, 590.

[69] So schon Gierke, S. 389; Wernick in Gutachten aus dem Anwaltsstande, S. 387.

[70] Auf die ausländischen Registerpfandrechte soll hier nicht eingegangen werden, weil die Kreditsituation viel zu unterschiedlich ist und die Kreditsicherung in den verschiedensten Formen vorgenommen werden kann, so daß ein Vergleich ähnlicher Rechtsinstitute verschiedener Rechtsordnungen über die grundsätzliche Sicherung von Krediten nichts aussagt.

[71] Boyens in: Verhandl. d. 15. Deutschen Juristentages, Bd. II, S. 120, 122, 124; Rehbein in: JW 1910, S. 606 f.

[72] Wiener in: Verhandl. des 15. Deutschen Juristentages, Bd. II, S. 99, 101.

[73] So vor allem Boyens in: Verhandl. des 15. Deutschen Juristentages, Bd. II, S. 122.

[74] Brunner, ebenda, S. 111.

unterlage dienenden Gegenstände nicht entbehren könnten [75]. Sie schlugen unter Hinweis auf das Schiffsregister die Errichtung eines Pfandregisters vor, in das Verpfändungen ohne Besitzübertragung auf den Pfandnehmer zu ihrer Rechtswirksamkeit eingetragen werden müßten. Vor allem wurde gefordert, daß neben Einzelgegenständen trotz der anderweitigen dogmatischen Grundregelung des BGB auch die Verpfändung von Sachgesamtheiten zugelassen werden sollte [76]. Um Überlastungen des Registers und notwendige Löschungen zu vermeiden, sollten die Verpfändungen kurzen Verjährungsfristen unterliegen [77]. Das Pfandregister sollte beim Amtsgericht des Wohnsitzes des Schuldners geführt werden und bei dessen Wohnsitzwechsel binnen kurzer Frist im Register am neuen Wohnort eingetragen werden, anderenfalls die Verpfändung hinfällig würde [78].

Um den Rechtsverkehr mit beweglichen Gütern, die dem schnellen Umschlag dienen, nicht zu belasten, wurde allgemein empfohlen, daß der Registereintrag im Gegensatz zu Grundbuch und Schiffsregister keinen öffentlichen Glauben genießen sollte, der redliche Erwerber also trotz Eintrag eine nicht mit einem Pfandrecht belastete Sache gutgläubig erwerben könne [79].

Insbesondere wurde schon damals aus Kreisen der Landwirtschaft die Forderung erhoben, den Landwirten, insbesondere aber den landwirtschaftlichen Pächtern, die Verpfändung von noch nicht geernteten Feldfrüchten, schlagbarem Holz sowie lebendem und totem Inventar zu ermöglichen [80].

Das Reichsjustizamt folgte bei der weiteren Ausarbeitung des BGB jedoch nicht diesen Vorschlägen, zumal ein entsprechender Antrag im Plenum des preußischen Land-Ökonomie-Kollegiums einstimmig abgelehnt wurde und sich im übrigen auch u. a. die Handelskammern von Leipzig, Lübeck, Landshut und Chemnitz in ihren Gutachten an das Präsidium des Deutschen Handelstages gegen Einführung des Pfandregisters aussprachen [81].

Nach Inkrafttreten des BGB verstummte zwar nicht die Diskussion um die Schaffung eines Registerpfandrechts, das das Faustpfand ergänzen sollte. Es waren jedoch nur vereinzelte Stimmen, die die Pfandregistereinführung befürworteten [82]. Unter den Vorschlägen mehr theoretischen Charakters wurde jetzt auch eine grundbuchartige Ausgestaltung des Pfandregisters vorgeschlagen. Diesem sollte folglich öffentlicher Glaube zukommen, womit ein gutgläubiger lastenfreier Erwerb von Pfandgegenständen ausgeschlossen sein würde [83].

[75] Gierke, S. 388; Wernick in: Gutachten aus dem Anwaltsstande, S. 379 f.; auch Scholler, ebenda, S. 371; zu der Diskussion um Einführung eines Pfandregisters vgl. auch Zusammenstellung gutachtlicher Äußerungen, S. 381 f.

[76] Gierke, S. 389.

[77] Wernick in: Gutachten aus dem Anwaltsstande, S. 384; vgl. auch Gierke, S. 389.

[78] Wernick, a.a.O., S. 384.

[79] Gierke, S. 389; Wernick in: Gutachten aus dem Anwaltsstande, S. 384.

[80] So: Kongreß deutscher Landwirte, vgl. Zusammenstellung der gutachtlichen Äußerungen, S. 375, auch S. 377; desgl. Gierke, S. 389; Scholler in: Gutachten aus dem Anwaltsstande, S. 371, 372, 375; Wernick, ebenda, S. 385–387.

[81] Zusammenstellung der gutachtlichen Äußerungen, S. 378.

[82] Ziese, Sicherungsübereignung oder Pfandrecht?, S. 650 f.; Wolf, Wie beseitigt man die Gefahren der Sicherungsübereignung, Sp. 1315.

[83] Nathan, Die Übertragung des Eigentums . . ., S. 71, 73.

Im allgemeinen wurden aber bis zum Jahre 1910 von der Wirtschaft keine nennenswerten Einwände gegen die Sicherungsübereignung erhoben.

8. Fragen der folgenden Untersuchung

Bei der Untersuchung der Kreditreformbestrebungen in den Jahren nach 1910 ist der Zielsetzung dieser Arbeit entsprechend besonderes Gewicht der Frage beigemessen worden, wie Wirtschaftsinteressen sich organisiert und in welcher Weise die Repräsentationen organisierter Interessen auf die staatliche Willensbildung einzuwirken versucht haben.

Eine solche Betrachtung muß jedoch ergänzt werden durch eine Untersuchung der Gründe, die die jeweilige Stellungnahme der einzelnen Wirtschaftsgruppen zur Frage der Einführung eines Registerpfandrechts und der Abschaffung der Sicherungsübereignung bestimmt haben. Ging doch – gerade in den Jahren bis 1930 – eine weitverbreitete Ansicht dahin, daß die Sicherungsübereignung das Mittel der Banken sei, um durch Kreditgewährungen bei fast absolutem Risikoausschluß einträgliche Geschäfte zu machen, und zwar vornehmlich auf Kosten des Kleingewerbes und des übrigen mittelständischen Gewerbes.

Das hat in manchen Wirtschaftskreisen zu einer regelrechten Animosität gegen die Banken geführt. Das Motiv der Bankenfeindschaft war überdies nur allzuoft bestimmend für das Eintreten gerade mancher Juristen gegen die Sicherungsübereignung. Bekannt ist aus dieser Zeit noch das Schlagwort, daß der kleine Ladenbesitzer, der so gut wie fast sein gesamtes Geschäftsvermögen der Bank sicherungsübereignet hat, damit gleichsam deren Angestellter geworden ist, ohne den sozialrechtlichen Schutz eines Angestellten zu genießen [84].

Eine Analyse der Interessenlage ist daher notwendig, um eine Antwort auf die Frage zu geben, warum bestimmte Wirtschaftsbeteiligte zeitweilig den Ruf nach einem Registerpfandrecht erhoben hatten, sich später jedoch derartigen Reformbestrebungen gegenüber ablehnend oder uninteressiert zeigten.

In erster Linie ist daher der Einfluß der Konjunkturlagen auf die Positionen der Interessenverbände im Streit um die Reform der Mobiliarkreditsicherung zu untersuchen.

Daneben ist aber auch die Ursächlichkeit anderer Vorgänge im Wirtschaftsleben, die nicht durch den Konjunkturrhythmus bedingt sind, zu betrachten [85]. Es handelt sich hierbei vor allem um langfristige Veränderungen in der Sphäre der Produktion, des Handels, der Kreditgewährung usw., die dem einen oder anderen Wirtschafts-

[84] Verwiesen sei hier auf die von marxistischer Seite aufgestellte Behauptung, daß die Sicherungsübereignung ein Instrument des sog. Finanzkapitals zur Ausplünderung der übrigen Wirtschaftskreise sei. Vgl. Kleine, Die historische Bedingtheit der Abstraktion von der causa, S. 54, 57 ff.; Das Zivilrecht der Deutschen Demokratischen Republik (Sachenrecht), S. 300. Im übrigen hierzu Brandt, Eigentumserwerb und Austauschgeschäft, S. 206.

[85] In diesen Zusammenhang gehören natürlich auch die starken exogenen Einwirkungen auf das Wirtschaftsleben, die durch den Ersten Weltkrieg und seine Folgen bewirkt wurden.

beteiligten Anpassungsschwierigkeiten bereiteten, ja für ihn zur Frage der Existenzbehauptung wurden.

Darüber hinaus muß berücksichtigt werden, daß der Standpunkt der Wirtschaftsverbände oft eine Reaktion auf die Rechtsprechung oder auf wissenschaftliche Äußerungen zu einzelnen Fragen des Kreditsicherungsrechts ist.

TEIL II

Bestrebungen um die Kreditsicherungsreform von 1910 bis zum Ersten Weltkrieg

1. Konjunkturlage und Kreditsituation im Jahre 1910

Die allgemeine Geschäfts- und Kreditsituation ist in der Konjunkturlage dieser Jahre begründet, die durch die internationale, alle Industriestaaten umfassende Krise in den Jahren 1907/08 charakterisiert wird [1].

Die Depression zeigte jedoch in den einzelnen Staaten recht unterschiedliche Züge, und sowohl der Niedergang wie die beginnende Aufschwungsphase weisen in den einzelnen Industrieländern zeitliche Unterschiede auf. Auch werden von dem konjunkturellen Tief nicht alle Wirtschaftszweige gleichmäßig betroffen [2]. Einzelne Branchen werden erst später oder weniger stark erfaßt; manche leiden erheblich unter der Depression dieses Konjunkturzyklus und nehmen am Aufschwung und der ersten Hochkonjunktur nicht oder doch nur in erheblichem Abstand hinter anderen Industriezweigen teil [3].

Wenn die eigentliche Depression in Amerika im Oktober 1907 begann und die Jahre 1908 und 1909 als Niedergangsphase anzusehen sind, so wird allgemein 1910 als ein Hochschwungsjahr angesehen [4]. In Deutschland war zwar auch seit 1909 die konjunkturelle Situation u. a. durch eine lebhaftere Börsentätigkeit gekennzeichnet. Abweichend aber vom allgemeinen Konjunkturverlauf waren auch 1910 und 1911 eine Reihe der wichtigsten Industriezweige in Deutschland auf Vorratserzeugung und Erzeugungseinschränkung angewiesen, die Übererzeugungsausfuhr und Verlustproduktion bedingten.

Besonders hervorzuheben ist in diesem Zusammenhang die deutsche Kreditsituation, die selbst in dem Aufschwungsjahr 1910 durch hohe Zinssätze charakterisiert wurde und damit gerade das Bedürfnis vieler durch die vorangegangene Depression angeschlagener Unternehmungen nach neuen Kreditaufnahmen nicht erfüllen konnte [5]. Die im Jahre 1910 sich häufenden geschäftlichen Zusammenbrüche ließen daher den Wirtschaftsbeteiligten die vorangegangene Krise erst in aller Schärfe bewußt werden [6].

[1] Schumpeter, Konjunkturzyklen, Bd. I, S. 436, 438 ff.; Spiethoff, Die wirtschaftlichen Wechsellagen, Bd. I, S. 135.

[2] Spiethoff, a.a.O., S. 138 f.

[3] Für die Landwirtschaft vgl. Wagemann, Konjunkturlehre, S. 147.

[4] Spiethoff, Die wirtschaftlichen Wechsellagen, Bd. I, S. 137, 147; Schumpeter, Konjunkturzyklen, Bd. I, S. 447.

[5] Spiethoff, Die wirtschaftlichen Wechsellagen, Bd. I, S. 136, insbes. S. 137; vgl. auch Schumpeter, Konjunkturzyklen, Bd. I, S. 459.

[6] Bei Haberler, Prosperität und Depression, S. 256, wird in der graphischen Darstellung 1910 als Tiefpunkt der Konjunkturbewegung angegeben.

Überdies zeigte die Depression dieser Jahre eine auch sonst festzustellende Tatsache, daß die Zusammenbrüche und damit ihre Auswirkungen in der Wirtschaftswelt recht eigentlich erst mit der beginnenden Expansion zutage treten. Hervorgerufen wird dieses Hinauszögern der Depressionsfolgen durch die Hoffnung vieler Unternehmer, sie müßten nur bis zum nächsten Aufschwung durchhalten, obwohl ihre Kräfte erschöpft sind und eine Liquidation schon während der Depression angezeigt wäre. Die Folge davon ist, daß viele Unternehmen erst in der konjunkturellen Aufwärtsbewegung fallieren [7].

Dieses bekannte Erscheinungsbild trat 1910 und in den folgenden Jahren auf Grund der angespannten deutschen Kreditsituation akzentuiert hervor. Die zahlreichen Fallimente führten zu erheblichen Kapitalverlusten, die überdies für die ungesicherten Gläubiger, vor allem die Warenlieferanten, besonders empfindlich waren, da die Aus- bzw. Absonderungsansprüche der durch Sicherungsübereignungen gedeckten Gläubiger zu einer starken Aushöhlung der Konkursmassen führten. Auch in der Einzelvollstreckung mehrten sich naturgemäß die Fälle, bei denen die Fruchtlosigkeit der Exekutionsmaßnahmen durch Sicherungsübereignungen hervorgerufen wurde.

2. Einwirkung von Wirtschaftsverbänden auf die allgemeinen Handelsvertretungen

a) Eingaben der Wirtschaftsverbände

Im Frühjahr 1910 begannen daher die ersten Vorstöße von Wirtschaftsverbänden, die auf eine Beseitigung der Sicherungsübereignung abzielten.

Anfang März dieses Jahres richtete der »Verein der Großhändler der Manufakturwaren- und verwandten Branchen in Hamburg« eine Eingabe an die Handelskammer in Leipzig, die diese mit einem ausführlichen Begleitschreiben am 12. 4. 1910 an den Deutschen Handelstag weiterleitete [8]. In seiner Eingabe wandte sich der »Verein der Großhändler der Manufakturwaren- und verwandten Branchen in Hamburg« gegen den wirtschaftlichen Schaden, der dem Kaufmannsstand durch die sog. »Verschreibungsakte« erwachse. Er wünschte dagegen gesetzgeberische Maßnahmen und ersuchte die Handelskammer Leipzig, sich seinen Bestrebungen anzuschließen und eine an das Reichsjustizamt geplante Eingabe mit zu unterzeichnen [9]. Im einzelnen verlangte der Verein, daß Sicherungsübereignungsverträge zu ihrer Gültigkeit der Eintragung in einer beim Amtsgericht zu führenden Liste bedürfen sollten [10].

Die Handelskammer Leipzig unterstützte diese Eingabe in einem ausführlichen Begleitschreiben an den Deutschen Handelstag. Sie wies darauf hin, daß auch in

[7] Schumpeter, Theorie der wirtschaftlichen Entwicklung, S. 356, 365; vgl. auch Clausing, Die wirtschaftlichen Wechsellagen, S. 54, 57.

[8] Abgedruckt in Handel und Gewerbe, 17. Jahrg., Nr. 29, S. 485 ff.; s. auch: Deutscher Handelstag, Mitteilungen an die Mitglieder, 50. Jahrg., Nr. 20, S. 2.

[9] Handel und Gewerbe, 17. Jahrg., Nr. 29, S. 485.

[10] Handel und Gewerbe, 17. Jahrg., Nr. 29, S. 487.

ihrem Bezirk tagtäglich Sicherungsübereignungen vorkämen und in zahlreichen Fällen dazu führten, daß Zwangsvollstreckungen fruchtlos ausfielen. In Jahresberichten und Eingaben an sie mehrten sich die Klagen über die Benachteiligung von Gläubigern durch Sicherungsübereignungen. Sie stehe nicht an, das Überhandnehmen der Sicherungsübereignungen, insbesondere deren Heimlichkeit, als einen Krebsschaden im Wirtschaftsleben zu bezeichnen [11]. Zwar trete sie nicht für ein generelles Verbot der Sicherungsübereignung ein, halte aber die vom genannten Verein vorgeschlagene Registerpflicht als Gültigkeitsvoraussetzung für die Sicherungsübereignungen als geeignetes und notwendiges Mittel, um deren schädliche Wirkungen zu beseitigen. Im einzelnen gibt sie zu erwägen, ob die Einsicht in das beim Amtsgericht zu führende Register nur denjenigen zu gestatten sei, die ein berechtigtes Interesse nachweisen könnten. Darüber hinaus solle nicht jede Sicherungsübereignung, sondern – in Anlehnung an das englische Recht – nur solche eingetragen werden, deren Objekt etwa 150 Mark betrage. Unter diesem Wert sollten Sicherungsübereignungen entweder formlos gültig sein oder wie im englischen Recht überhaupt verboten werden.

Zusammenfassend befürwortete die Handelskammer Leipzig die Vorschläge des Vereins mit den erwähnten Einschränkungen und bat den Deutschen Handelstag angesichts der großen Bedeutung dieser Frage, »die Sache weiter zu verfolgen und bei anderen deutschen Handelskammern Erörterungen darüber anstellen zu lassen, ob sich in ihren Bezirken Mißstände herausgestellt haben, ob sie die Einführung einer Eintragungspflicht für Sicherungsübereignungen ohne Besitzübertragung befürworten oder ob sie andere Mittel als geeignet zur Behebung der Mißstände vorschlagen können«.

Gleichzeitig lehnte die Handelskammer Leipzig aber eine Mitunterzeichnung der vom »Verein der Großhändler der Manufakturen- und verwandten Branchen in Hamburg« geplanten Eingabe ab [12].

Im Anschluß daran richteten die Vereinigung Deutscher Zuckerwaren- und Schokoladenfabrikanten e.V. (Braunschweig), der Verband Deutscher Chokoladefabrikanten und der Verband der Deutschen Cigarettenindustrie (Dresden) am 15. 4. 1910 an den Deutschen Handelstag die Bitte, »nachdrücklichst bei den zuständigen Behörden auf eine baldige Abänderung der gesetzlichen Vorschriften über den Sicherungskauf zu wirken und zu befürworten, daß entweder die Gültigkeit des Sicherungskaufes von dem tatsächlichen Besitze der Sache abhängig werde oder der Verkauf in öffentliche Register, wie sie in England und Frankreich geführt werden, eingetragen werde«. Zur Begründung ihrer Eingabe wiesen die Verbände ebenfalls darauf hin, daß durch die Heimlichkeit der vom Reichsgericht anerkannten Sicherungsübereignung das Vertrauen in die Kreditwürdigkeit erschüttert werde und im Gegensatz zum unbeweglichen Vermögen bevorrechtigte Belastungen zum Nachteil anderer Gläubiger nicht erkennbar seien. Dieser Rechtszustand werde von unlauteren Elementen im größten Umfang ausgebeutet. So seien nach statistischen Feststellungen 95 % aller Pfändungen in Berlin fruchtlos, weil die Schuldner ihre be-

[11] Handel und Gewerbe, 17. Jahrg., Nr. 29, S. 486.
[12] Handel und Gewerbe, 17. Jahrg., Nr. 29, S. 488.

wegliche Habe durch Sicherungsübereignungen dem Zugriff des Gläubigers durch Pfändungen entzogen hätten [13].

b) Beschluß des Deutschen Handelstages vom 14. Juni 1910

Der Ausschuß des Deutschen Handelstages nahm am 14. 6. einen Bericht entgegen und überwies ihn der Kommission betr. Geld, Banken und Börsen, die gegebenenfalls durch Vertreter solcher Mitglieder des Deutschen Handelstages, die ein besonderes Interesse für die Angelegenheit hätten, erweitert werden sollte. Als Unterlagen für Verhandlungen seien Äußerungen von Mitgliedern des Handelstages erwünscht. Auch nicht der Kommission betr. Geld, Banken und Börsen angehörende Mitglieder des Deutschen Handelstages, die sich an den Verhandlungen über die Sicherungsübereignung zu beteiligen wünschten, wurden aufgefordert, dieses mitzuteilen und den Namen ihres Vertreters anzugeben [14].

c) Äußerung der Handelskammern zur Umfrage des Deutschen Handelstages

Auf diese Aufforderung hin äußerten sich bis Ende Oktober 1910 über 30 deutsche Handelskammern [15] und die Ältesten der Kaufmannschaft von Berlin [16] in teils ausführlichen Stellungnahmen.

Fast alle Kammern sprachen sich ausdrücklich für die Einführung des Registerpfandrechts in Gestalt einer Registrierung der Sicherungsübereignungen durch die Amtsgerichte aus. In den meisten gutachtlichen Stellungnahmen wurde – neben juristischen Bedenken gegen die Sicherungsübereignung – auch für das Registerpfand geltend gemacht, daß Sicherungsübereignungen in größtem Umfang von untüchtigen Schuldnern dazu benutzt werden, um weiteren Kredit zu erhalten, überdies jedoch unredlichen Kaufleuten dazu dienen, das ihnen gehörende Vermögen der Zwangsvollstreckung ihrer Gläubiger zu entziehen, indem sie es an Freunde oder Familienangehörige sicherungsübereigneten.

In diesem Sinne stellte die Handelskammer Bonn stellvertretend für viele andere Repräsentationen des Handels fest, daß es gerade die unlauteren Elemente der Kaufmannschaft seien, welche sich dieser Institution als eines Mittels bemächtigt hätten, um sich künstlich über Wasser zu halten oder den legitimen Gläubigern die Geltendmachung ihrer Ansprüche unmöglich zu machen [17].

[13] Handel und Gewerbe, 17. Jahrg., Nr. 29, S. 488; Handel und Gewerbe, 17. Jahrg., Nr. 32, S. 609; vgl. auch: Deutscher Handelstag, Mitteilung an die Mitglieder, 50. Jahrg., Nr. 20, S. 2.

[14] Handel und Gewerbe, 17. Jahrg., Nr. 32, S. 609, 610.

[15] Vgl. Handel und Gewerbe, 17. Jahrg., Nr. 32, S. 758–765; 18. Jahrg., Nr. 2, S. 29–31; 18. Jahrg., Nr. 3, S. 41–44; 18. Jahrg., Nr. 4, S. 65–66; 18. Jahrg., Nr. 10, S. 196–197. Die Handelskammer Regensburg äußerte sich nur zur Frage der Registrierung von Eigentumsvorbehalten, vgl. Handel und Gewerbe, 18. Jahrg., Nr. 3, S. 43–44.

[16] Vgl. Handel und Gewerbe, 18. Jahrg., Nr. 10, S. 195–196; und Correspondenz der Ältesten der Kaufmannschaft von Berlin, 33. Jahrg. (1910), Nr. 10, S. 249–251; vgl. auch die zusammenfassende Darstellung in: Drucksachen des Reichstages, Nr. 846, 13. Legislaturperiode, I. Session.

[17] Handel und Gewerbe, 17. Jahrg., Nr. 38, S. 758; vgl. auch die Darlegungen der Handelskammer Nürnberg, in: Handel und Gewerbe, 17. Jahrg., Nr. 38, S. 762.

Fast einmütig wurde die Ansicht vertreten, daß die Sicherungsübereignung an sich nicht verboten werden sollte, sondern die schriftlich abzuschließenden Sicherungsübereignungsverträge erst Gültigkeit durch Registrierung beim zuständigen Amtsgericht erlangen sollten. Über die Ausgestaltung dieser Registrierung von Sicherungsübereignungen im einzelnen herrschte jedoch keinerlei Einstimmigkeit, insbesondere nicht über die Frage der Mindesthöhe registrierungspflichtiger Sicherungsübereignungen, über das generelle Verbot der unter dieser Mindestgrenze liegenden Sicherungsverträge, über die Frage, ob jedermann die Einsicht in dieses Register zu gestatten sei und ob ein rechtliches oder nur berechtigtes Interesse an der Einsicht dem Gericht nachgewiesen werden müßte.

Allerdings bejahten nicht alle Handelskammern vorbehaltlos die Einführung der Registerpflicht. Die Handelskammer Koblenz bedauerte lediglich die durch die Sicherungsübereignung erzeugte Rechtsunsicherheit, da diese nur auf vereinzelten Entscheidungen oberster Gerichte beruhe und noch nicht die ihrer Ansicht nach notwendige gesetzliche Anerkennung gefunden habe. Daraus wurde jedoch keine Forderung nach Einführung eines Registers abgeleitet [18].

Die Handelskammer Regensburg hingegen erklärte sich in ihrer Stellungnahme vom 9. 7. 1910 im Prinzip mit der Registrierung einverstanden, erkannte aber der Registerpflicht nur bedingten Wert zur Beseitigung der gerügten Mißstände zu. Insbesondere sah sie eine Gefahr darin, daß das Rechtsinstitut des Eigentumsvorbehaltes, an dessen Registrierung ja niemand dachte, an Stelle der Sicherungsübereignung in erhöhtem Maße als bisher zur Benachteiligung von Gläubigern herangezogen würde [19].

Außerdem bestünden Bedenken dagegen, daß durch das jedermann einsichtbare Register die Kreditfähigkeit und Kreditwürdigkeit des Kaufmanns gefährdet werde. Dieser Gefahr müßte dadurch begegnet werden, daß grundsätzlich nur Auskunfteien und Personen, die ein »berechtigtes Interesse« an der Einsicht hätten, die Registereinsicht zustehen dürfte.

Auf die Umfrage des Deutschen Handelstages äußerten sich weiterhin folgende 17 Handelskammern: Berlin, Insterburg, Mannheim, Offenbach, Rostock, Trier [20], Bayreuth, Graudenz, Mainz, Regensburg [21], Rottweil, Gießen [22], Hamburg, Elberfeld, Hirschberg, Nordhausen und Weimar [23].

Entscheidendes Gewicht sollte aber der zum Teil umfangreichen Äußerung der Ältesten der Kaufmannschaft von Berlin vom 20. 10. 1910 zukommen [24]. Weiterhin nahm die Sonderkommission des mitteldeutschen Handelskammer-Verbandes in der Sitzung vom 22. 10. 1910 in Halberstadt zu der Umfrage des Deutschen Han-

[18] Handel und Gewerbe, 17. Jahrg., Nr. 38, S. 760.
[19] Handel und Gewerbe, 17. Jahrg., Nr. 38, S. 763 f.
[20] Vgl. Handel und Gewerbe, 18. Jahrg., Nr. 2, S. 29–31.
[21] Handel und Gewerbe, 18. Jahrg., Nr. 3, S. 41–44.
[22] Handel und Gewerbe, 18. Jahrg., Nr. 4, S. 65–66.
[23] Handel und Gewerbe, 18. Jahrg., Nr. 10, S. 195–197.
[24] Handel und Gewerbe, 18. Jahrg., Nr. 10, S. 195–196; vgl. auch Correspondenz der Ältesten der Kaufmannschaft von Berlin, 33. Jahrg., Nr. 10, S. 249–251.

delstages Stellung und ließ auf Wunsch der in der Kommissionssitzung anwesenden Kammervertreter die Handelskammer zu Kassel eine Denkschrift ausarbeiten [25].

Der Tenor fast aller Stellungnahmen ging dahin, daß die Sicherungsübereignung in der bisherigen Form nicht aufrechterhalten werden sollte, vielmehr im Sinne der Anregungen der Leipziger Handelskammer für dieses Kreditsicherungsmittel eine Registrierungspflicht einzuführen sei. Über die Einzelheiten der Ausgestaltung des Registers, insbesondere was die Frage der Berechtigung zur Einsicht und die Wertgrenze der Registerpflicht anlangt, wurden unterschiedliche Auffassungen vertreten. Von vielen Handelskammern wurde aber darauf hingewiesen, daß die Sicherungsübereignung nur eine Art der Kreditsicherung ist, neben die andere, oft bedeutend wichtigere Formen der Kreditsicherung träten: der Eigentumsvorbehalt [26] und die sogenannte Diskontierung von Buchforderungen in Gestalt der Abtretung von Forderungen aus Geschäftsabschlüssen. In der Diskussion wurde die Frage erörtert, ob man bei einer Registrierpflicht für Sicherungsübereignungen nicht auch diese Kreditsicherungsmittel in das einzuführende Register aufnehmen müsse. Wenn auch von fast allen Handelskammern die Registrierungspflicht von Eigentumsvorbehalten und Kommissionsgeschäften (bei denen ja auch das Eigentum und der tatsächliche Besitz auseinanderfallen) abgelehnt wurde [27], so blieb doch die Frage der Registrierung von diskontierten Buchforderungen weiter in der Debatte, da diese gerade als Mittel der Krediterlangung für bedeutendere Wirtschaftsbetriebe schon eine größere Rolle spielten als Sicherungsübereignungen, die immer mehr zum typischen Mittel der Kreditsicherung für den mittleren und kleineren Gewerbetreibenden wurden. Handelskammern wie die von Mainz, die grundsätzlich für die Registrierpflicht von Sicherungsübereignungen eintraten, sahen sich gerade vom Standpunkt der Banken aus genötigt, den Nachweis zu führen, daß zwischen der Sicherungsübereignung und der Diskontierung von Buchforderungen ein erheblicher Unterschied bestehe, denn letztere seien in Verbindung mit der Wechselforderung ein festes Kreditsicherungsmittel, das außerdem nur von den Banken bei der Hingabe von Krediten benutzt werde. Zwar würde auch dieses wie die Sicherungsübereignung zu betrügerischen Manipulationen ausgenützt. Der Selbstschutz der Banken und die Bloßstellung betrügerischer Erwerbe von Geschäftsforderungen seien jedoch ausreichend, um den Mißständen abzuhelfen. Eines gesetzgeberischen Eingreifens wie bei der Sicherungsübereignung bedürfe es daher nicht [28].

Dem Standpunkt der Leipziger Handelskammer schloß sich schließlich auch die Sonderkommission des mitteldeutschen Handelskammer-Verbandes in der am

[25] Handel und Gewerbe, 18. Jahrg., Nr. 18, S. 320–322.

[26] Vgl. Stellungnahme der Handelskammer Regensburg vom 9. 7. 1910, Handel und Gewerbe, 17. Jahrg., Nr. 38, S. 763, insbes. S. 764; vgl. auch die Stellungnahme der Handelskammer Rottweil, Handel und Gewerbe, 18. Jahrg., Nr. 4, S. 65; die Handelskammer Nordhausen befürchtet, daß bei Registrierpflicht der Sicherungsübereignung sich die Eigentumsvorbehalte ausdehnen würden, Handel und Gewerbe, 18. Jahrg., Nr. 10, S. 197.

[27] Als Beispiel siehe Handelskammer Düsseldorf in ihrer Mitteilung vom 28. 10. 1910, Handel und Gewerbe, 18. Jahrg., Nr. 10. S. 197.

[28] Handel und Gewerbe, 18. Jahrg., Nr. 3, S. 43.

22. 10. 1910 in Halberstadt abgehaltenen Sitzung an[29]. Sie befürwortete ebenfalls den Registerzwang für Sicherungsübereignungen, lehnte hingegen eine Ausdehnung der Registrierung auf Eigentumsvorbehalt (§ 455 BGB), Kommissionsgeschäft (§§ 383 ff. HGB), Einräumung des Mitbesitzes (§ 1206 BGB) und die Diskontierung von Buchforderungen (§§ 398 ff. BGB) ab und trat unter anderem dafür ein, daß zur Wirksamkeit der registrierten Sicherungsübereignung alle vier Jahre eine Erneuerung der Eintragung nötig sein solle. Die Sonderkommission stützte sich hierbei auf eine Denkschrift, die auf Wunsch der in der Kommissionssitzung anwesenden Kammervertreter von der Handelskammer zu Kassel ausgearbeitet worden war. In diesem Memorandum waren die Fragen des Registers für Sicherungsübereignungen in der von der Sonderkommission vertretenen Auffassung unter kritischer Beurteilung des französischen, schweizerischen und englischen Registerpfandes erörtert worden[30].

d) *Stellungnahme der Handelskammer und der Ältesten der Kaufmannschaft von Berlin*

Kritisch zu der Registrierung von Sicherungsübereignungen äußerte sich zuerst die Handelskammer von Berlin in ihrer Stellungnahme vom 26. 9. 1910. Sie glaubte zwar dem gemachten Vorschlag nicht prinzipiell widersprechen zu sollen, wies andererseits aber darauf hin, daß die in Aussicht genommene Registrierungspflicht für Sicherungsübereignungen aus den verschiedensten Gründen nur einen Versuch darstellen könne, dessen Abhilfemöglichkeiten sich nur in ziemlich begrenztem Maße wirksam erweisen dürften[31]. Die Berliner Handelskammer wies interessanterweise als erste darauf hin, daß zwischen der schnell – weil formlos – zu vereinbarenden Sicherungsübereignung als Kreditsicherungsmittel und der Ausweitung des Kredits, um die von der modernen Industrie hervorgebrachte Massenproduktion abzusetzen, in gewissem Rahmen ein unlöslicher Zusammenhang bestehe. Wer die Ausweitung der modernen Massenproduktion bejahe, müsse auch die Ausdehnung des Kredits und der zu seiner Sicherung notwendigen, d. h. möglichst schnell und formlos zu vereinbarenden Kreditsicherungen wollen. Im einzelnen führt sie zu der ihr doch als wenig zweckmäßig, weil insbesondere zu schwerfälligen Registrierung aus:

»Es läßt sich nicht verkennen, daß diese im Widerspruch miteinander stehenden Bestrebungen nicht selten dazu führen, daß der Rechtsordnung Mißstände zur Last gelegt werden, die eben aus der Unvereinbarkeit der im Geschäftsleben auftretenden Bestrebungen naturgemäß erwachsen, und daß demnach von der Gesetzgebung Erfolge erwartet werden, die sie nach Lage der Dinge nicht gewährleisten kann. Während nämlich der Verkehr mit Recht bestrebt ist, durch Förderung des Barzahlungssystems Verlusten vorzubeugen, wird gleichzeitig durch Aufsuchen immer neuer Sicherungsmittel, wie beispielsweise der Diskontierung von Buchforderungen, auf der anderen Seite die Ausdehnung des Kredits immer mehr gefördert, um die industrielle Massenproduktion unterzubringen. Die weitestgehende Ausdehnung hat dieses System im Abzahlungsgeschäft der sogenannten Kredithäuser gefunden.«

[29] Handel und Gewerbe, 18. Jahrg., Nr. 18, S. 320.
[30] Handel und Gewerbe, 18. Jahrg., Nr. 18, S. 320–322.
[31] Handel und Gewerbe, 18. Jahrg., Nr. 2, S. 29, insbes. S. 30.

Die Bekämpfung der durch die Sicherungsübereignung aufgetretenen Mißstände, insbesondere die Entziehung von Vermögensgegenständen vor der Zwangsvollstrekkung, ist nach Auffassung der Handelskammer von Berlin in erster Linie auf dem Gebiet des Konkurs- und Anfechtungsrechtes zu suchen [32].

Eine eindeutige Ablehnung der in Aussicht genommenen Registrierungspflicht für Sicherungsübereignungen wurde allein von den Ältesten der Kaufmannschaft von Berlin in ihrer Stellungnahme vom 20. 10. 1910 ausgesprochen [33]. Zwar bestätigten die Ältesten der Kaufmannschaft von Berlin auch, daß die Sicherungsübereignung zu Mißständen im Wirtschaftsleben geführt habe, insbesondere durch die Sicherungsübereignung von Waren, die noch nicht einmal bezahlt worden seien. Sie stellten jedoch fest, daß die Registerpflicht für Sicherungsübereignungen, wie einstimmig in ihren Korporationsausschüssen für Handel und Industrie und für das mittlere und kleinere Gewerbe sowie in ihrer sozialpolitischen Kommission ausgesprochen wurde [34], nicht als geeignet angesehen werden können, um den bestehenden Mißbräuchen wirksam entgegenzutreten und einen kreditgewährenden Gläubiger vor Schaden zu bewahren.

In der Stellungnahme wurde eine ganze Reihe von Gründen angeführt, die eine Registrierungspflicht für Sicherungsübereignungen als ungeeignet erscheinen läßt. Insbesondere wurde darauf hingewiesen, daß die Register in größeren Städten im allgemeinen sehr selten eingesehen würden (in kleineren hingegen sei die Kreditfähigkeit ohnehin bekannt). Auch schütze das Register den Gläubiger nicht vor Veränderungen des Schuldnervermögens, die vor der Kreditgewährung aus dem Register nicht zu ersehen waren. Vor allem aber müßten folgerichtig auch der Eigentumsvorbehalt, das Kommissionsgeschäft sowie alle diejenigen Rechtsgeschäfte wie Miete, Pacht, Leihe und Verwahrung eingetragen werden, bei denen ebenfalls Besitzer und Eigentümer nicht identisch seien. Das Registerpfandrecht, wie es zum Teil in der englischen und französischen Gesetzgebung seinen Niederschlag gefunden habe, könne nicht zum Vergleich herangezogen werden, da es auf ganz anderen Voraussetzungen beruhe. Abgesehen von den durch Gesetzgebung und Rechtsprechung gegebenen Behelfen gegen eine betrügerische oder unredliche Ausnutzung der Sicherungsübereignung sehen die Ältesten der Kaufmannschaft von Berlin eine Abhilfe gegen Mißstände – neben einer eventuellen Festsetzung der obligatorischen Schriftform – im Ausbau der in Betracht kommenden Anfechtungsbestimmungen des Anfechtungsgesetzes und der Konkursordnung, um besser als nach geltendem Recht den Gefahren der Sicherungsübereignung begegnen zu können [35]. Dieser Ansicht der Ältesten der Kaufmannschaft von Berlin, daß die Registerpflicht für Siche-

[32] Handel und Gewerbe, 18. Jahrg., Nr. 2, S. 29.

[33] Handel und Gewerbe, 18. Jahrg., Nr. 10, S. 195–196, ebenfalls abgedruckt in Correspondenz der Ältesten der Kaufmannschaft von Berlin, 33. Jahrg., Nr. 10, S. 249–251.

[34] Das Ältestenkollegium hatte in seiner Sitzung vom 9. 6. 1910 beschlossen, diese Frage in den verschiedenen Deputationen und Korporationen zur Sprache zu bringen; vgl. Correspondenz der Ältesten der Kaufmannschaft von Berlin, 33. Jahrg., Nr. 6, S. 156.

[35] Vgl. hierzu die Darlegungen in: Handel und Gewerbe, 18. Jahrg., Nr. 10, S. 196.

rungsübereignungen abzulehnen sei, schloß sich einzig und allein die Handelskammer von Lauban durch ihre Stellungnahme vom 19. 11. 1910 an [36].

e) Beschlüsse der Kommission betr. Geld, Banken, Börse des Deutschen Handelstages vom 27. 10. und 8. 12. 1910

Die überwiegende Mehrheit der Handelskammern und der anderen Wirtschaftsorganisationen hatte sich somit auf die Anfrage der Kommission betr. Geld, Banken, Börse des Deutschen Handelstages vom 14. 6. 1910 dem Vorschlag der Leipziger Handelskammer im wesentlichen angeschlossen. Die Kommission des Deutschen Handelstages betr. Geld, Banken, Börse verhandelte daraufhin über die Frage der Registrierungspflicht für Sicherungsübereignungen und faßte am 27. 10. folgende Beschlüsse:

»Die Sicherungsübereignung ist gesetzlich zu regeln.
Zur Wirksamkeit einer Sicherungsübereignung von beliebiger Art und beliebigem Betrag soll die Eintragung in ein Register erforderlich sein, dessen Einsicht jedem zu gestatten ist, der ein berechtigtes Interesse darlegt.
Die Konkursordnung vom 10. Februar 1877 (Fassung vom 20. Mai 1898) und das Gesetz vom 21. Juli 1879 (Fassung vom 20. Mai 1898), betreffend die Anfechtung von Rechtshandlungen eines Schuldners außerhalb des Konkursverfahrens, sind dahin zu ergänzen, daß die innerhalb einer bestimmten Zeit vor der Zahlungseinstellung oder der Anfechtung vorgenommenen Sicherungsübereignungen anfechtbar sind und dem begünstigten Gläubiger der Beweis auferlegt wird, daß ihm zur Zeit des Vertragsabschlusses eine Absicht des Schuldners, die übrigen Gläubiger zu benachteiligen, nicht bekannt war.« [37]

Obwohl die Handelskammern von Mönchengladbach und Stuttgart sich durch Erklärungen vom 17. 11. und 5. 12. 1910 und die Kammer für Kleinhandel zu Bremen durch Schreiben vom 6. 12. 1910 den Beschlüssen der Kommission des Deutschen Handelstages vom 27. 10. 1910 anschlossen, konnte sich der Ausschuß des Deutschen Handelstages zu keiner abschließenden Beschlußfassung durchringen, nachdem insbesondere von den Vertretern der Handelskammern Hamburg und Breslau Bedenken gegen die Einführung des Registers geltend gemacht worden waren [38].

In seiner Verhandlung am 8. 12. 1910 vertagte er mit 13 gegen 9 Stimmen die Beschlußfassung bis zur nächsten Sitzung und faßte folgende Entschließung:

»Diejenigen Mitglieder des Deutschen Handelstags, die eine Beseitigung der bei der Sicherungsübereignung hervorgetretenen Mißstände für wünschenswert, aber die Vorschläge der Kommission für bedenklich halten, werden gebeten, andere Vorschläge zu machen.« [39]

Mit kleineren Abänderungsvorschlägen, die die Frage des Einsichtsrechts in das Register und die Registrierpflicht erst von einem bestimmten Wert der Sicherungs-

[36] Vgl. Handel und Gewerbe, 18. Jahrg., Nr. 18, S. 322; im Verlaufe der weiteren Diskussion schloß sich dieser ablehnenden Haltung noch die Handelskammer zu Hanau durch Schreiben vom 20. 7. 1911 an, vgl. Handel und Gewerbe, 18. Jahrg., Nr. 39, S. 818.

[37] Handel und Gewerbe, 18. Jahrg., Nr. 6, S. 99, ebenfalls abgedr. in: Deutscher Handelstag, Mitteilungen an die Mitglieder, 50. Jahrg., Nr. 23, S. 12.

[38] Deutscher Handelstag, Mitteilungen an die Mitglieder, 51. Jahrg., Nr. 24, S. 3.

[39] Handel und Gewerbe, 18. Jahrg., Nr. 12, S. 229; vgl. Deutscher Handelstag, Mitteilungen an die Mitglieder, Jahrg. 51, Nr. 1, S. 54.

übereignung an betrafen, stimmten noch 10 Handelskammern außer der bereits erwähnten von Hanau [40] dem Beschluß der Kommission des Deutschen Handelstages betr. Geld, Banken, Börse zu [41].

f) *Eingabe der »Vereine Creditreform« und abschließende Stellungnahme der Ältesten der Kaufmannschaft von Berlin*

Der Kampf des Großteils aller deutschen Handelskammern fand – wie auch Kreditreformbestrebungen der Jahre nach dem Ersten Weltkrieg – die Unterstützung einer der wichtigsten deutschen Großauskunfteien, dem in einer überregionalen Organisation auf vereinsmäßiger Grundlage zusammengeschlossenen bedeutendsten kaufmännischen Erkundigungsdienst der »Vereine Creditreform«. Diese »Vereine Creditreform« betätigten sich neben dem Auskunfts- und Inkassowesen von Anfang an als Interessenverband. Durch zahlreiche Eingaben an gesetzgebende Körperschaften und Behörden erstrebten sie eine Verbesserung des Kreditschutzes und eine zeitgemäße Reform der Kreditverhältnisse [42]. In der Eingabe vom 15. 3. 1911 befürwortete der Vorstand des Verbandes der »Vereine Creditreform« (Leipzig) die Registrierungspflicht für Sicherungsübereignungen [43] und stützte sich im wesentlichen auf die Ausführungen, die der Reichstagsabgeordnete Justizrat Dr. Junck in seiner am 20. 1. 1910 gehaltenen Reichstagsrede gemacht hatte.

Die Angriffe der Auskunfteien richteten sich, auch in den folgenden Jahren, vornehmlich gegen die publizitätslosen Kreditsicherungen, da diese die Effektivität ihrer Tätigkeit, die Auskunfterteilung über die Kreditwürdigkeit von Kunden ihrer Auftraggeber, beeinträchtigten. So bezeichneten die »Vereine Creditreform« es als wünschenswert, auch Eigentumsvorbehalt und Kommissionsgeschäft registerpflichtig zu machen und richteten zusammenfassend an das Reichsjustizamt eine Resolution mit der Bitte, »die Schaffung gesetzlicher Bestimmungen folgenden Inhalts in die Wege zu leiten:

1. Sicherungskäufe oder Sicherungsübereignungen, bei denen der Schuldner im unmittelbaren Besitz der Verschreibungsgegenstände verbleibt, können Dritten

[40] Die Handelskammer von Hanau trat durch Schreiben vom 20. 4. 1911 für einen entsprechenden Ausbau der Anfechtungsvorschriften der Konkursordnung und des Anfechtungsgesetzes ein, lehnte aber die Einführung eines Registers für Sicherungsübereignungen ab; vgl. Handel und Gewerbe, 18. Jahrg., Nr. 39, S. 818.

[41] Durch Schreiben der Handelskammern von Erfurt vom 25. 1. 1911, Offenbach vom 26. 1. 1911, Mainz vom 6. 2. 1911, Bericht der Handelskammern zu Göttingen vom 30. 1. 1911 und Stolp vom 28. 2. 1911, abgedr. in: Handel und Gewerbe, 18. Jahrg., Nr. 26, S. 464, 466, 467; Schreiben der Handelskammern zu Liegnitz vom 27. 4. 1911 und zu Braunschweig vom 16. 5. 1911 sowie der Handelskammer zu Solingen gemäß dem Bericht in ihren April-Mitteilungen, abgedr. in: Handel und Gewerbe, 18. Jahrg., Nr. 30, S. 577; Mitteilung der Handelskammer Brandenburg vom 20. 4. 1911, abgedr. in: Handel und Gewerbe, 18. Jahrg., Nr. 26, S. 467, und der Handelskammer Flensburg vom 7. 10. 1911, abgedr. in: Handel und Gewerbe, 19. Jahrg., Nr. 2, S. 66.

[42] Kleffner, Die Organisation des korporativen Kreditschutzes in Deutschland, S. 25, 26.

[43] Die Eingabe ist abgedruckt in: Handel und Gewerbe, 18. Jahrg., Nr. 26, S. 467.

gegenüber erst geltend gemacht werden, wenn sie in eine vom Amtsgericht zu führende Liste eingetragen sind.

2. Die Einsicht in die vom Amtsgericht zu führende Liste ist jedermann gestattet. Den wirtschaftlichen Korporationen und Krediterkundigungs-Instituten steht das Recht zu, Abschriften oder Auszüge aus der Liste anzufertigen oder auf ihre Kosten anfertigen zu lassen« [44].

Im Anschluß an ihre Eingabe vom 20. 10. 1910 nahmen die Ältesten der Kaufmannschaft von Berlin durch Schreiben vom 13. 2. 1911 an den Deutschen Handelstag [45] noch ergänzend zu dem Problem der Sicherungsübereignung Stellung. Sie bezogen sich dabei in erster Linie auf die Bedenken, die eine Reihe von Juristen schon früher gegen die ins Auge gefaßte Einführung eines Pfandregisters vorgebracht hatte: Ein Register für Sicherungsübereignungen würde die schon sehr große Zahl der mannigfaltigsten Register noch vermehren und dazu führen, daß alle diese Register praktisch gar nicht mehr eingesehen werden könnten; überdies würde das Register, wie es geplant sei, unredliche Schuldner trotz Eintragungspflicht nicht von fraudulösen Geschäften abhalten. Des weiteren gehen die Ältesten der Berliner Kaufmannschaft auf das englische Pfandregister ein und lehnen dieses als Vorbild für eine deutsche Regelung ab, da es sich in der Praxis nicht bewährt hätte, es auch nur Pfandrecht, nicht Eigentum betreffe und sich das – besitzlose – Registerpfand nur in den Ländern finde, wo eben ein anderes Mittel als die Sicherungsübereignung zur Kreditsicherung nicht zur Verfügung stehe.

In einer abschließenden Eingabe vom 15. 6. 1911 weisen die Ältesten [46] zur Bekräftigung ihres die Einführung eines Registerpfandrechtes ablehnenden Standpunktes darauf hin, daß die Gefahren der Sicherungsübereignung angesichts der höchstrichterlichen Rechtsprechung in den Wirtschaftskreisen erheblich überschätzt und übertrieben dargestellt worden seien. Zur Begründung ihrer Ansicht führten sie einige in den letzten Jahren ergangene höchstrichterliche Urteile an, die die Wirksamkeit von Sicherungsübereignungen, insbesondere der im Wirtschaftsleben heftig umstrittenen von Warenlagern, erheblich einschränkten. Sie verweisen u. a. auf folgende von der Rechtsprechung herausgearbeitete Grundsätze: Die Sicherungsübereignung von Warenlagern mit wechselndem Bestand ist durch die Notwendigkeit, jede Sache einzeln zu übereignen, sehr schwer zu bewerkstelligen, da die globale Übertragung von Sachgesamtheiten nach deutschem Recht nicht möglich ist [47]. Zudem ist die Übertragung von Ersatzstücken in das Eigentum des Sicherungsnehmers nur dann wirksam, wenn sie durch äußere Tatsachen sichtbar und dadurch auch für Dritte erkennbar gemacht wird, was z. B. durch Siegelung der Ersatzstücke oder

[44] Vgl. Handel und Gewerbe, 18. Jahrg., Nr. 26, S. 467.

[45] Correspondenz der Ältesten der Kaufmannschaft von Berlin, 34. Jahrg., Nr. 2, S. 52 ff., ebenfalls abgedruckt in: Handel und Gewerbe, 18. Jahrg., Nr. 26, S. 464 ff.

[46] Correspondenz der Ältesten der Kaufmannschaft von Berlin, 34. Jahrg., Nr. 6, S. 141 ff., ebenfalls abgedruckt in: Handel und Gewerbe, 18. Jahrg., Nr. 36, S. 747 f.; LZ 1912, S. 9, und HoldhMon, 11, S. 303 f. Diese Eingabe sandte der Deutsche Handelstag am 4. 7. 1911 an seine Mitglieder; vgl. Handel und Gewerbe, 18. Jahrg., Nr. 36, S. 747.

[47] So u. a. das Reichsgerichtsurteil vom 22. 10. 1910, abgedr. in: Warneyer Ergänzungsband 4, S. 419 ff. (420).

durch die jeweilige Eintragung in die Aufstellung sicherungsübereigneter Gegenstände geschehen kann [48].

Darüber hinaus sind Sicherungsübereignungen von Warenlagern mit wechselndem Bestand für nichtig erklärt worden, weil das als Besitzmittlungsverhältnis vereinbarte Kommissionsgeschäft rechtlich nicht bestanden hatte und mit normaler Geschäftsführung auch nicht zu vereinbaren war. Als Grund hierfür wurde geltend gemacht, daß der Schuldner in der Regel die Ersatzstücke des Warenlagers nicht für Rechnung des Gläubigers, wie es die Vorschriften über das Kommissionsgeschäft verlangen, erwirbt, sondern grundsätzlich sein eigenes Geschäft betreibt [49].

Schließlich muß bei Sicherungsübereignung eines Geschäftsbetriebes samt Warenlagers seit dem richtungweisenden Urteil des Reichsgerichts vom 3. 1. 1911 [50] sowohl der Sicherungsgläubiger wie der Schuldner damit rechnen, daß sie von anderen Gläubigern, die in Unkenntnis dem gleichsam vermögenslosen Schuldner Warenkredit eingeräumt und dadurch Schaden erlitten haben, wegen sittenwidriger Schädigung gemäß § 826 BGB auf Schadensersatz in Anspruch genommen werden.

Alles dies bewirke, daß die durch die Sicherungsübereignung hervorgerufenen Mißstände nicht so erheblich seien, daß sie eine so weittragende und so umständliche Maßregel wie die Registerpflicht erforderlich machten.

Im Anschluß an die Eingaben vom 20. 10. 1910 und 13. 2. 1911 forderten deshalb die Ältesten der Kaufmannschaft von Berlin als Abhilfe gegen aufgetretene Mängel einen Ausbau der Anfechtungsbestimmungen der Konkursordnung und des Anfechtungsgesetzes [51].

In der Sitzung vom 6. 4. 1911 stand wieder die Frage der Sicherungsübereignung auf der Tagesordnung des Ausschusses des Deutschen Handelstages. Aus zeitlichen Gründen wurde die Verhandlung über diesen Gegenstand jedoch vertagt [52]. Die abschließenden Beratungen des Ausschusses des Deutschen Handelstages über die Reform der Sicherungsübereignung fanden unter Berücksichtigung der eingegangenen Stellungnahmen der Handelskammern und sonstigen Wirtschaftsorganisationen am 9. 10. 1911 statt [53].

[48] Reichsgerichtsurteil vom 3. 1. 1903, abgedr. in: DJZ 1903, S. 153.

[49] So grundsätzlich das Reichsgerichtsurteil vom 22. 10. 1910, abgedr. in: Warneyer Ergänzungsbd. 3, S. 419 ff.; so auch zustimmend Oertmann, der darauf hinweist, daß das Geschäftsergebnis, d. h. die Erträgnisse aus Veräußerungen, dem Schuldner zustehen und nicht ipso jure dem Sicherungsgläubiger zukommen; vgl. Zur Frage der Sicherungsübereignung, Sp. 1182.

[50] Abgedr. in: Warneyer Ergänzungsbd. 4, S. 196–199, und in JW 1911, S. 324 f. sowie DJZ, 1911, Sp. 649 f.; das Reichsgericht hat diese Rechtsansicht nochmals im Urteil vom 18. 5. 1911 bekräftigt, abgedr. in: JW 1911, S. 650 ff. und in Bank-Archiv, 10. Jahrg., S. 382 f.; in einem anderen Urteil vom 5. 5. 1911 hatte das Reichsgericht einen Vertrag, durch den das ganze Geschäftsinventar samt Warenlager sicherungsübereignet und alle vorhandenen und zukünftigen Forderungen abgetreten worden waren, als gegen die guten Sitten verstoßend nach § 138 BGB für nichtig erklärt, abgedr. in: JW 1911, S. 576 f., und Bank-Archiv, 11. Jahrg., S. 9.

[51] Correspondenz der Ältesten der Kaufmannschaft von Berlin, 34. Jahrg., Nr. 6, S. 141 ff.; die früheren Eingaben vgl. Correspondenz der Ältesten der Kaufmannschaft von Berlin, 33. Jahrg., Nr. 10, S. 251, und Nr. 2, S. 54.

[52] Handel und Gewerbe, 18. Jahrg., Nr. 27, S. 487.

[53] Deutscher Handelstag, 51. Jahrg., Nr. 24, S. 3–24, hier S. 3.

g) Beratung des Deutschen Handelstages am 9. 10. 1911

Als Berichterstatter setzte sich Dr. Klien aus Leipzig nachdrücklichst für die Registerpflicht ein und empfahl den Mitgliedern die Annahme des Beschlusses der Kommission betr. Geld, Banken, Börse vom 27. 10. 1910. In seinem ausführlichen Referat ging er auf die Bedenken der Handelskammern Breslau und Hamburg ein, die eine ganze Reihe von Sicherungsgeschäften von der Registrierung ausgenommen wissen wollten, insbesondere solche, bei denen die Übereignung oder Verpfändung durch Übergabe von Traditionspapieren in Gestalt von Konnossementen, Lager- und Ladescheinen sowie sonstigen Traditionspapieren geschieht. Klien räumte zwar ein, daß diese Fälle nicht von der Registerpflicht erfaßt werden sollten, da es sich hierbei entweder um eine Verpfändung oder aber um eine Übereignung handelt, bei der das übergebene Papier mit dem Besitz identisch ist, Eigentum und Besitz also nicht auseinanderfielen. Hingegen könne die Registerpflicht durch folgende Rechtsgeschäfte umgangen werden: Der Schuldner überträgt das Eigentum und den Besitz an einer Sache seinem Gläubiger, der unmittelbar darauf dem Schuldner den Besitz an der Sache wieder überträgt, sich jedoch das Eigentum daran vorbehält. Gegen diese Handlung in fraudem legis wandte sich Klien und schlug daher vor, gesetzlich zu bestimmen, daß auch diejenigen Eigentumsübertragungen zu ihrer Gültigkeit der Eintragung in ein öffentliches Register bedürfen, bei denen der Besitz zwar dem Erwerber unmittelbar übertragen wird, demnächst aber dem Veräußerer unter Eigentumsvorbehalt zurückübertragen wird. Weiterhin setzte er sich mit dem Vorschlag auseinander, kurzfristige Sicherungsübereignungen eintragungspflichtig zu machen und schlug statt dessen vor, nur Sicherungsübereignungen mit einer Gültigkeitsdauer von mehr als 10 Tagen für registerpflichtig zu erklären. Der Berichterstatter ging dann auf die Stellungnahmen derjenigen Handelskammern ein, die Kritik an der von ihm befürworteten Einführung der Registerpflicht geübt hatten, vor allem auf die Berlins, Laubans und Hanaus sowie auf die Stellungnahme der Ältesten der Kaufmannschaft von Berlin, und versuchte darzulegen, daß die gerade von den Berliner Handelsvertretungen vorgetragenen juristischen Bedenken nicht stichhaltig seien [54].

Klien beschäftigte sich in seinen Darlegungen jedoch ausschließlich mit der juristischen Problematik. Er ging nicht auf die wirtschaftlichen Einwände der Berliner Handelsvertretungen ein, die gerade auf Grund der Wirtschaftsverhältnisse in Deutschland die Sicherungsübereignung als ein unabdingbares Mittel zur notwendigen Mobilisierung des Kredites ansahen.

In der Diskussion über das Referat des Berichterstatters wandte sich der größere Teil der Mitglieder gegen die Einführung der empfohlenen Registerpflicht oder nahm zumindest eine unentschiedene Haltung ein [55].

[54] Ausführliche Darstellung der Auseinandersetzung mit den das Register ablehnenden Stellungnahmen in: Deutscher Handelstag, 51. Jahrg. (1911), Nr. 24, S. 8–14.

[55] Gegen die Registerpflicht sprachen sich – wenn auch z. T. mit Vorbehalten – die Vertreter der Handelskammer Hamburg, der Ältesten der Kaufmannschaft von Berlin, der Handelskammern von Berlin, Magdeburg, Breslau und Brandenburg aus. Unentschieden verhielten sich die Vertreter der Handelskammern von Bayreuth und Halberstadt. Für die Registerpflicht äußerten sich entschieden außer Leipzig nur die Handelskammer von Bensberg; vgl. Deutscher Handelstag, 51. Jahrg., Nr. 24, S. 15 ff.

Von den Befürwortern der Registerpflicht wurde als wirtschaftlicher Gesichtspunkt lediglich hervorgehoben, daß die Sicherungsübereignungen in erheblichem Maße zu Vollstreckungsvereitelungen beitrügen und damit eine Gefahr für den gesunden Kredit darstellten [56]. Die Gegner hingegen wiesen nach, daß die Sicherungsübereignung nicht nur ein wichtiges Instrument des deutschen Wirtschaftslebens sei [57], sondern angesichts der Verhältnisse des deutschen Kapitalmarktes auch ein unentbehrliches Kreditsicherungsmittel. Eine mechanische Übertragung oder ein vordergründiger Vergleich englischer und französischer Rechtsinstitute mit dem deutschen Recht verbiete sich auf Grund der wirtschaftlichen Unterschiede, insbesondere der Verschiedenheit der Kreditsituation in den einzelnen Staaten. Im übrigen zeigte sich sowohl bei Gegnern wie Befürwortern, daß die Sicherungsübereignung im sog. »Großverkehr« eine im großen und ganzen zu keinen größeren Beanstandungen Anlaß gebende Rolle spielte, die eigentliche Problematik vielmehr in der Sicherung der kleineren Kredite lag und sich vor allem Klagen aus dem Kreise des Kleingewerbes ergaben [58]. Die juristischen Einwände gegen die Registerpflicht gipfelten in der Forderung, daß die Änderung der Anfechtungsvorschriften ausreichend sei und man nunmehr nach den in den letzten Jahren ergangenen höchstrichterlichen Urteilen Vertrauen in die Rechtsprechung haben könne. Im übrigen müsse sich der Handel dagegen wehren, durch umständliche gesetzgeberische Maßnahmen erschwert zu werden, wobei die notwendige Mobilisierung des Kredits gehemmt werde [59].

Der Ausschuß nahm gegen wenige Stimmen die von den Berliner und Magdeburger Vertretern formulierten Anträge an und lehnte damit eindeutig die Bemühungen des Berichterstatters und der Leipziger Handelskammer ab, für eine Einführung der Registerpflicht und das Verbot der bestehenden Sicherungsübereignung zu votieren.

Der vom Ausschuß des Deutschen Handelstages am 9. 10. 1911 angenommene Beschluß hatte folgenden Wortlaut [60]:

»1. Der Ausschuß stellt fest, daß mit Sicherungsübereignungen in erheblichem Umfang zum Schaden des reellen Geschäftsverkehrs Mißbrauch getrieben wird.
2. Er hofft von der Rechtsprechung, insbesondere von der Anerkennung der Grundsätze, die das Reichsgericht in seinen Entscheidungen vom 22. Oktober 1910, 3. Januar 1911 und 5. Mai 1911 ausgesprochen hat, auch bei den unteren Gerichten, daß den unreellen Siche-

[56] Der Vertreter der Handelskammer Bensberg wies darauf hin, daß von den in Deutschland jährlich vorgenommenen etwa drei Millionen Pfändungen mindestens 1/4 bis 1/5 wegen Vorliegens von Sicherungsübereignungen fruchtlos ausfielen; vgl. a.a.O., S. 20.

[57] Insbesondere Hamburgs und Berlins Vertreter machten geltend, daß die Sicherungsübereignung gerade im Interesse des Außenhandels unentbehrlich sei; vgl. a.a.O., S. 15 bis 17.

[58] Dr. Apt als Deputierter der Ältesten wies vor allem darauf hin, daß man verschiedene Gesetzgebungen nur miteinander vergleichen könne, wenn man deren gesamte Rechtssysteme in Vergleich setzen und hierbei insbesondere auch die zugrunde liegenden verschiedenen wirtschaftlichen, sozialen und kulturellen Verhältnsisse werte; vgl. a.a.O., S. 18.

[59] Vgl. a.a.O., S. 16, 18; s. auch Oertmann, Zur Frage der Sicherungsübereignung, Sp. 1183.

[60] Deutscher Handelstag, 51. Jahrg., Nr. 24, S. 23, 24; ebenfalls abgedr. in: Handel und Gewerbe, 19. Jahrg., Nr. 2, S. 30.

rungsübereignungen in wirksamer Weise entgegengetreten wird unter Wahrung der berechtigten Interessen, die mit den wirtschaftlich einwandfreien Sicherungsübereignungen verfolgt werden.
3. Die Kreditschutzverbände mögen ihr besonderes Augenmerk auf die Verfolgung unreeller Sicherungsübereignungen an der Hand der neueren Rechtsprechung des Reichsgerichts richten.
4. Die Konkursordnung vom 10. Februar 1877 (Fassung vom 20. Mai 1898) und das Gesetz vom 21. Juli 1879 (Fassung vom 20. Mai 1898), betreffend die Anfechtung von Rechtshandlungen eines Schuldners außerhalb des Konkursverfahrens, sind dahin zu ergänzen, daß die innerhalb einer bestimmten Zeit vor der Zahlungseinstellung oder der Anfechtung vorgenommenen Sicherungsübereignungen anfechtbar sind und dem begünstigten Gläubiger der Beweis auferlegt wird, daß ihm zur Zeit des Vertragsabschlusses eine Absicht des Schuldners, die übrigen Gläubiger zu benachteiligen, nicht bekannt war.«

3. Vorstöße von Interessengruppen im Reichstag

a) Rede des Abgeordneten Dr. Junck

Der erste direkte parlamentarische Vorstoß, die Sicherungsübereignung durch ein Registerpfandrecht zu ersetzen, wurde Anfang des Jahres 1910 gemacht. Am 20. 1. 1910 sprach sich der Rechtsanwalt beim Reichsgericht Dr. Junck als Abgeordneter der Nationalliberalen [61] bei seiner Etatrede für den Haushaltsposten der Reichsjustizverwaltung [62] für die Einführung des Registerpfandrechts aus. Er ging auf die Vermehrungen der Sicherungsübereignungen ein und vertrat unter Hinweis auf Pfandregelungen des schweizerischen, belgischen und französischen Rechts die Ansicht, daß die Einführung eines Registerpfandes insbesondere dem Kredit des landwirtschaftlichen und gewerblichen Mittelstandes zugute komme, es sich also um eine Mittelstandsfrage handele. Wie der Redner betonte, sei es eine Gelegenheit für die Justiz, wieder einmal dem Mittelstand zu Hilfe kommen zu können.

Dr. Junck bat deshalb das Reichsjustizamt, auch dieser Fortbildung des Rechts durch Einführung des Registerpfandes seine Aufmerksamkeit zu widmen [63].

b) Petition der städtischen Haus- und Grundbesitzervereine Deutschlands

Hatten in den Jahren vor 1910 verschiedene Wirtschaftskreise über die allgemeinen Vertretungskörperschaften des Handels und der Industrie die Einführung des Registerpfandrechts zu erreichen erstrebt, so wurden in den folgenden drei Jahren zwei Versuche unternommen, durch Eingaben an die Legislative entsprechende gesetzliche Maßnahmen zu erwirken. Der erste Vorstoß erfolgte im Jahre 1910 durch den Zentralverband der städtischen Haus- und Grundbesitzervereine Deutschlands. Diese richteten eine Petition an den Reichstag, in der sie neben der Abänderung des Abzahlungsgesetzes vom 16. 5. 1894 die Einführung des Registerzwanges für

[61] Drucksachen des Reichstages, 12. Legislaturperiode, I. Session, Bd. 239, Nr. 1, S. 23.
[62] Es handelte sich um die zweite Beratung des Reichshaushaltsetats für das Jahr 1910 (Verhandlungen des Reichstags, 12. Legislaturperiode, II. Session), Bd. 258, 21. Sitzung.
[63] A.a.O., S. 706.

Sicherungsübereignungen (Mobiliarhypothek) begehrten [64]. Zur Begründung ihrer Petition führte diese Interessenvereinigung an, das gesetzliche Pfandrecht des Vermieters an den eingebrachten Sachen des Mieters zur Sicherung von Mietsforderungen werde in bedrohlicher Weise dadurch beeinträchtigt, daß die ständig zunehmenden Sicherungsübereignungen u. a. diesem Pfandrecht vorgingen. Die Haus- und Grundbesitzer führten in ihrer Eingabe an, »oft zögen Leute als Besitzer eines Mobiliars in Höhe von 20 000–30 000 M in eine Wohnung ein, ohne daß ihnen ein Stück gehöre«. Sie vertraten die Ansicht, daß dem schutzwürdigen Interesse derjenigen, denen die Sicherungsübereignung als einziges Kreditmittel zu Gebote stünde, das nicht minder große rechtlichen Schutz erheischende Interesse der Gläubiger gegenüberstände, für die die Sicherungsübereignung den größten Nachteil bringe. Die bei der Sicherungsübereignung nicht gegebene Besitzpublizität solle daher durch die Registerpublizität nach dem Vorbild des englischen und französischen Rechts ersetzt werden.

Sie verlangten daher ebenso, wie es der Berichterstatter Dr. Klien auf der Ausschußsitzung des Deutschen Handelstages im darauffolgenden Jahr tat, eine Gesetzesvorlage, durch welche bei Sicherungsübereignungen und Sicherungskäufen die auf der Registerpublizität beruhende Mobiliarhypothek nach dem Muster der französischen und englischen Gesetzgebung auch in Deutschland zur Einführung gelange.

Der Abgeordnete Cuno von der Fortschrittlichen Volkspartei [65], Oberbürgermeister von Hagen in Westfalen, nahm zu der Petition als Berichterstatter Stellung. Er empfahl die Überweisung der Petition als Material an die Reichsregierung, damit sie bei einer Revision der gesetzlichen Bestimmungen in Betracht gezogen werden könne.

Zuvor hatte der Vertreter des Reichsjustizamtes, Geheimer Justizrat Oegg, zur Petition Stellung genommen [66]. In seinen rechtlichen Ausführungen nahm er auf die Verhandlungen des Deutschen Handelstages Bezug und schloß sich im wesentlichen den von den Ältesten der Kaufmannschaft von Berlin erhobenen Bedenken an [67]. Oegg faßte seine Meinung dahin zusammen, daß es angesichts der schwerwiegenden Bedenken, denen das Registerpfand (Mobiliarhypothek) begegne, nicht geraten sei, zu dem Vorschlag abschließend Stellung zu nehmen, zumal die Verhandlungen des Handelstages noch nicht abgeschlossen waren. Er stellte dem Ausschuß anheim, »die Petition, deren Gegenstand die Reichsjustizverwaltung ohnehin ihre volle Aufmerksamkeit zuwende, als Material zu überweisen«.

Entsprechend der Anregung Oeggs und dem Votum des Berichterstatters beschloß die Kommission einstimmig, daß der Reichstag beschließen solle, die Petition des

[64] Die Petition II, Nr. 552 ist abgedruckt in: Drucksachen des Reichstags, Nr. 738 (12. Legislaturperiode, II. Session), Bd. 278, S. 3936–3938.

[65] S. Verhandlungen des Reichstages, 12. Legislaturperiode, II. Session, Bd. 270 (Anlagen zu den Stenographischen Berichten No. 3 a).

[66] Das von Oegg erstattete Gutachten ist abgedr. in: Handel und Gewerbe, 18. Jahrg., Nr. 26, S. 467–469.

[67] Insbesondere durch das Gutachten vom 20. 10. 1910, abgedr. in: Correspondenz der Ältesten der Kaufmannschaft, 33. Jahrg., Nr. 10, S. 249–251.

Zentralverbandes der Haus- und Grundbesitzervereine Deutschlands dem Reichskanzler als Material zu überweisen [68].

c) Petition der Berliner Grossisten-Vereinigung der Wasserleitungsbranche

Jedoch wurde der Reichstagsausschuß in seiner nächsten Legislaturperiode erneut mit einem Vorstoß einer Interessengruppe befaßt, der wiederum die Einführung des Registerpfandes (Mobiliarhypothek) beabsichtigte. Die Berliner Grossisten-Vereinigung der Wasserleitungsbranche bat in der Petition II Nr. 512 um Erlaß eines Gesetzes zum Schutze gegen betrügerische Scheinverkäufe beweglicher Sachen. Insbesondere forderte die Vereinigung folgende zwei Bestimmungen:

»1. Bewegliche Sachen gelten so lange als Eigentum des Besitzers, als eine Eigentumsübertragung bei dem zuständigen Amtsgericht nicht angezeigt ist.
Die Übertragung hat erst nach Ablauf von 3 Monaten rechtliche Wirkungen.
2. Jedes Amtsgericht führt ein Register der Eigentumsübertragungen, das für jedermann in den üblichen Dienststunden zur Einsicht offenliegt.« [69]

Als Berichterstatter setzte sich der bekannte Schulreformer und Begründer der Arbeitsschule, der Abgeordnete der Fortschrittlichen Volkspartei Dr. Kerschensteiner [70], voll und ganz für das Begehren der Petenten ein. Er sah in der Einführung des Pfandregisters eine Abhilfe gegen die bestehenden Mängel und war der Überzeugung, daß die Gesetzgebung durch die Reform des Kreditsicherungsrechtes dem Mittelstand, der durch die moderne Wirtschaftsentwicklung sich in seiner Exixtenz gefährdet sah, unbedingt diese Hilfe gewähren müsse [71]. Er verwies auf den in der Zwischenzeit ergangenen Beschluß des Deutschen Handelstages vom 9. 10. 1911, den dieser als Petition II Nr. 573 am 2. 3. 1912 dem Reichstag eingereicht hatte. In seinem befürwortenden Votum stützte sich der Berichterstatter im wesentlichen auf die Ausführungen, die Dr. Klien in seinem Gutachten für den Deutschen Handelstag dargelegt hatte. Er trug dem Ausschuß zwar die Einwände vor, die der Vertreter des Reichsjustizamtes Oegg in der früheren Beratung des Petitionsausschusses vorgebracht hatte, und referierte auch die Stellungnahme der Ältesten der

[68] Drucksachen des Reichstags, Nr. 738, a.a.O., S. 3938.

[69] Die Petition nebst Gutachten des Berichterstatters ist abgedruckt in Drucksachen des Reichstages, Nr. 846 (13. Legislaturperiode, I. Sesssion, Bd. 301, S. 1146–1148).

[70] S. Verhandlungen des Reichstags, 13. Legislaturperiode, I. Session, Bd. 298 (Anlagen zu den Stenographischen Berichten, No. 1).

[71] Dr. Kerschensteiner, der als Stadtschulrat von München zu dieser Zeit noch um die Durchsetzung seiner Reformen kämpfen mußte, war zu diesem prononzierten Eintreten für die Interessen des Kleingewerbes wohl nicht in erster Linie durch die parteipolitisch bedingte Beschäftigung mit Mittelstandsfragen bestimmt worden. Durch seine Herkunft – sein Vater war als Kleingewerbetreibender in den verschiedensten Branchen mit wenig Erfolg tätig gewesen – hatte er die schwere Krise erlebt, in die durch die Industrialisierung der typische Mittelstand von der zweiten Hälfte des 19. Jahrhunderts an geraten war; vgl. M. Kerschensteiner, Georg Kerschensteiner, S. 14, 17 f., 21, 23, 163; diese durch die Herkunft bedingte Einstellung ließ ihn auch als Abgeordneten neben schulpolitischen Problemen meistens zu Mittelstandsfragen Stellung nehmen, so schon in seiner Jungfernrede im Reichstag am 6. 3. 1912; s. Verhandlungen des Reichstags, 13. Legislaturperiode, I. Session, Bd. 283, S. 522–529.

Kaufmannschaft von Berlin, trat jedoch für die Registerpflicht ein und erklärte sie insbesondere zum Schutze des Handwerks und des Kleinhandels für unvermeidbar. Unverkennbar zeigte sich hier, wie schon bei früheren Erörterungen, daß der Ruf nach dem Registerpfandrecht, verbunden mit dem Verbot der Sicherungsübereignung, grundsätzlich vom Kleingewerbe ausging oder doch in dessen Namen erhoben wurde. Die Sicherungsübereignung war vor dem Ersten Weltkrieg ein Kreditmittel, das in erster Linie als drückend vom Kleinhandel und dem sonstigen Kleingewerbe empfunden wurde. Der Berichterstatter ging daher in seinen thesenartigen Erklärungen auch davon aus, daß die Sicherungsübereignung ohne Registerpflicht große Schäden hervorruft, die in erster Linie den Mittelstand treffen. Ja er war der festen Überzeugung, daß sämtliche deutschen Handwerkskammern, sofern man sie befragte, *einstimmig* die Einführung der Registerpflicht befürworten würden. Dr. Kerschensteiner glaubte ganz eindeutig einen Gegensatz zwischen dem Großhandel einerseits, dem Kleinhandel, den Handwerkern und dem Haus- und Grundbesitz andererseits erblicken zu können. Während der erstere an der Abschaffung nicht sonderlich, wenn überhaupt nicht interessiert sei, handele es sich bei den letzteren um eine für ihre wirtschaftliche Existenz entscheidende Frage [72]. Der Berichterstatter Dr. Kerschensteiner beantragte daher, in einer Resolution die Notwendigkeit der Registerpflicht zum Ausdruck zu bringen, im übrigen die vorliegende Petition dem Reichskanzler als Material zu überweisen.

Der Petitionsausschuß des Reichstages folgte diesem Antrage jedoch nicht. Er sprach sich zwar wie üblich dafür aus, die Resolution dem Reichskanzler zur Erwägung zu überweisen. Der Ausschuß lehnte es aber – worauf es dem Berichterstatter im besonderen ankommen mußte – nach kurzer Debatte ab, in einer besonderen Resolution das dringliche Bedürfnis nach Einführung des Registerpfandrechts abzufassssen [73].

[72] Die vom Berichterstatter im 96. Bericht des Petitionsausschusses befürwortete Erklärung lautet:

»1. Die Schäden der heutigen Sicherungsübereignung ohne Registerpflicht sind sehr groß und treffen vor allem den Mittelstand. (Das erkennt auch der Deutsche Handelstag an.)

2. Ein Gutachten der deutschen Handwerkskammern würde zweifellos einstimmig im ganzen Deutschen Reiche zum Antrage auf Einführung der Registerpflicht führen.

3. ....

4. Aber wenn auch die Großkaufleute warten können, die Kleinkaufleute, Handwerker, Gewerbetreibenden, Grund- und Hausbesitzer können es nicht.

5. ...«

Der Syndikus der Berliner Handelskammer, Rechtsanwalt Meyerstein, vertrat hingegen auf dem Deutschen Juristentag in Wien den Standpunkt, daß die Sicherungsübereignung für den Großverkehr wichtiger sei als für das Kleingewerbe, obwohl man diese in den Diskussionen besonders in den Vordergrund stellte, und zwar zumeist aus taktischen Erwägungen; vgl. Verhandlungen des 31. Deutschen Juristentages, Bd. 3, S. 251.

Von Anfang an hat ja die Problematik der Sicherungsübereignung bei dem Kleinverkehr gelegen, da selbst bei den Vorarbeiten zum BGB zur Begründung für die Sicherungsübereignung »auf die Kreditbedürftigkeit der kleinen Leute« verwiesen wurde; vgl. Protokolle Bd. 3, S. 196 ff., 200 ff.; ebenso Litten in seinem Gutachten auf dem Juristentag 1912 in Wien, Verhandlungen des 31. Deutschen Juristentages, Bd. 3, S. 202.

[73] Drucksachen des Reichstags, a.a.O., S. 1148.

4. Verhandlungen des 31. Deutschen Juristentages 1912 in Wien

Vom juristischen Gesichtspunkt wurde die Frage der Reform der Sicherungsübereignung vor dem Ersten Weltkrieg ausführlich nur noch auf dem 31. Deutschen Juristentag 1912 in Wien behandelt.

In seinem eingereichten Gutachten kam der Oberlandes- und spätere Reichsgerichtsrat Dr. Salinger zu dem Ergebnis, daß die Sicherungsübereignung wegen der Ungeeignetheit des Faustpfandes für den Mobiliarkredit zwar einem unabdingbaren Bedürfnis entspreche, andererseits aber ihre bekannten Mängel eine Reform notwendig erscheinen ließen. Allerdings war seine Ablehnung im wesentlichen auf das formale Kriterium gegründet, daß ihr der Mangel einer festen gesetzlichen Regelung anzulasten sei oder – wie er sich plastisch ausdrückte – die Sicherungsübereignung ein illegitimes Kind des Rechtsverkehrs sei, das sich nicht auf die Vaterschaft des Gesetzes berufen könne [74]. Den begründeten Einwand sah der Gutachter in der fehlenden Publizität, die zu Vollstreckungsvereitelungen in- und außerhalb des Konkursverfahrens führe. Er schlug aus diesem Grunde in Anlehnung an ausländische Rechte, insbesondere des französischen, die Einführung dieses Registerpfandrechtes – allerdings nur an Sachgesamtheiten – unter gleichzeitigem Verbot der Sicherungsübereignung vor [75].

Letztere Einschränkung glaubte der Gutachter machen zu müssen, weil die meisten beweglichen Sachen kaum hinreichend zu individualisieren und damit ihre Identität schwer festzustellen sei, auch soweit es sich um Gattungssachen handele [76]. Die Schwierigkeiten sah er bei der Verpfändung von Einzelsachen in deren notwendigerweise genauen Beschreibung im Verpfändungsvertrag, die, wenn nicht unmöglich, so doch nur unter großen Schwierigkeiten zu erreichen wäre. Außerdem bestand nach seiner Meinung im Geschäftsverkehr am ehesten ein Bedürfnis nach der Verpfändung von Sachgesamtheiten, d. h. insbesondere von Warenlagern [77].

In der Verhandlung am 5. 9. 1912 lehnte der Berichterstatter Professor Litten aus Königsberg den Vorschlag Salingers gerade wegen der Beschränkung des Registerpfandrechts auf Sachgesamtheiten ab, weil er darin eine Verschlechterung des Kredits, d. h. seiner Sicherung und damit Erlangung, gegenüber dem bestehenden Zustande erblickte [78]. Als Heilmittel zur Beseitigung der an der Sicherungsübereignung gerügten Mängel schlug er vor, die Möglichkeit zur Anfechtung der Sicherungs-

[74] Verhandlungen des 31. Deutschen Juristentages, Bd. I, S. 407.

[75] Verhandlungen, a.a.O., Bd. I, S. 492; der Gutachter faßte seine gutachtlichen Darlegungen in der These zusammen, daß:
»a) neben dem Faustpfand auch ein Registerpfand an Sachgesamtheiten zuzulassen ist.« Verhandlungen, Bd. I, a.a.O., S. 501.

[76] Verhandlungen, a.a.O., Bd. I, S. 488, 489, vor allem S. 492, 495.

[77] Verhandlungen, a.a.O., Bd. I, S. 493. Auf die Frage der Ausgestaltung des Registers, des Schutzes eines gutgläubigen Erwerbs, des Erlöschens des Pfandrechts usw. soll hier nicht weiter eingegangen werden, da es sich insoweit um Variationen schon bekannter Vorgänge handelt.

[78] Verhandlungen, a.a.O., Bd. III, S. 214.

übereignung im Konkursverfahren und nach dem Gesetz, betreffend die Anfechtung von Rechtshandlungen eines Schuldners außerhalb des Konkursverfahrens, zu verstärken. Weiterhin trat er im Anschluß an Hellwig [79] dafür ein, dem Sicherungsgläubiger in der Zwangsvollstreckung an Stelle der Drittwiderspruchsklage nach § 771 ZPO nur das Recht auf vorzugsweise Befriedigung gemäß § 805 ZPO und im Konkurs nur ein Recht auf Absonderung gemäß § 48 KO zu geben. Darüber hinaus hielt er auf Grund der vielen noch ungeklärten Fragen im Augenblick lediglich für erwägenswert, neben dem Faustpfand ein Registerpfand an beweglichen Sachen einzuführen [80].

Der Freiburger Privatdozent Dr. Hoeniger als Korreferent lehnte, obwohl er, wie aus einer früheren Veröffentlichung hervorging, der Sicherungsübereignung kritisch gegenüberstand [81], ebenso wie der Berichterstatter den Salingerschen Vorschlag eines Registerpfandrechts an Sachgesamtheiten ab. Er äußerte die Überzeugung, daß ein Weg zu einem brauchbaren Registerpfandrecht bisher nicht aufgezeigt worden sei. Die Vorschläge zur Einführung eines solchen Buchpfandrechts sah er als gescheitert an, da diese alle nicht dartun könnten, wie ein wirksames Register im einzelnen ausgestaltet sein müßte [82]. Unter Ablehnung der vom Berichterstatter empfohlenen größeren Angriffsmöglichkeiten gegen die Sicherungsübereignung in der Zwangsvollstreckung und im Konkursverfahren kam er als Fazit seiner Ausführungen zu der Empfehlung, daß bei der bevorstehenden Neuordnung des Prozeßrechts allgemeinere Maßnahmen zur Steigerung der Intensität der Zwangsvollstreckung und zur Einschränkung der Widerspruchsklage zu treffen seien [83].

Bezüglich der Einführung des Registerpfandrechts wies Hoeniger auf das folgende, schon früher von ihm gegen die Sicherungsübereignung von Warenlagern vorgetragene wirtschaftliche Bedenken hin, »daß jede Hypothek, jedes Pfandrecht, das dem Schuldner auch den Besitz der Pfandsache gewährt, die Tendenz in sich trägt, Dauerkredit zu werden«. Die Folge eines solchen besitzlosen Pfandrechts wäre, daß eine ebenso große Verschuldung des Fahrnisvermögens eintreten würde, wie sie schon bei der Bodenverschuldung als Auswirkung des hypothekarisch gesicherten Immobiliarkredits sich gezeigt habe. Des weiteren würde jedes besitzlose Pfandrecht wie die Hypothek preissteigernd wirken, weil dadurch eine Sache neben der Eigenschaft als Gebrauchswert auch als Kreditmittel Verwendung finden könne, was sich automatisch im Preise niederschlage. Durch das Hypothekenprinzip

[79] Hellwig, Gläubigernot, S. 155–157; insbes. S. 156.

[80] These 3 lautete:
»Es erscheint erwägenswert, neben dem Faustpfand ein Registerpfand an Mobilien zuzulassen und die Sicherungsübereignungen mit Besitzvorbehalt zu verbieten. Die Schwierigkeiten hinsichtlich der Gestaltung im einzelnen sind jedoch bislang nicht gelöst.« Verhandlungen, a.a.O., Bd. III, S. 188; vgl. auch S. 214 und S. 218.

[81] Hoeniger, Die Sicherungsübereignung von Warenlagern, S. 43 f., lehnte die Sicherungsübereignung von Warenlagern wegen der durch sie angeblich bewirkten Kreditüberspannung, damit aber auch ein Registerpfandrecht an Sachgesamtheiten ab.

[82] Verhandlungen, a.a.O., Bd. III, S. 234.

[83] Verhandlungen, a.a.O., Bd. III, S. 219 f., S. 235 ff.

werde ein Wert in jede Sache hineingetragen, der in ihrer Natur – nämlich als Gebrauchsmittel – nicht begründet sei. Ein besitzloses Pfandrecht an Fahrnis würde daher ebenso zu Preissteigerungen führen, wie es die Hypothek an Liegenschaften bereits bewirkt habe. Bewegliche Sachen seien aber im Gegensatz zu Grund und Boden zum Verbrauch bestimmt und zudem der Gefahr des Untergangs ausgesetzt. Deshalb könnte Fahrnis nur mittels des Faustpfandes als Kreditunterlage benutzt werden [84].

Im übrigen meinte er, daß die Sicherungsübereignung für das Kleingewerbe bei weitem nicht die Rolle spiele, die ihm aus taktischen Gründen immer wieder zugeschrieben werde. Für den Großhandel hingegen sei die Sicherungsübereignung überflüssig, da dieser im Lombardierungsgeschäft ein geeignetes Mittel besitze, um den erforderlichen Kredit zu erhalten [85]. Dieser Ansicht wurde allerdings schon während des Vortrags und dann in der Diskussion, insbesondere vom Syndikus der Berliner Handelskammer, widersprochen [86].

Zutreffend wies Hoeniger allerdings darauf hin, daß man sich im Stadium einer Hochkonjunktur befinde, die eine allgemeine Kreditanspannung hervorgerufen habe. Während der Prosperität, in der Kreditrestriktionen vorgenommen werden müßten, sei es nicht angebracht, durch die Einführung neuer Sicherungsmittel auf eine Ausweitung des Kredits hinzuwirken [87].

Hoeniger beantragte daher als Entschließung des Juristentages, gesetzliche Maßnahmen in bezug auf die Sicherungsübereignung zur Zeit nicht zu empfehlen [88].

In der Diskussion waren die Meinungen geteilt. Eindeutig für die Sicherungsübereignung und gegen das Registerpfandrecht sprachen sich die Syndizi der Berliner Handelskammer, Rechtsanwalt Meyerstein und Professor Apt aus. Meyerstein griff die Behauptung Hoenigers an, der Großhandel, ja überhaupt der Großverkehr benötige die Sicherungsübereignung nicht, sondern könne sich zur Krediterlangung der Lombardierung bedienen. Er räumte allerdings ein, daß die Sicherungsübereignung tatsächlich weniger den echten Bedürfnissen des Kleinverkehrs, als vielmehr gerade dem Großverkehr diene, für den es oft nicht durch die Lombardierung zu ersetzen sei. Diese belaste zudem den Kredit stets mit zusätzlichen Kosten. Auch im Hinblick auf die konjunkturelle Hochspannung waren nach seiner Ansicht grundsätzlich Fragen des Zivilrechts nicht unter dem Gesichtspunkt einer temporären Kreditanspannung zu betrachten.

Die anderen Diskussionsteilnehmer erkannten die Notwendigkeit der Sicherungsübereignung als Ersatz für ein besitzloses Pfandrecht an, wünschten aber eine Regi-

[84] Verhandlungen, a.a.O., Bd. III, S. 225 f.; ausführlicher hatte Hoeniger dieses Bedenken, das für ihn grundsätzlich gegen eine besitzlose Verpfändung, sei sie auch mit Publizität ausgestattet, von Mobilien sprach, in seiner Monographie: Die Sicherungsübereignung von Warenlagern, S. 50, dargelegt.

[85] Vgl. den Antrag in den Verhandlungen, a.a.O., Bd. III, S. 219.

[86] Verhandlungen, a.a.O., Bd. III, S. 250.

[87] Verhandlungen, a.a.O., Bd. III, S. 251, 252.

[88] Verhandlungen, a.a.O., Bd. III, S. 219, 237.

sterpublizität entweder durch die Schaffung eines Buchpfandrechtes oder durch Einführung der Registerpflicht für Sicherungsübereignungen [89].

Bei der Abstimmung wurde der Antrag bezüglich der Einführung des Registerpfandes bei Stimmengleichheit abgelehnt und lediglich eine Empfehlung zur Änderung der Konkursordnung und des Anfechtungsgesetzes beschlossen. Weiterhin wurde für den nächsten Juristentag eine Beratung über die Intensivierung des Vollstreckungsverfahrens in Aussicht genommen [90].

Mit den Erörterungen des 31. Deutschen Juristentages und der zur Behandlung im Reichstage noch ausstehenden Petition der Berliner Grossisten-Vereinigung der Wasserleitungsbranche hatten größere und umfassendere Diskussionen um die Reform des Kreditsicherungsrechtes bis zum Ersten Weltkriege ein Ende gefunden.

5. Die Problematik der Sicherungsübereignung als Kreditsicherungsmittel vor dem Ersten Weltkrieg

a) Sicherungsübereignung als Kreditunterlage im Großverkehr

Die Diskussion vor dem Ersten Weltkrieg hatte sichtbar werden lassen, daß die Sicherungsübereignung im sogenannten Großverkehr sich als ein Institut eingebürgert hatte, gegen das Klagen häufiger nur in der depressiven Phase des Konjunkturzyklus, d. h. in Zeiten eines allgemeinen Geschäftsrückganges erhoben wurden. Dann allerdings erlitten die Warengläubiger in größerem Umfang Verluste, da sie bei Lieferungen mit Zahlungsziel im Gegensatz zu den von den Banken vergebenen Krediten meist nicht auf einer Sicherung bestanden oder bestehen konnten [91]. Der Eigentumsvorbehalt als das typische Sicherungsmittel des Lieferanten und Abwehrinstrument gegen die Sicherungsübereignung der Banken [92] wurde dort erst vereinzelt bei kreditierten Lieferungen ausbedungen. Eine grundsätzliche Vereinbarung des Eigentumsvorbehalts in den allgemeinen Geschäfts- und Lieferungsbedingungen gab es so gut wie noch nicht. Lediglich die größere Maschinenindustrie hatte begonnen, bei Nichtbarzahlung nur gegen Eigentumsvorbehalt zu liefern [93]. Zusammen-

[89] Rechtsanwalt Dr. Cohen aus Hamburg sprach sich für eine Registerpflicht von Sicherungsübereignungen aus, Verhandlungen, a.a.O., Bd. III, S. 246 f.; andere Teilnehmer lehnten vom Standpunkt des Handwerks und sonstigen Kleingewerbes sowohl Sicherungsübereignung wie Registerpfandrecht ab, so der Berliner Rechtsanwalt Dr. Asch; Verhandlungen, a.a.O., Bd. III, S. 240 ff., insbes. S. 243, 244; Rechtsanwalt Dr. Isay wünschte ein Pfandregister, damit der Unternehmenswert besser als bisher geschützt werde. Allerdings sah er den Mangel fehlender Publizität nicht nur bei der Sicherungsübereignung, sondern auch bei der Diskontierung von Buchforderungen. Vgl. Verhandlungen, a.a.O., Bd. III, S. 238–240; auf diesen Umstand hatte Hoeniger (Die Sicherungsübereignung ..., S. 41 f.) bereits hingewiesen.

[90] Verhandlungen, a.a.O., Bd. III, S. 258, 259.

[91] Vgl. Hoeniger, Verhandlungen des 31. Deutschen Juristentages, Bd. III, S. 220.

[92] Hoeniger, Die Sicherungsübereignung von Warenlagern, S. 132, wies darauf hin, daß der Eigentumsvorbehalt das geeignete Mittel sei, um die Sicherungsübereignung gelieferter, aber noch nicht bezahlter Waren zu unterbinden; diesen Gedanken griff ebenfalls Salinger auf; Verhandlungen, a.a.O., Bd. I, S. 446.

[93] Hoeniger, Verhandlungen, a.a.O., Bd. III, S. 221.

stöße mit den durch die Sicherungsübereignung gedeckten Gläubigern, also den Banken, traten stets dann auf, wenn es auf Grund einer schlechten Geschäftslage in größerem Umfange zu Insolvenzen kam. Hierbei wurde in sehr vielen Fällen nicht nur das bewegliche Vermögen des Gemeinschuldners von den Sicherungsnehmern in Beschlag genommen, vielmehr führte die in diesen Jahren zunehmende Verbreitung der Diskontierung von Buchforderungen dazu, daß die gesicherten Gläubiger so gut wie fast das gesamte Vermögen des Fallierenden für sich in Anspruch nahmen. Die Konkursmasse schrumpfte dadurch vielfach auf ein Nichts zusammen [94]; die ungesicherten Gläubiger gehörten daher zu den ständigen Verlierern bei Gesamtvollstreckungen. Hinzu kam noch, daß die Warenlieferanten bei dem scharfen Konkurrenzkampf vor dem Ersten Weltkrieg oft jede Vorsicht außer acht ließen und bei Lieferungen bewußt erhebliche Risiken negierten [95].

Allerdings traten diese Folgen vor allem in der Krise und in der ihr folgenden Gesundungsphase der Wirtschaft besonders hervor. Es muß jedoch berücksichtigt werden, daß die größten Nachteile und Schäden, die durch Sicherungsübereignungen für die anderen Gläubiger hervorgerufen wurden, seit der Krise von der Rechtsprechung der Oberlandesgerichte und des Reichsgerichts energisch bekämpft worden waren. Das Reichsgericht erklärte nochmals, daß die fiduziarische Übereignung grundsätzlich erlaubt und rechtswirksam ist [96]. In seiner grundlegenden Entscheidung vom 22. 10. 1910 [97] verschärfte es aber im Anschluß an frühere Urteile [98] die Anforderungen, die an das Besitzmittlungsverhältnis zu stellen sind und lehnte das Vorliegen eines wirksamen Besitzkonstituts dann ab, wenn in dem Vertrag die übereigneten Gegenstände nicht bezeichnet sind und lediglich bestimmt worden ist, daß der Sicherungsgeber bei nicht näher gekennzeichneter Besitzüberlassung das volle Verfügungsrecht wie ein Eigentümer an diesem behalten soll [99]. In einem weiteren Erkenntnis stellte es im Jahre 1912 wohl im Hinblick der an die Wirksamkeit der Sicherungsübereignung zu hohe Anforderungen stellenden Entscheidungen unterer Gerichte klar, daß die Sicherungsübereignung eines Warenlagers auch dann wirksam ist, wenn der Eigentumserwerb für Dritte nicht erkennbar ist, insbesondere auch im voraus vereinbart werden kann, daß der Sicherungsgeber das Eigentum an neu angeschafften Sachen auf den Gläubiger übertragen soll [100].

Wichtiger als diese judikativen Festlegungen der Voraussetzungen wirksamer

[94] Zöpfel, Recht und Wirtschaft, Bd. 1, S. 111. So hatte sich die Zahl der mangels Masse abgelehnten Konkursanträge von 1901 bis 1911 von 1150 auf 2400 im Jahr erhöht.

[95] Ackermann, Die Sicherungsübereignung von Warenlagern, S. 28, 153.

[96] Vgl. Reichsgerichtsurteil vom 11. 10. 1909, abgedr. in: Gruchots Beiträge, 54. Jahrg., S. 162 ff. (167).

[97] Abgedr. in: Warneyers Ergänzungsbd. 3, S. 419–421, und Bankarchiv, 11. Jahrg., S. 78; vgl. auch das Urt. des OLG Hamburg v. 7. 3. 1911, abgedr. in Bank-Archiv, 11. Jahrgang, S. 78.

[98] Vgl. RG-Urteil vom 3. 1. 1903, abgedr. in: DJZ, 1903, Sp. 153.

[99] Damit schloß sich das Reichsgericht der Forderung Hallbauers, Die Sicherungsübereignung eines Warenlagers, S. 308, 309, daß eine Sicherheitsübereignung zum Verbrauch, insbesondere aber zur Veräußerung bestimmter Sachen nicht möglich ist, an.

[100] Reichsgerichtsurteil vom 16. 2. 1912, abgedr. in: Warn. Ergänzungsband 5, S. 236, und im Bank-Archiv, 11. Jahrg., S. 297.

Übereignungsakte wurde jedoch das Urteil des Reichsgerichts vom 3. 1. 1911, durch das dem geschädigten Warenlieferanten ein Schadensersatzanspruch gegen den durch Sicherungsübereignungen gedeckten Geldkreditgeber gemäß § 826 BGB zuerkannt wurde. In dem der Entscheidung zugrunde liegenden Sachverhalt hatte der Sicherungsgeber einer Bank sein gesamtes gegenwärtiges und zukünftiges Warenlager nebst Geschäftsinventar übereignet. Das sittenwidrige Verhalten bei diesem Sicherungsvertrage erblickte das Reichsgericht darin, daß ein bisher selbständiger Geschäftsinhaber faktisch zum Kommissionslagerführer gemacht worden war, diese Änderung aber nach außen nicht erkennbar, der Wegfall der bisherigen Kreditunterlage dritten Gläubigern also verschleiert wurde. Das Unsittliche dieser Kreditgestaltung war nach dem reichsgerichtlichen Urteil darin begründet, daß ein Geschäft in der Weise weitergeführt wurde, daß der Sicherungsgeber sämtliche Schulden, die Bank als Sicherungsnehmerin dagegen sämtliche Aktiva des Vermögens erwarb, ohne für die Passiven vertragsmäßig haften zu müssen [101]. Das Reichsgericht hat diese Grundsätze in ständiger Rechtsprechung vertreten und fortentwickelt [102] und so durch die Anwendung des § 826 BGB ein Werkzeug geschaffen, um den in früheren Interessenkämpfen und -konflikten einseitigen Ausschreitungen wirksam entgegentreten zu können [103].

In einem weiteren Urteil vom 27. 10. 1913 [104] sprach das Reichsgericht sogar aus, daß bei einem Sanierungsversuch [105] die Sicherungsübereignung des gesamten Warenlagers nebst Abtretung aller Außenstände dann als sittenwidrig anzusehen ist, wenn der Sicherungsvertrag geheim gehalten wird, so daß Dritte in Unkenntnis weitere Lieferungen vornehmen und beim Konkurs des Sicherungsgebers Forderungsausfälle erleiden.

Damit waren feste Kriterien geschaffen und die schlimmsten Auswüchse zu weit-

[101] Abgedr. in: JW, 1911, S. 324, 325; und DJZ, 1911, S. 649, 650.

[102] In einem weiteren Fall, bei dem jemand sein gesamtes gegenwärtiges und zukünftiges Vermögen in Gestalt von Warenlager, Geschäftseinrichtung nebst sämtlichen, auch noch entstehenden Geschäftsforderungen übereignet hatte, nahm das Reichsgericht nach § 138 BGB sogar Nichtigkeit des Vertrages an; so RG Urteil vom 5. 5. 1911, abgedr. in: JW, 1911, 576 f., und Bank-Archiv, 11. Jahrg., S. 9. Für die weitere Anwendung des § 826 BGB bei Dritte schädigenden Sicherungsübereignungen vgl. RG Urteil vom 18. 5. 1911, abgedr. in JW 1911, S. 650 ff., und vom 24. 1. 1912, abgedr. in: Warneyers, Ergänzungsband 5, S. 170.

[103] Gegen das Urteil wurde eingewandt, daß es den Begriff des Schädigungsvorsatzes überdehne und daß von einer völlig selbständigen Existenz vieler Geschäftsinhaber angesichts des großen Kreditbedarfs und der durch die Krise eingetretenen Verschuldung nicht gesprochen werden könne; vgl. Fischer, Die Anwendung der Sicherungsübereignung, S. 103 ff., insb. S. 105.

[104] Abgedr. im Bank-Archiv, 13. Jahrg. S. 100–102.

[105] Mit Recht bemerkt Heinsheimer, Sanierungsversuch als Verstoß gegen die guten Sitten, S. 126, daß der vom Reichsgericht mißbilligte Sanierungsversuch lediglich in einem schwächlichen Flottmachungsversuch verbunden mit der bedingten sofortigen Vernichtung des Geschäfts zugunsten des intervenierenden Gläubigers bestanden hat. Die Kritik von Fischer, Die Sicherungsübereignung als Verstoß gegen § 826 BGB, S. 142 f., trifft das Urteil nicht und berührt lediglich das Problem der Anwendung von Generalklauseln in der Rechtsprechung.

gehender Sicherungsübereignungen beseitigt worden [106]. Mit dem Rückgang der Konkurse verlor überdies die Frage der Sicherungsübereignung für Industrie und Großhandel viel von der Aktualität, die sie als Folge der Depression der Jahre von 1908 bis 1910 gehabt hatte. Berücksichtigt muß auch werden, daß diese Wirtschaftsbeteiligten, soweit sie nicht wie die Großindustrie ihr Kreditbedürfnis auf dem Kapitalmarkt durch Ausgabe von Aktien oder festverzinsliche Wertpapiere befriedigten, an der Krediterlangung gegen Sicherungsübereignungen interessiert waren, da die Warenlombardierung in vielen Fällen, wie bereits dargelegt wurde, nicht durchführbar war. Andererseits hatte der Großverkehr bei Lieferung gegen Zahlungsziel, auch wenn der Eigentumsvorbehalt noch keine weite Verbreitung gefunden hatte, in den Kundenwechseln gleichsam ein Sicherungsmittel, das durch die jederzeitige Diskontierungsmöglichkeit ein ausreichendes Mittel zur Kapitalbeschaffung bot.

b) Sicherungsübereignung als Mittel der Vollstreckungsvereitelung

Der in diesen Jahren der Sicherungsübereignung am meisten angelastete Widerstand wurde daher nicht von den größeren Wirtschaftsbeteiligten verursacht. Die Vereitelung der Einzelvollstreckung war ein Tatbestand, der durch das Kleingewerbe und die übrigen Bevölkerungsklassen hervorgerufen wurde. Die stereotyp gegen die Sicherungsübereignung vorgebrachten Klagen betrafen zumeist deren Ausnutzung durch das Handwerk, den Kleinhandel und das sonstige Kleingewerbe zu unredlichen Zwecken [107]. In diesen Kreisen wurde vor allem die Sicherungsübereignung nicht zur Sicherung von Forderungen, sondern zur Unpfändbarmachung des Schuldners benutzt [108]. Rechtsanwalt Dr. Asch stellte deshalb auf dem 31. Juristentag fest, daß Sicherungsübereignungen von Handwerkern und anderen kleineren selbständigen Gewerbetreibenden im wesentlichen nicht zu reellen Zwecken benutzt würden, sondern dazu dienten, sich mittels Vollstreckungsvereitelungen vor dem Ruin zu retten; die Sicherungsübereignung werde von diesen Gewerbekreisen im allgemeinen nicht zur Beschaffung von Kapital für produktive Zwecke verwandt [109].

[106] Der konservative Abgeordnete Holtschke äußerte daher in der Reichstagssitzung vom 18. 4. 1912 die Hoffnung, daß die Rechtsprechung ein gesetzliches Eingreifen überflüssig machen würde. Verhandlungen des Reichstags, 12. Legislaturperiode, I. Session, Bd. 284, 40. Sitzung.

[107] So Salinger, Verhandlungen des 31. Deutschen Juristentages, Bd. I, S. 445.

[108] Ackermann, Die Sicherungsübereignung von Warenlagern, S. 154, 166; Hoeniger, Die Sicherungsübereignung von Warenlagern, S. 49, weist zudem darauf hin, daß die Sicherungsübereignung an Familienangehörige für vor längerer Zeit in das Familienunternehmen gesteckte und eigentlich schon abgeschriebene Gelder benutzt wurde.

[109] Verhandlungen des 31. Deutschen Juristentages, Bd. III, S. 243 f.

6. Krediterlangung und Kreditsicherung als Mittelstandsfrage vor dem Ersten Weltkrieg

Diese typischen, im Bewußtsein der Öffentlichkeit mit der Sicherungsübereignung verbundenen Mißstände im Exekutionsverfahren deuten darauf hin, daß diese Frage nur der Teilausschnitt eines größeren Problems war. Tatsächlich war es nur ein Sektor der Mittelstandsfrage, die als Folge der weiteren Ausbildung der deutschen Volkswirtschaft zu einer ausgereiften Industriegesellschaft die politische Diskussion dieser Jahre beherrschte.

In diesem alle Bereiche des sozialen Lebens umfassenden Umbildungsprozeß war es gerade das Kleingewerbe, das Handwerk und der Detailhandel, die sich nicht nur den neuen Produktions- und Distributionsformen anpassen, sondern generell auf eine auf dem Kredit beruhende, durch zunehmende Kapitalisierung gekennzeichnete Volkswirtschaft sich umstellen mußten. Der noch an früheren Wirtschaftsweisen orientierte tertiäre Sektor hatte hierbei erhebliche Schwierigkeiten zu überwinden [110]. Handwerk und Kleingewerbe, denen es für die erforderlichen Umstellungen an Kapital mangelte, hatten ein starkes Kreditbedürfnis, das eine ausreichende Befriedigung bei den gegebenen Kreditmöglichkeiten nicht finden konnte [111].

War dem Kleingewerbe der Bankkredit in den meisten Fällen verschlossen, so fand diese Tatsache noch eine besondere Nuancierung in der Lage des deutschen Kapitalmarktes. Auf Grund hoher Hypothekenzinssätze und durch die sichere Anlageform flossen erhebliche Mengen verfügbaren Kapitals dem Immobiliarkredit zu. Hinzu traten in großem Umfange die Belastungen des Geldmarktes durch Staatsanleihen, die ebenfalls dazu beitrugen, daß anlagesuchendes Kapital den mittelständischen Gewerben nicht zur Verfügung stand [112].

Private Darlehen aber, die dem Kleingewerbetreibenden angeboten wurden, waren gegen entsprechende Sicherheiten, vor allem also durch Sicherheitsübereignungen von Geschäftseinrichtungen, aber auch Hausrat zu erhalten. Andererseits fehlte gerade dem Handwerk die Möglichkeit, aus eigener Kraft für die erforderliche Kreditausstattung zu sorgen. Nach den überkommenen Usancen waren in diesen Gewerben lange Zahlungsziele die Regel, die wegen des schweren Konkurrenzdruckes auch von den einzelnen Gewerbetreibenden nicht geändert werden konnten. Große Teile des Eigenkapitals dieser mittelständischen Gewerbekreise waren dadurch dauernd auf lange Zeit in den Außenständen immobilisiert, statt werbend zu arbeiten. Die Klagen über das »Borgunwesen« und die gegen diese vorgeschlagenen Aushilfsmittel, um wenigstens den vom Kleingewerbe seinen Abnehmern gezwungenermaßen eingeräumten Konsumtivkredit in geordnete Bahnen zu lenken, beherrschten daher die einschlägige Verbandspresse und Fachliteratur.

Dem zur Besserung der Lage mittelständischer Gewerbekreise errichteten Genossenschaftswesen war durch die Interessengegensätze kein nachhaltiger Erfolg be-

[110] Vgl. Borell, Die soziologische Gliederung des Reichsparlaments, S. 34; Lammers, Die Bekämpfung des Borgunwesens, S. 78, 79.

[111] Vgl. Wernicke, Kapitalismus und Mittelstandspolitik, S. 127, insbes. S. 262 ff.; Hedemann, Kreditnot, S. 99.

[112] Ackermann, Die Sicherungsübereignung von Warenlagern, S. 156–158.

schieden; nur zwei bis drei Prozent des Handwerks waren vor Ausbruch des Ersten Weltkrieges in gewerblichen Genossenschaften organisiert [113]. Von den vorgeschlagenen Hilfen für das Kleingewerbe – hier seien nur die Kreditversicherung [114], die Bildung von Kreditgenossenschaften, Einziehungsämtern und Rabattsparvereinen [115] genannt – hatten wohl den größten Effekt die Einführung der sogenannten Diskontierung von Buchforderungen, d. h. die Kreditgewährung gegen die stille Zession von Geschäftsforderungen zu Sicherungszwecken [116]. Den mittelständischen Gewerbekreisen, die bei Einräumung von Zahlungszielen im allgemeinen von ihren Kunden keine Akzepte erhielten, durch deren Diskontierung sie ihre Außenstände produktiv hätten einsetzen können, wurde durch diese Beleihungsart vielfach zum erstenmal die Möglichkeit gegeben, wenigstens in bescheidenem Umfange zu Bankkrediten zu gelangen [117]. In diesem Zusammenhang muß die Gründung der Kreditgenossenschaft in Neiße, die die Einziehung mit der Diskontierung von Außenständen verband, als beispielgebend erwähnt werden [118].

Nichtsdestoweniger konnte auch die Diskontierung von Buchforderungen das Anlagebedürfnis nicht befriedigen [119], so daß die Sicherungsübereignung eines der Mittel für das Kleingewerbe blieb [120], um über finanzielle Klemmen hinwegzukommen oder das benötigte Kapital zu erhalten. Daß bei fiduziarischen Übereignungen von Hausrat oder Geschäftseinrichtungen Darlehen von privaten Geldgebern gegen hohe Zinsen gegeben wurden, andererseits derartige Kreditangebote damals recht häufig waren, zeigte die angespannte Lage, in der große Kreise des Kleingewerbes infolge der Anpassungsschwierigkeiten sich befanden [121]. In diesem Zusammenhang sind auch die Vollstreckungsvereitelungen mittels Interventionsklagen bei Insolvenzfällen zu sehen, durch die Vermögenswerte dem Zugriff der Gläubiger zu entziehen versucht werden. Die »Gläubigernot« war daher ein fester Begriff in dem Schrifttum, das sich mit den Mängeln des deutschen Zwangsvoll-

[113] Müffelmann, Die moderne Mittelstandsbewegung, S. 26; Wernicke, Der Mittelstand und seine wirtschaftliche Lage, S. 90, schätzt die Zahl auf 5 % der selbständigen Handwerker und 5 % der selbständigen Kleingewerbetreibenden.

[114] Vgl. Eckert, Kreditprobleme des kaufmännischen Mittelstandes, S. 14–19; Zergiebel, Der Kreditschutz in Handel und Gewerbe, S. 11–19.

[115] Lammers, Die Bekämpfung des Borgunwesens, S. 16 ff.; vgl. auch Eckert, Kreditprobleme des kaufmännischen Mittelstandes, S. 8 ff.

[116] Just, Hebung der mittelständigen Kreditnot, S. 71, bezeichnet die in Österreich zuerst angewendete Diskontierung von Buchforderungen als eine »Wohltat sondergleichen« für den städtischen Mittelstand; vgl. Lammers, Die Bekämpfung des Borgunwesens, S. 51.

[117] Allerdings trat die Reichsbank 1911 der Diskontierung von Buchforderungen entgegen, um ein Zurückdrängen des Wechseldiskonts zu verhindern. Vgl. Lammers, Die Bekämpfung des Borgunwesens, S. 72; Eckert, Kreditprobleme des kaufmännischen Mittelstandes, S. 52.

[118] Jung, Das Borgunwesen im Handwerk, S. 3 ff.

[119] Lammers, Die Bekämpfung des Borgunwesens, S. 52.

[120] Vgl. Stern, Die Sicherungsübereignung von Warenlagern, S. 32.

[121] Zwingmann, Die volkswirtschaftliche Bedeutung der Sicherungsübereignung, S. 3, 17; Hoeniger, Die Sicherungsübereignung von Warenlagern, S. 48; Schönitz, Der kleingewerbliche Kredit in Deutschland, S. 332, 333.

streckungsrechtes befaßte [122]. Diese Gläubigernot, soweit sie nicht ihre Ursache in der Vorkriegskrise hatte, war eine Folge der mittelständischen Kreditnot. Die Ausnutzung der Sicherungsübereignung zur Überwindung dieser Kreditnot führte zu Mißständen, die in ihrer tagtäglichen Wiederholung zwar in das zeitgenössische Bewußtsein eindrangen, jedoch dem Rechtsinstitut als solchem nicht anzulasten waren. Die mit der Sicherungsübereignung auftretenden Mängel waren Symptome der Strukturkrisis der großenteils noch nach vorindustriellen Kategorien wirtschaftenden Berufsschichten.

7. Antrag der Nationalliberalen Partei im Reichstag auf Einführung des Registerpfandrechts

Waren in den Jahren nach 1910 es anfangs Abgeordnete des Zentrums [123] und der Konservativen [124], die in Reichstagsdebatten zu den mit Sicherungsübereignungen aufgetretenen Mißständen das Wort ergriffen und Maßnahmen der Reichsregierung gefordert hatten, so nahmen sich in den Jahren 1913 und 1914 vor allem die Liberalen dieses Themas an und verlangten die Einführung eines Registerpfandrechts. Bedingt war dieses Eintreten durch die anhaltende Kreditanspannung, aber auch durch die seit der Wende des Jahres 1913/14 wieder nachlassende Hochkonjunktur, die im Winter ihren Zenit überschritten hatte [125]. Zum anderen kann nicht ausgeschlossen werden, daß diejenigen Kreise des Handels und der Industrie, denen an der Einführung des Registerpfandrechts gelegen war, durch die ihnen nahestehenden Parteien doch noch eine Reform des Kreditsicherungsrechtes zu erreichen hofften. Hierzu mochte wohl auch die Erkenntnis beigetragen haben, daß die Handelskammern und deren Spitzenorganisation, der Deutsche Handelstag [126], durch die Gegensätze zwischen den verschiedenen Gruppen der gewerblichen Wirtschaft nicht geeignet war, Forderungen einzelner Interessenten durchzusetzen, diese vielmehr von anderen in diesen Gemeinschaftsgremien vertretenen Wirtschaftszweigen neutralisiert wurden [127].

Als erster forderte der Abgeordnete der Fortschrittlichen Volkspartei Dr. Haas in der Reichstagssitzung am 13. 2. 1913 die Einschränkung des Interventionsrechtes

[122] Vgl. die Ausführungen Hellwigs, Gläubigernot, S. 149–151; Peiser, Unser Kreditrecht und seine Reformbedürftigkeit, S. 19; Boschan, Sicherungsübereignung und Gläubigernot, S. 8; Möller, Zur Frage der Sicherungsübereignung, S. 720; Stepp, Gläubigernot, S. 66, 68 f.; Kleinrath, Die Sicherungsübereignung von Warenlagern, Sp. 105.

[123] So die Zentrumsabgeordneten Dr. Belzer am 18. 4. 1912, Verhandlungen des Reichstags, 13. Legislaturperiode, I. Session, Bd. 284, 40. Sitzung, und Bolz am 10. 2. 1913, Verhandl. d. Reichstages, 13. Legislaturperiode, I. Session, 108. Sitzung.

[124] Neben dem Konservativen Holtschke am 8. 12. 1913 der Abgeordnete Warmuth, Verhandlungen des Reichstages, 13. Legislaturperiode, I. Session, Bd. 287, 107. Sitzung.

[125] Vgl. Hesse, Die deutschen Wechsellagen von 1914–1923, S. 13.

[126] Apelt, Die wirtschaftlichen Interessenvertretungen in Deutschland, S. 36.

[127] Vgl. Eckert, Die Stellung der Handelskammern im Aufbau der wirtschaftlichen Interessenvertretungen, S. 8; Kulemann, Berufsvereine, Bd. III, S. 17, 18.

des Sicherungseigentümers [128]. Daraufhin ergriff am 18. 2. 1914 der Abgeordnete List nochmals das Wort und vertrat im Namen der Nationalliberalen Fraktion die Forderung nach Einführung einer Mobiliarhypothek mit Zwangseintragung, um eine Erkennbarkeit fiduziarischer Übereignungen herbeizuführen [129].

Am 1. 12. 1913 hatte demgemäß die Nationalliberale Fraktion einen Antrag im Reichstage eingebracht [130], der am 20. 2. 1914 nochmals als Resolution wiederholt wurde [131]. In ihm wurde der Reichskanzler ersucht, vorbehaltlich umfassender Neugestaltung größerer Rechtsgebiete Verbesserungen einzelner Teile des Reichsrechts durchzuführen, die neben dem Schutz der Gläubiger gegen böswillige Schuldner unter Ziffer 4 die Einführung einer Mobiliarhypothek mit Zwangseintragung betrafen.

[128] Verhandlungen des Reichstags, 13. Legislaturperiode, I. Session, Bd. 288, 111. Sitzung.
[129] Verhandlungen des Reichstags, 13. Legislaturperiode, I. Session, Bd. 293, 215. Sitzung.
[130] Drucksachen des Reichstags, 1218 (13. Legislaturperiode, I. Session, Bd. 303, S. 2417).
[131] Drucksachen des Reichstags, Nr. 1992 (13. Legislaturperiode, I. Session, Bd. 303 S. 2559).

Teil III

Die Frage der Sicherungsübereignung während des Ersten Weltkrieges

Der Erste Weltkrieg modifizierte durch die gravierende Einwirkung exogener Faktoren völlig die allgemeine Konjunkturentwicklung [1] und veränderte durch die Impulse, die die Kriegswirtschaft auf das Geschäftsleben ausübte [2], in einer gegenüber der Vorkriegszeit nicht voraussehbaren Weise die Einstellung der Wirtschaftsbeteiligung zu den Fragen des Kredits und seiner Sicherung.

1. Einfluß des Kriegsausbruches auf die Kreditverhältnisse

Nach einer kurzen Zeit des Schocks durch den Kriegsausbruch, der neben weitgehenden Forderungen nach Barzahlung in der Geschäftswelt zu einem Run auf Barguthaben und Ersuchen nach Krediten führte, denen von den Banken ernstliche Restriktionsmaßnahmen entgegengesetzt wurden, kehrten die Geschäftsverhältnisse bald wieder in geordnete Bahnen zurück [3].

Beruhigend hatten sich die sofort einsetzenden Maßnahmen der Reichsregierung ausgewirkt, die ein ganzes Arsenal von Legislativakten sofort wirksam werden ließen, die die entstandene Unruhe dämpften.

Neben Kriegsnotstandsgesetzen, die dem bedrängten Schuldner durch Stundung von Hypothekenzinsen, Unmöglichkeit der Subhastation von Grundstücken, Verbot der Kündigung der Mietwohnungen von Kriegsteilnehmern und dgl. zu Hilfe kamen, waren es gesetzgeberische Maßnahmen, die den Kriegseinflüssen auf den Wirtschaftsablauf Rechnung trugen [4]. Diese Schutzmaßnahmen führten anfangs zeitweilig zu einer »Gläubigernot« der durch die Kriegsgesetze betroffenen For-

[1] Schumpeter, Konjunkturzyklen, Bd. II, S. 711.

[2] Wagemann, Konjunkturlehre, S. 82.

[3] Vgl. Schwendemann, Kreditverkehr und Kriegskreditbanken, S. 7–11, 21, 22; Zwingmann, Die volkswirtschaftliche Bedeutung der Sicherungsübereignung, S. 30.

[4] Hier sind insbesondere folgende Gesetze und Verordnungen zu erwähnen:

a) Bekanntmachung über die gerichtliche Bewilligung von Zahlungsfristen vom 7. 8. 1914 (RGBl. I, S. 359).

b) Bekanntmachung, betreffend die Anordnung einer Geschäftsaufsicht zur Abwendung des Konkursverfahrens vom 8. 8. 1914 (RGBl. I, S. 363).

c) Bekanntmachung, betreffend Verlängerung der Fristen des Wechsel- und Scheckrechts vom 6. 8. 1914 (RGBl. I, S. 357).

d) Bekanntmachung, betreffend die Verlängerung der Fristen für wechsel- und scheckrechtliche Handlungen vom 7. 8. 1914 (RGBl. I, S. 361).

e) Bekanntmachung über die Fälligkeit im Ausland ausgestellter Wechsel vom 10. 8. und derungsberechtigten [5]. Jedoch hielt die Gefahr einer übermäßigen Kreditanspannung nicht lange an. Es zeigte sich vielmehr, daß die meisten der ins Leben gerufenen Maßnahmen zur Erleichterung des Kredites, insbesondere zur Kreditierung von mittelständischen Gewerbetreibenden, die von den Geschäftsbanken in Friedenszeiten keinen Kredit zu erhalten pflegten, gar nicht nötig waren oder zumindest nicht in dem Maße in Anspruch genommen wurden, wie das anfangs vermutet worden war [6].

2. Die Wirtschaftsentwicklung während des Krieges

Im Verlaufe des Krieges änderte sich das Bild vollständig, ja es trat im Gegensatz zu den Zeiten einer normalen Friedenswirtschaft fast eine Umkehr der Verhältnisse ein. Das stürmische Kreditverlangen während der ersten Kriegsmonate erwies sich retrospektiv als bloße Kreditangst [7]. Die zahlreichen neugebildeten Kriegskreditorganisationen befriedigten jede Art von echtem Kreditbedarf [8]. In den meisten Fällen zeigte es sich sogar, daß viele der neugeschaffenen Kreditmöglichkeiten, sobald die erste Beunruhigung sich gelegt hatte, gar nicht ausgeschöpft wurden und auch nicht in dem Maße von denjenigen Wirtschaftern in Anspruch genommen wurden, die in Friedenszeiten im allgemeinen keinen oder nur unter besonderen Umständen Bankkredit erhalten hätten und von denen man in erster Linie eine Ausnutzung dieser Kreditmöglichkeiten erwartet hatte [9].

Im allgemeinen kann festgestellt werden, daß es auch dem Kleingewerbe, soweit

vom 22. 10. 1914 (RGBl. I, S. 368, 448) sowie betreffend Auslandswechsel vom 12. 8. 1914 (a.a.O., S. 369),
und die Verordnung des Bundesrates über Verjährungsfristen sowie das Gesetz betr. die Abwicklung von börsenmäßigen Zeitgeschäften in Waren.
Für den Kreditverkehr wurde von Wichtigkeit die Einrichtung von Darlehnskassen gemäß dem Gesetz vom 4. 8. 1914, die dem Realkredit der größeren gewerblichen Wirtschaft dienen sollten. Zeitlich nach ihnen wurden auf kommunaler Ebene Kriegskreditanstalten gegründet, die vor allem Personalkredite gewährten und dem Kreditbedürfnis des kleingewerblichen Mittelstandes abhelfen sollten; vgl. Schwendemann, Kreditverkehr und Kriegskreditbanken, S. 12–14, 25; Zwingmann, Die volkswirtschaftliche Bedeutung der Sicherungsübereignung, S. 31.

[5] Kracht, Gläubigernot im Kriege, S. 58 f; Ackermann, Die Sicherungsübereignung an Warenlagern, S. 169.

[6] Das gilt insbesondere auch für die Kriegskreditanstalten, die von den Kommunen geschaffen worden waren. Sie sollten insbesondere die durch den Krieg hervorgerufene Kreditnot mittelständischer Schichten beseitigen. Es zeigte sich jedoch, daß schon das Vorhandensein solcher Kreditquellen meistens genügte, um das tatsächliche Kreditbedürfnis in Mittelstandskreisen geringer werden zu lassen, da allein die Möglichkeit der Kreditnahme das Gefühl der Sicherheit verschaffte; vgl. Nürnberg, Der kommunale Kredit für den Mittelstand, S. 35, 36; Schwendemann, Kreditverkehr und Kriegskreditbanken, S. 22–49, insbesondere S. 22, 24, 28, 30, 42, 49.

[7] Ackermann, Die Sicherungsübereignung an Warenlagern, S. 168; Zwingmann, Die volkswirtschaftliche Bedeutung der Sicherungsübereignung, S. 31.

[8] Goetz Briefs, Kriegswirtschaftslehre und Kriegswirtschaftspolitik, S. 999.

[9] Goetz Briefs, a.a.O., S. 1000.

es nicht direkt durch Kriegsmaßnahmen betroffen wurde, besser ging als vor dem Kriege. Der Heeresdienst und die riesigen Kriegsaufträge beseitigten die Arbeitslosigkeit. Der sofort im August 1914 eingeführte Schuldnerschutz und reichliche Kreditgewährung sanierten viele Unternehmen, die vor dem Kriege als nicht mehr lebensfähig galten. Hinzu kam die Möglichkeit einer schnellen Kapitalbildung der verschiedenen Wirtschaftskreise durch Kriegsaufträge, die ziemlich hohe und durchaus risikolose Gewinne erbrachten, so daß auch kleinste Unternehmer und Handwerker sich am allgemeinen Kapitalbildungsprozeß beteiligen konnten [10].

Der Staat, vor allem in Gestalt der verschiedenen Heeresverwaltungen, ging als Hauptauftraggeber und -verbraucher zum System der Barzahlung und der Bevorschussung von Aufträgen über, denen sich bei der immer stärkeren Warenverknappung nunmehr auch die privaten Abnehmer anschließen mußten. Bereits in dem preußischen Erlaß vom 26. 9. 1914 »über Zahlungen an Gewerbetreibende und Sicherheitsleistungen während des Krieges« war die beschleunigte Rechnungsbegleichung von Kriegsaufträgen kleiner Unternehmer und Lieferer sowie eine großzügige Gewährung von Abschlagszahlungen und der weitestgehende Verzicht auf die Stellung von Sicherheiten angeordnet worden [11].

In der Denkschrift der Reichsregierung an den Reichstag »Über wirtschaftliche Maßnahmen aus Anlaß des Krieges« konnte daher auch festgestellt werden, daß die mittelbaren und unmittelbaren Kriegslieferungen meist Zug um Zug oder mit kurzem Ziel durch Notenzahlung oder Giroüberweisung ausgeglichen wurden, was eine wesentliche Verminderung des Bank- und Wechselkredits zur Folge hatte. Zudem waren durch die Verringerung der Lagerbestände, durch notwendige Produktionseinschränkungen und durch die Einschränkung des Außenhandels erhebliche Kapitalien frei geworden [12]. So stand dem Geldmarkt ein starkes Angebot an flüssigen Mitteln zur Verfügung, durch das der private Kreditbedarf leicht befriedigt werden konnte. Die Denkschrift konnte darauf hinweisen, daß die Kriegskreditinstitute »mangels anderweitiger Verwendung ihrer Mittel diese vielfach in Kriegsanleihen anlegen«. Wesentlich mitbestimmend für die Abnahme des Kreditbedürfnisses war die Geldblähe während des Krieges, die den Notenumlauf von 2 Milliarden vor dem Kriege auf 18 Milliarden während des Krieges ansteigen ließ [13]. Ein Indiz für die Prosperität auch kleinerer Betriebe war die Abnahme der Konkursfälle [14].

3. Die Auswirkungen der Kriegswirtschaft auf Kredit und Kreditsicherung

Die dargelegten Faktoren bewirkten, daß die Wirtschaft bald nach Kriegsbeginn immer mehr zum Barverkehr überging. »An Stelle der Lieferantenkonkurrenz war der Wettstreit der Abnehmer getreten. Auch die größten Geschäftsabschlüsse in

[10] Schwendemann, Kreditverkehr und Kriegskreditbanken, S. 22, 37; Ackermann, Die Sicherungsübereignung an Warenlagern, S. 170.

[11] Abgedr. in: Grotefend-Cretschmer, Gesetzgebungs-Material, Jahrg. 1914, S. 749 f.

[12] Verhandlungen des Reichstages, 13. Legislaturperiode, II. Session, Bd. 315, Anlage Nr. 74.

[13] Ackermann, Die Sicherungsübereignung an Warenlagern, S. 171.

[14] Zwingmann, Die volkswirtschaftliche Bedeutung der Sicherungsübereignung, S. 32.

Industrie und Handel fanden Barzahlung. Unter diesen den mittelständischen Gewerbetreibenden so günstigen Wirtschaftsumständen erübrigt sich das Institut der Sicherungsübereignung.« [15]

In diesem Zusammenhang hat die Frage, ob der Krieg konjunkturauslösend oder -fördernd war, nur theoretische Bedeutung [16]. Es muß auf jeden Fall eingeräumt werden, daß die durch die Kriegsbedürfnisse allseitig verstärkte Nachfrage und vor allem die Geldvermehrung zu einer erheblichen Wirtschaftsbelebung führte. Der Übergang zur Barzahlung befreite den gewerblichen Mittelstand und insbesondere das Handwerk vollständig von der Plage des Borgunwesens, gegen das in der Vorkriegszeit mit so vielen Mitteln und doch zumeist wenig befriedigendem Erfolg angekämpft worden war. Viele mittelständische Kreise kamen nunmehr in die Lage, auf dem Gebiete des Einkaufs durch Nichtinanspruchnahme von Warenkrediten die gleichen Konditionen wie größere Abnehmer zu erhalten und damit zu einer rentablen Wirtschaftsführung zu gelangen.

Das fast gänzliche Verschwinden des Waren- und Wechselkredites ließ das Verlangen nach neuen Kreditformen verstummen. Ein Problem wie das der Sicherung des Geldkredites hatte seine Bedeutung durch die konjunkturellen und wirtschaftlichen Folgen der Kriegsökonomie fast gänzlich eingebüßt. Hier war der Fall eingetreten, daß nicht ein Interessenausgleich, sondern gleichsam die Eliminierung des dem Interessengegensatz zugrunde liegenden Wirtschaftsproblems die Einfluß nahme von Interessenverbänden auf die staatliche Willensbildung zumindest temporär beendet hatte.

Zwar wurde auch während der Zeit des Krieges im juristischen Schrifttum die Diskussion um Fragen einer Reform der Sicherungsübereignung weitergeführt. Hinter diesen Erörterungen standen aber keine divergierenden wirtschaftlichen Interessen. Es kam ihnen daher nur ein akademischer Charakter zu [17]. Die praktische juristische Literatur folgte im großen und ganzen der herrschenden Rechtsprechung und – von dem früheren Kreditbedürfnis weiter Gewerbekreise ausgehend – lehnte sie die Einführung eines Pfandregisters ab [18].

[15] Zwingmann, a.a.O., S. 32.

[16] Zweifelnd Hesse, Die deutsche Wechsellage von 1914–1923, S. 406, 410, der zwar zugibt, daß die kriegsbedingte Geldblähe zu Erzeugungsvermehrungen führt, aber meint, daß diese – wie jeder inflationistische Geldüberhang – immer wieder zu Lähmungen der Wirtschaft führt.

[17] Verwiesen sei auf Nord, Gebundene Berechtigung, S. 189 f., der den Gedanken Hellwigs aufnahm und neben der Nichtigerklärung fraudulöser Sicherungsübereignungen zum Zwecke der Exekutionsvereitelung dem Sicherungsnehmer bei Zwangsvollstreckung lediglich vorzugsweise Befriedigung nach § 805 ZPO geben wollte. Im übrigen wurde die Frage in Dissertationen in den ausgetretenen dogmatischen Bahnen einer Vereinbarung der Sicherungsübereignung mit dem Faustpfandprinzip und dem Publizitätsgrundsatz erörtert. Statt vieler seien folgende Dissertationen als Beispiel angegeben:

J. Seidel, Zur Lehre von der Sicherungsübereignung, Leipzig 1916.

R. Walther, Sicherungsübereignung, insbesondere an Warenlagern unter besonderer Berücksichtigung der Rechtspechung, Leipzig 1917.

H. Hermes, Regreß bei einfacher und mehrfacher Sicherung einer Forderung unter Berücksichtigung der Sicherungsübereignung, Greifswald 1918.

[18] Marck, Die Sicherungsübereignung unter Einschluß der Sicherungsabtretung, S. 84 u. 85.

TEIL IV

Kreditreformbestrebungen während der deutschen Inflation 1920-1923

1. Einfluß der Inflation auf Wirtschaft und Kreditverhältnisse

Nach dem Ersten Weltkrieg stand die Frage der Kreditreform für die verschiedenen Interessen der Wirtschaft unter dem Eindruck der verwirrenden wirtschaftlichen Nachkriegsentwicklung. Sie war charakterisiert durch die wirtschaftliche Isolierung und die noch zeitweilig fortdauernden Maßnahmen der Wirtschaftsblokkade gegen Deutschland. Zum anderen belastete die fortschreitende Inflation, die den Wert der deutschen Mark 1923 schließlich ins Nichts absinken ließ, aufs schwerste die deutsche Wirtschaft und ließ geschäftliche Dispositionen des deutschen Außenhandels immer schwieriger werden [1]. Es war also nicht das bekannte allgemeine Kreditbedürfnis von Handel und Industrie oder die vor dem Kriege so stark in Erscheinung getretene Kreditnot mittel- und kleingewerblicher Schichten, die zu dem Verlangen nach neuen Kreditformen führte. Die Frage der Kreditreform war jetzt kein Mittelstandsproblem. Für diese Kreise dauerte bis zu einem gewissen Grade die Kriegskonjunktur noch während der Inflation an, begünstigt vor allem durch die leichte Kapitalbildung infolge des Geldüberhanges [2]. Das zeigte sich an der großen Zahl von Geschäftsgründungen, die auch nach Kriegsbeendigung noch vorgenommen wurden [3]. Auch wurden durch Spekulationsgeschäfte auf Kosten einer erhöhten Produktion Scheingewinne erzielt [4], welche zu einer unwirtschaftlichen Güterverteilung und ökonomisch nicht zu rechtfertigenden Investitionen führten, die nach der Stabilisierung der Geldverhältnisse zu einer heftige Erschütterungen auslösenden Anpassungskrise führten [5].

Die Forderungen nach Ausgestaltung eines neuen Kreditsicherungsmittels wurden daher von der durch Krieg und Inflation besonders betroffenen Veredelungsindustrie vorgebracht oder in ihrem Interesse erhoben. Dieser Wirtschaftszweig war es, der durch den Valuta- und Devisenmangel und durch die verringerte eigene Roh-

[1] Die amerikanischen Ökonomen Moulton und Mc Guire bezifferten den durch Krieg und Inflation bedingten Verlust an deutschem Nationalvermögen auf 135 Milliarden Goldmark, angeführt bei Schmidt, German Business Cycles 1924–1933, S. 73.

[2] Vgl. Bernhard, Wege der Absatzfinanzierung für den Großhandel, S. 23.

[3] Vgl. Clausing, Die wirtschaftlichen Wechsellagen von 1919–1932, S. 49; Schmidt, a.a.O., S. 36, zitiert eine Untersuchung, wonach von 1914–1923 10 000 Aktiengesellschaften und 45 000 Gesellschaften mit beschränkter Haftung neu gegründet wurden.

[4] Hesse, Die deutsche Wechsellage von 1914–1923, S. 405.

[5] Schmidt, German Business Cyles 1924–1933, S. 37, und Hesse, a.a.O., S. 404.

stoffbasis Deutschlands besonders hart getroffen worden war [6]. Außerdem war die deutsche Volkswirtschaft durch den kleiner gewordenen Binnenmarkt stärker als vor dem Kriege auf die Ausfuhr angewiesen.

So führte gerade das Fehlen der so dringend benötigten Devisenreserven für den Rohstoffimport in den Jahren 1920–1923 zur Erörterung über die Art ausreichender Sicherheiten für die Rohstoffkredite ausländischer Warengläubiger. Daß diese Frage für Deutschland zwar am dringlichsten war, aber in diesen Jahren auch ein Problem für andere europäische Staaten, die durch den Krieg in hohe Verschuldung und den dadurch verursachten Währungsverfall geraten waren, darstellte, zeigte die Forderung der Kommission der Internationalen Finanzkonferenz 1922 in Brüssel. Diese stellte das Fehlen einer ausreichenden Gesetzgebung für den Schutz der Exporteure während der Einfuhr-, Herstellungs-, Wiederausfuhr und Verkaufsoperation fest und schlug dem Völkerbund vor, ein aus Juristen und Geschäftsleuten bestehendes Komitee zur Erreichung dieses Zieles bei den in Frage kommenden Ländern einzusetzen [7].

Die Diskussion über die Frage der Schaffung eines ausreichenden Sicherungsmittels für Rohstoffkredite bewegte sich um den Problemkreis der Einführung einer Mobiliarhypothek als Deckungsmittel sowie um die Umgestaltung der Vorschrift des § 950 BGB. Teile der deutschen Verarbeitungsindustrie glaubten ihren ausländischen Rohstofflieferanten mit einem Registerpfandrecht, wie es vor dem Kriege vorgeschlagen worden war, eine hinreichende Kreditsicherheit zu geben. Allerdings sollte diese neue Verpfändungsmöglichkeit für Handelsgeschäfte oder auch nur dem Außenhandelsverkehr vorbehalten bleiben. Andere Wirtschaftskreise wollten die Warengläubiger durch die Möglichkeit einer Verlängerung des Eigentumsvorbehaltes bei vertraglichem Ausschluß des nach deutschem Recht ipso iure eintretenden Eigentumserwerbes des Verarbeiters geschützt wissen [8].

2. Reformwünsche auf Einführung einer Mobiliarhypothek

a) Antrag Schiffer im Reichstag 1920

Der erste Vorstoß in dieser Frage wurde im Interesse der auf ausländische Rohstoffe angewiesenen deutschen Veredelungsindustrie vom Abgeordneten der Demokratischen Volkspartei Schiffer unternommen. Er richtete am 29. 12. 1920 eine Anfrage an die Reichsregierung. In ihr erbat er Antwort auf die Frage, ob die Reichsregierung Gesetzesvorschriften über die Änderung des § 950 BGB oder die

[6] Koch, der Warenkredit der Banken, S. 117 f.; der V. Allgemeine Deutsche Bankiertag forderte deshalb in seiner Entschließung über die Aufgaben des Bankgewerbes beim Wiederaufbau der deutschen Wirtschaft im Oktober 1920 in Punkt 2 seiner Entschließung: »Solange ausreichende internationale Kredite nicht zur Verfügung stehen, ist die Pflege des Veredelungskredites in den durch die jeweiligen Umstände gebotenen Formen eine der wichtigsten Aufgaben der deutschen Banken und Bankiers.« Abgedr. in: Bank-Archiv, 20. Jahrg., S. 34.

[7] Fränkel, Veredelungskredite, Sp. 414.

[8] Zu dieser Problematik vergleiche Teil I, 5 d.

Einführung der Mobiliarhypothek vorbereite. Zur Begründung seiner Anfrage wies er darauf hin, in deutschen Wirtschaftskreisen würden Bestimmungen darüber gewünscht, »daß der Kreditgeber das Eigentum oder Pfandrecht an dem von ihm gelieferten Rohstoffen auch während der Verarbeitung bis zur Wiederveräußerung des Fertigfabrikats behalten kann«. Schiffer betonte, daß man von den gewünschten gesetzlichen Vorschriften – Änderung des § 950 BGB und Einführung der Mobiliarhypothek – eine Ausfuhrförderung, insbesondere in den Kreisen der Veredelungsindustrie, erwarte. Denn durch diese Rechtsänderungen werde den ausländischen Gebern von Valutakrediten in erleichterter Form Sicherheit durch die Ware während der Verarbeitung gewährt [9].

Das Reichsjustizministerium hob in seiner schriftlichen Antwort [10] hervor, daß sich die Reichsregierung und die Länder zwar seit längerer Zeit mit dieser Frage befaßten, andererseits jedoch unter den beteiligten Wirtschaftskreisen die Ansichten über die in Betracht kommenden Gesetzesreformen geteilt seien, insbesondere hinsichtlich der Notwendigkeit und Zweckmäßigkeit des gesetzgeberischen Vorgehens und der Einzelheiten der Gestaltung der betreffenden gesetzlichen Vorschriften. Im übrigen, so führte das Reichsjustizministerium in seiner Antwort aus, seien gegen diese gesetzlichen Neuregelungen aus Kreisen von Industrie und Handel Bedenken erhoben und entschiedener Widerstand angekündigt worden. Deshalb müsse erst einmal die weitere Klärung der Meinungen und Wünsche innerhalb der beteiligten Wirtschaftskreise abgewartet werden. Aus diesen Gründen sei eine abschließende Entscheidung noch nicht getroffen worden. Das Reichsjustizministerium glaubte im übrigen die Reformwünsche mit dem Hinweis abwehren zu können, daß schon nach dem geltenden Recht dem Warenkreditgeber geeignete Sicherheiten während der Verarbeitung des Rohstoffes verschafft werden können [11].

b) Antrag Melchior auf dem 32. Deutschen Juristentag

Der 32. Deutsche Juristentag im September 1921 in Bamberg bot erneut Gelegenheit, das Problem der Reform des Mobiliarkredites zu erörtern. Die Frage stand aber im Gegensatz zum voraufgegangenen Juristentag in Wien ganz unter dem Zeichen der Ermöglichung und Erweiterung der Rohstoffversorgung der deutschen Veredelungs- und Verarbeitungsindustrie und setzte die durch den Reichstagsabgeordneten Schiffer begonnene Erörterung dieses Problems fort.

Berichterstatter und Korreferent stimmten in ihren unter dem Thema »Empfiehlt sich die Einführung der Mobiliarhypothek?« stehenden Ausführungen darin überein, daß die Reform des Mobiliarkreditrechts in erster Linie ein wirtschaftliches Problem sei, dessen Hauptbedeutung gegenwärtig in der Inanspruchnahme und

[9] Verhandlungen des Reichstages 1920, I. Wahlperiode, Bd. 365 a, Anlage Nr. 1284.

[10] A.a.O., Anlage Nr. 1356.

[11] Das Reichsjustizministerium hatte hier, soweit ersichtlich, den verlängerten Eigentumsvorbehalt mit antizipierter Sicherungsübereignung im Auge.

Sicherung von Warenkrediten ausländischer Rohstofflieferanten bestehe [12]. Der Berichterstatter Rechtsanwalt Professor Geiler sah überdies die besondere Bedeutung des Themas dieses Juristentages in der Kreditanspannung nach dem Ersten Weltkrieg und der Notwendigkeit, durch Kreditmobilisierung der deutschen Wirtschaft neue Impulse zu geben [13].

Noch schärfer betonte der Korreferent Rechtsanwalt Dr. Melchior aus Hamburg den Zusammenhang zwischen der deutschen Rohstoffversorgung und der zu erörternden Rechtsmaterie, indem er – wenn auch in der Sache überspitzt – auf den Verlust des lothringischen Eisenerzes, der Rohhäute aus Posen und der tropischen Produkte aus den Kolonien sowie auf den Umstand, daß Deutschland durch den Krieg aus einem Gläubiger- zu einem Schuldnerland geworden war, einleitend hinwies.

Zu der durch Valuta- und Devisenmangel gekennzeichneten deutschen Wirtschaftslage führte Melchior aus:

»Der deutsche Industrielle bedarf – von wenigen Ausnahmen abgesehen – des Kredits zur Beschaffung ausländischer Rohstoffe. Denn der Wert der Reichsmark ist, an der einzig annähernd stabilen Währung – dem amerikanischen Dollar – gemessen, auf etwas unter 5 Goldpfennig gesunken, und die ungeheuren Markbeträge, die erforderlich sind, um in dieser entwerteten Währung gegen bar zu kaufen, stehen nur den wenigsten zur Verfügung. Ungesicherte Kredite gewährt das Ausland höchstens einer kleinen Zahl besonders finanzkräftiger Industrieller. Im übrigen kann der Industrielle ohne Sicherheit oder übergroße Opfer nur inländische Mark-Kredite erhalten.

Der solide Industrielle hat aber ein Bedürfnis nach Krediten in hochwertiger ausländischer Valuta zur Beschaffung der ausländischen Rohstoffe.« [14]

Die Übereinstimmung des Referenten über die Notwendigkeit der Verbesserung des Mobiliarkreditrechts harmonisierte jedoch nicht mit ihren Ansichten über die Zweckmäßigkeit der Einführung eines besitzlosen Fahrnispfandrechts.

Angesichts der besonderen wirtschaftlichen Zwangslage stand im Gegensatz zum Juristentag 1912 jetzt nicht ein ausgefeiltes Registerpfandrecht zur Debatte. Man hielt eine Registerpublizität nicht für unbedingt notwendig [15], obwohl die Mobiliarhypothek des gemeinen Rechts in den vergangenen Jahrhunderten ihre Gefahren und Unzuträglichkeiten allzu deutlich gezeigt hatte, was ja der Grund für die Verankerung des Faustpfandrechts in den neueren deutschen Kodifikationen und schließlich im deutschen Bürgerlichen Gesetzbuch gewesen war.

[12] Verhandlungen des 32. Deutschen Juristentages, S. 186, 189, 204 f.; auf den Gesichtspunkt der aktuellen Bedeutung der Rohstoffversorgung hatte der Berichterstatter schon vor dem Juristentage in einem Aufsatz hingewiesen; vgl. Geiler: Empfiehlt sich die Einführung der Mobiliarhypothek?, Sp. 543–545.

[13] Verhandlungen des 32. Deutschen Juristentages, S. 189.

[14] Verhandlungen, a.a.O., S. 204, 205; vgl. auch S. 216. Melchior wies auch darauf hin, daß der Ankauf ausländischer Valuta mit deutscher Mark den Rohstoffimport pro anno um 10 % verteuern würde; a.a.O., S. 205.

[15] So die schon früher geäußerte Ansicht des die Mobiliarhypothek befürwortenden Korreferenten Melchior, Einführung der Mobiliarhypothek und Änderung des § 950 BGB, S. 56.

Geiler lehnte deshalb die reine Mobiliarhypothek ohne Registerzwang ab, da er eine solche ohne Buchpublizität für viel bedenklicher hielt als die Sicherungsübereignung [16]. Auch die vorgeschlagenen Mittel, der Mobiliarhypothek eine größere Erkennbarkeit zu geben, hielt er für ungeeignet, insbesondere das Siegelpfand und den Pfandschein.

Letzterer könne seiner Ansicht nach eine Erkennbarkeit der Verpfändung im geschäftlichen Leben nur gewährleisten, wenn er auf einer öffentlichen Stelle niedergelegt oder die Verpfändung dem Gerichtsvollzieher am Wohnorte des Schuldners angezeigt werden würde. Dann sei es besser, ein ausgebildetes Registerpfand einzuführen [17].

Das Registerpfand, so führte Geiler weiter in seinen Darlegungen aus, sei abzulehnen, da die verpfändeten Gegenstände – oft Rohstoffe, Waren usw. – nicht genügend unterscheidbar und als Mobilien auch im Gegensatz zu den im Grundbuch eingetragenen Grundstücken nicht fest an einen Ort gebunden seien [18]. Aus diesem Grunde hatte der Referent des vorausgegangenen Juristentages ja auch vorgeschlagen, das Registerpfand nur an Sachgesamtheiten, wie z. B. Warenlagern, zuzulassen, da bei Einzelgegenständen die Individualisierung und die Identitätsfeststellung zu große Schwierigkeiten bereitet. Ausschlaggebend für die Ablehnung des besitzlosen Fahrnispfandes war aber für den Berichterstatter die Erschwerung des geschäftlichen Verkehrs, die dieses Buchpfand – schon wegen der erforderlichen Einsicht vor Geschäftsabschlüssen – als ungeeignet für den Außenhandel erscheinen läßt. Das sei aber gerade bei den gegenwärtigen Konjunktur- und Valutaschwankungen, die oft eilige Geschäftsabschlüsse nötig machten, doppelt bedenklich. Schließlich könne sich auch die Publikmachung der Verpfändungen als schädlich für den notwendigen Kredit auswirken [19].

Die Sicherungsübereignung aber, wie sie durch die Rechtsprechung ausgebildet worden ist, sei im Gegensatz zum Registerpfand nur dann wirksam, wenn die übereigneten Gegenstände hinreichend genau bestimmt seien. Im übrigen bewirke die Sicherungsübereignung, da der Kreditnehmer nicht nur ein Pfandrecht, sondern das Eigentum überträgt, eine größere Hemmung vor allzu leichtfertiger Verschuldung [20].

Der Berichterstatter kam abschließend in seinem Gutachten zur Ablehnung sowohl der publizitätslosen Mobiliarhypothek wie des Registerpfandes und schlug zur Behebung der Unzulänglichkeiten des Fahrniskreditrechts diejenigen Abän-

[16] Verhandlungen, a.a.O., S. 194.

[17] Verhandlungen, a.a.O., S. 190.

[18] Verhandlungen, a.a.O., S. 191, 192.

[19] Verhandlungen, a.a.O., S. 193, 194; auf diese Gesichtspunkte, die schon immer gegen das Registerpfand vorgebracht worden waren, wies sofort bei Auftauchen des Gedankens einer Mobiliarhypothek für kreditierte Rohstoffimporte der Bankier Dr. Arwed Koch aus Jena hin, der ein dem Grundbuch ähnliches Registerpfand als ungeeignet für den Veredelungskredit ansah; Koch, Kreditgewährung und Veredelungsverkehr, S. 91; vgl. auch denselben: »Der Warenkredit der Banken«, S. 119.

[20] Verhandlungen, a.a.O., S. 195.

derungen der Konkursordnung und des Anfechtungsgesetzes vor, für die sich auch der 31. Deutsche Juristentag ausgesprochen hatte [21].

Der Korreferent setzte sich dagegen wie schon Ende 1920 [22] für die Mobiliarhypothek ein. Seine Argumente gipfelten in der These, daß die auf bloßem Vertrage beruhenden Mobiliarhypothek keine größeren Gefahren für Dritte darstelle als die Sicherungsübereignung, vielmehr als das geringere Übel anzusehen sei [23].

Er plädierte für die Zulassung der durch schriftlichen Vertrag mit öffentlicher Beglaubigung abzuschließenden Mobiliarhypothek für den Außenwirtschaftsverkehr. Zwar wollte er sie nicht dem Rohstoffkredit vorbehalten, aber auf Sicherungsverträge mit einer Mindestsumme von 50 000–100 000 Mark begrenzt wissen. Für Verpflichtungen mit unter dieser Wertgrenze liegenden Beträgen, also dem eigentlichen Kleinverkehr, sollte die Sicherungsübereignung weiter bestehenbleiben [24].

Im übrigen war Melchior der Ansicht, daß sich auch ein wirtschaftlich brauchbares Registerpfand einrichten lasse. Man dürfe von diesem nur nicht ähnliche Funktionen wie vom Grundbuch erwarten. Das Pfandregister könne ausschließlich die Aufgabe haben, dem Kreditgeber anzuzeigen, daß vom Kreditsuchenden Verpfändungen vorgenommen worden sind. Nicht dagegen könne es wie das Grundbuch kraft

[21] Die diesbezüglichen Thesen des Berichterstatters lauteten:

» II. Die Mobiliarhypothek kommt nur dann als geeignete Rechtsform für die Befriedigung dieses weitergehenden Bedürfnisses in Betracht, wenn sie so gestaltet ist, daß ein wirksamer Schutz späterer Gläubiger des Verpfänders in wirtschaftlich brauchbarer Weise erreicht wird. Das Registerpfand kann nach den bisherigen Vorschlägen nicht als brauchbare Lösung in dieser Beziehung angesehen werden.

III. Die Mobiliarhypothek ohne jede Publizität ist wirtschaftlich bedenklicher als die Sicherungsübereignung. Es ist daher, solange nicht bei der Mobiliarhypothek der Schutz in wirtschaftlich brauchbarer Weise gewährleistet ist, das Bedürfnis nach Mobiliarkredit ohne Besitzübertragung wie bisher im Wege der Sicherungsübereignung zu befriedigen, jedoch unter Vornahme der Änderungen der Konkursordnung, des Anfechtungsgesetzes und der Zivilprozeßordnung, für die sich bereits der 31. Deutsche Juristentag ausgesprochen hatte.«

Verhandlungen, a.a.O., S. 196, 197; vgl. auch Geiler: »Empfiehlt sich die Einführung der Mobiliarhypothek?«, Sp. 545, 546.

[22] In seinem Aufsatz im Bank-Archiv, Einführung der Mobiliarhypothek und Änderung des § 950 BGB, in dem er im wesentlichen dieselben Gedanken entwickelt hatte wie in seinem Korreferat auf dem Juristentag.

[23] Verhandlungen, a.a.O., S. 209, 216. Ein weiterer Nachteil der antizipierten Sicherungsübereignung bei verlängertem Eigentumsvorbehalt des ausländischen Lieferanten wurde zudem noch darin gesehen, daß der Übereignungswille des Fabrikanten bei jeder Umschaffung von Rohstoffen äußerlich erkennbar gemacht werden muß, was bei vielen Industrien, wie der auf ausländische Erze angewiesenen Eisenindustrie, unmöglich ist; vgl. Grünebaum, Die Mobiliarhypothek im Interesse unseres Wiederaufbaues, Sp. 584; Koch hingegen meinte, daß es besser sei, die Sicherungsübereignung für diese Fälle beizubehalten und nur den § 868 BGB dahingehend zu ändern, daß auch die Überlassung sicherungsübereigneter beweglicher Sachen zur Aufrechterhaltung des Betriebes oder zum Weiterverkauf oder zur Verarbeitung ein gültiges Besitzmittlungsverhältnis darstellt, das dem Sicherungsnehmer den mittelbaren Besitz verschafft; Koch, Kreditgewährung und Veredelungsverkehr, S. 93.

[24] Verhandlungen, a.a.O., S. 222–225.

öffentlichen Glaubens die Grundlage für einen gutgläubigen Erwerb von Hypothekenrechten darstellen [25].

Der Mitberichterstatter sah den Nutzen eines Pfandregisters vor allem in folgendem:

»Selbst wenn sich derjenige, der das Register einsieht, auf Grund des ihm vorgelegten Vertrages kein klares Bild über den Umfang der Mobiliarhypothek machen kann, so ist schon genügend gewonnen, wenn er sieht, daß Veranlassung zu Zweifeln vorliegt. Dann mag er – durch Befragen des Schuldners oder auf sonstige geeignete Weise – den Tatbestand weiter klären oder die Kreditgewährung unterlassen.« [26]

Der Wert der Mobiliarhypothek bestehe im Gegensatz zur Sicherungsübereignung darin, daß ein Gegenstand mehrfach verpfändet und somit für weitere Kreditierungen nutzbar gemacht werden kann. Melchior fordert, daß auch die pfandmäßige Belastung zukünftiger Sachen, die z. B. erst im Produktionsprozeß entstehen, möglich sein muß [27].

In der anschließenden Diskussion sprach sich die überwiegende Anzahl der Teilnehmer für die Einführung der Mobiliarhypothek, allerdings unter Einführung des Registerzwanges, aus [28].

Darauf zog der Berichterstatter die in seinen Leitsätzen enthaltenen Anträge zurück. Es wurde somit als Entschluß des Juristentages die erweiterte Fassung der Anträge Melchiors angenommen, die nunmehr folgenden Wortlaut hatten:

1. Das Faustpfand als einzige Rechtsform der Mobiliarbeleihung reicht wirtschaftlich nicht aus. Es besteht darüber hinaus ein wirtschaftlich und privatwirtschaftlich berechtigtes Bedürfnis nach Beleihung auch solcher Gegenstände, deren Besitz der Kreditbedürftige nicht entbehren kann.
2. Zu diesem Zwecke ist:
   b) Die Schaffung eines Pfandrechts an Mobilien ohne Besitzübertragung jedoch nur unter Einführung des Registerzwanges erforderlich.« [29]

3. Änderung der Vorschrift über den Eigentumserwerb bei Verarbeitung

a) Antrag Geiler auf dem 32. Deutschen Juristentag

Daneben aber wurde auf dem 32. Deutschen Juristentag sowohl vom Berichterstatter wie vom Korreferenten die Umgestaltung des § 950 BGB in eine Vorschrift dispositiven Rechts gefordert. Beide sahen in einer Änderung des deutschen Rechts eine Hilfe für die verarbeitende Veredelungsindustrie, ihren ausländischen Rohstofflieferanten eine ausreichende und einfach zu vereinbarende Kreditsicherung

[25] Verhandlungen, a.a.O., S. 223, 224.

[26] Verhandlungen, a.a.O., S. 220; Grünebaum wollte den Schutz des Gläubigers beim Registerpfand durch Bestellung eines Treuhänders verstärken, der den Fabrikbetrieb des Schuldners überwachen solle, jederzeit Einsicht in dessen Bücher nehmen könne und gegebenenfalls einstweilige Verfügungen zugunsten des Gläubigers erwirken würde; Die Mobiliarhypothek im Interesse unseres Wiederaufbaus, Sp. 585.

[27] Verhandlungen, a.a.O., S. 224.

[28] Verhandlungen, a.a.O., S. 225, 226.

[29] Verhandlungen, a.a.O., S. 203, 204 und 226.

zu geben, obwohl Geiler zugeben mußte, daß die Ansichten der beteiligten Industrie- und Handelskreise auch hierzu durchaus geteilt waren [30].

Die Änderungsvorschläge Geilers [31], denen Melchior im wesentlichen zustimmte [32], liefen darauf hinaus, den § 950 BGB zu einer Norm dispositiven Rechts umzugestalten, so daß durch Vereinbarung der Eigentumsübergang vom Rohstofflieferanten auf den Fabrikanten bei Verarbeitung ausgeschlossen wäre, der kreditierende ausländische Warengläubiger also bis zur Bezahlung weiter Sicherheit für seine Kaufpreisforderung hätte. Geiler sah den Vorteil für den deutschen Unternehmer bei dieser Regelung besonders darin, daß durch Vertrag mit dem Kreditgeber die Verfügung des Kreditnehmers über die Fabrikate im Rahmen einer ordnungsgemäßen Geschäftsführung vereinbart werden könne. Andererseits laufe der Verarbeiter auch nicht Gefahr, daß der Rohstofflieferant über das Eigentum an den herzustellenden Fertigfabrikaten unrechtmäßig verfügen könne, da er jedem Neuerwerber sein aus dem Eigentumsvorbehalt resultierendes Recht zum Besitz gemäß § 986 Abs. 2 BGB entgegensetzen könne. Der Rohstofflieferant andererseits hatte die Möglichkeit, seinen solchermaßen gesicherten Kaufpreisanspruch an einen ausländischen Geldkreditgeber abzutreten. In diesem Falle ginge der Eigentumsvorbehalt vom Rohstofflieferanten auf den ausländischen Geldkreditgeber über. In dieser Weise würde ein Weg gefunden werden, angesichts der schlechten deutschen Devisenlage doch noch zu einer Art Rohstoffgeldkredit für die deutsche Veredelungsindustrie zu gelangen [33].

Die Schwierigkeiten tauchten jedoch bei der Frage auf, wie die Eigentumsfrage zu regeln ist, wenn von verschiedenen Lieferanten unter Eigentumsvorbehalt gelieferte Rohstoffe verarbeitet werden, zumal es sich hierbei um den Normalfall in der modernen industriellen Produktion handelt. Geiler folgte hierbei früheren Anregungen Melchiors [34] und Kochs [35] und schlug vor, daß bei Verarbeitung mehrerer unter Eigentumsvorbehalt gelieferter Stoffe Miteigentum am Fertigfabrikat nach Maßgabe des Wertes der verwendeten Einzelstoffe vereinbart oder auch mit Zustimmung aller Beteiligten festgelegt werden könne, daß der Vorbehalt eines Lieferanten sich auf das ganze Fabrikat erstrecken solle [36].

In dieser Problematik aber erblickte Melchior den nur bedingten Wert dieser Gesetzesänderung für die Sicherung des Rohstoffkredites. Sofern nämlich nicht genau festgestellt werden könne, aus welchen Rohstoffen ein Fertigfabrikat hergestellt worden ist, würden unklare Eigentumsverhältnisse bei vertraglichem Ausschluß des Eigentumserwerbs nach § 950 BGB die Folge sein. Dies sei aber um so mißlicher, als es sich bei den Miteigentümern am Endfabrikat, deren Rechte mit-

[30] Verhandlungen, a.a.O., S. 197–199.
[31] Verhandlungen, a.a.O., S. 200 ff.
[32] Verhandlungen, a.a.O., S. 204, 207 f.
[33] Diesen Weg hatte Koch vorgeschlagen; vgl. Kreditgewährung und Veredelungsverkehr, S. 92, 93.
[34] Einführung der Mobiliarhypothek und Änderung des § 950 BGB, S. 57.
[35] Kreditgewährung und Veredelungsverkehr, S. 93.
[36] Verhandlungen, a.a.O., S. 201.

einander kollidieren, um Lieferanten aus völlig verschiedenen Geschäftszweigen handeln könne [37].

In solchen Fällen müsse man aber, was auch Geiler zugab [38], auf den durch das antizipierte Besitzkonstitut verlängerten Eigentumsvorbehalt zurückgreifen. Diese Rechtskonstruktion sollte aber gerade durch die Änderung des § 950 überflüssig gemacht werden.

Trotz dieser Bedenken befürwortete Melchior die Abänderung der Vorschrift über den Eigentumserwerb bei Verarbeitung.

Nach kurzer Diskussion wurde Geilers Antrag angenommen, daß § 950 BGB zu dispositivem Recht zu erklären ist [39].

b) Antrag Kreuter im vorläufigen Reichswirtschaftsrat

Mit dieser Entschließung hatten die Bestrebungen, die Kreditsicherung durch Änderung der Eigentumserwerbsvorschriften zu erreichen, jedoch noch nicht ihr Ende gefunden. Der letzte Vorstoß in dieser Frage wurde vom Regierungsrat Dr. Kreuter im vorläufigen Reichswirtschaftsrat gemacht, der im wirtschaftspolitischen Ausschuß dort Anfang 1923 einen Antrag auf Änderung des § 950 BGB einreichte. [40].

Es hat den Anschein, als ob die an dieser Gesetzesänderung interessierten Kreise sich noch am meisten von einer Initiative in diesem Gremium versprachen, das gewissen Tendenzen der Zeit nach einer ständisch gegliederten Volksvertretung an Stelle des von politischen Konflikten gelähmten Parlamentarismus Rechnung zu tragen schien [41]. Zudem konnten verschiedene Wirtschaftszweige der Überzeugung sein, in dieser nach berufsständischen Prinzipien konstituierten Körperschaft während dieser Jahre den geeignetsten Ort zur Propagierung ihrer Interessen zu haben [42].

Durch den Antrag Kreuter wurde allerdings nur eine Änderung der Eigentumserwerbsvorschriften auf dem Gebiete des Handelsrechts, nicht des allgemeinen Rechtsverkehrs angestrebt. Die Rechtsänderung sollte durch Einführung eines § 350 a in das Handelsgesetzbuch vorgenommen werden, durch den der vertrag-

[37] Verhandlungen, a.a.O., S. 204, 207 und 208.

[38] Verhandlungen, a.a.O., S. 201.

[39] Verhandlungen, a.a.O., S. 226 und 203.

[40] Der Wirtschaftspolitische Ausschuß gehörte neben dem Sozialpolitischen und dem Verfassungsausschuß zu den wichtigsten des Reichswirtschaftsrates; vgl. Tatarin-Tarnheyden, Die Berufsstände, S. 164, 196.

[41] Vgl. Kamm, Abgeordnetenberufe und Parlament, S. 37.

[42] Aufschlußreich sind die Klagen verschiedener Kreise des Wirtschaftslebens dieser Jahre, im Reichswirtschaftsrat zu schwach vertreten zu sein, andererseits aber die große Zahl bedeutender Vertreter aller Wirtschaftszweige in dieser Körperschaft; vgl. Bernahrd, Wirtschaftsparlament, S. 75, 76; so protestierte der Zentralverband des deutschen Bank- und Bankiergewerbes in seiner Generalversammlung am 14. 12. 1920 dagegen, unter den 326 Mitgliedern nur 2 Abgeordnete zu haben, Bank-Archiv, 20. Jahrg., S. 81, 84; in Wirklichkeit war die Industrie mit 68, Handel, Banken und Versicherungswesen mit 44 Abgeordneten vertreten, wovon die Banken 6 stellten, allerdings jeweils zur Hälfte Arbeitnehmervertreter, Tatarin-Tarnheyden, a.a.O., S. 174 ff., insbes. S. 176, 177.

liche Ausschluß der Wirkungen des § 950 BGB für den handelsrechtlichen Verkehr zugelassen werden sollte.

Die vorgeschlagene gesetzliche Regelung sollte eine Erleichterung und Erweiterung der Sicherungsübereignung von in der Fabrikation befindlichen Waren herbeiführen, und zwar durch eine vertragliche Vereinbarung, wonach der nach § 950 BGB eintretende Eigentumserwerb entfallen sollte, sofern das zugrunde liegende Rechtsgeschäft einen erkennbaren auf Eigentumsvorbehalt oder Sicherungsübereignung gerichteten ernstlichen Rechtswillen der kontrahierenden Kaufleute aufweist.

Zur Begründung seines Antrages führte Dr. Kreuter aus:

»Wesentliche Voraussetzung der für die Aufrechterhaltung der Deutschen Industrie unentbehrlichen Kredithilfe ist eine dingliche Sicherung der Kredite dergestalt, daß möglichst unabhängig von den Entwicklungen der Währungsschwankungen und der politischen und allgemeinwirtschaftlichen Vorgänge dem Kreditgeber ein greifbarer, realisierbarer und dem in Anspruch genommenen Kredit jeder Zeit gleichkommender Wert rechtswirksam sichergestellt wird.« [43]

Zwar habe man, so führte Dr. Kreuter weiter aus, für den Warenkredit den Eigentumsvorbehalt und für den größeren Geldkredit die Sicherungsübereignung, die in anerkennenswerter Weise von der Rechtsprechung entwickelt worden sei. Jedoch habe die Gesetzgebung bisher nicht die Hilfe gewährt, die die Kreditsicherung wesentlich vereinfachen und erleichtern würde. Die Rechtsprechung habe, wie er meinte, zwar schon eine Aushilfe für diese Fälle bereitgestellt, nämlich durch den verlängerten Eigentumsvorbehalt mit antizipiertem Besitzkonstitut. Diese Sicherungsmaßnahme sei jedoch durch ihre Kompliziertheit und ihre formalistische Umständlichkeit für viele Kreditnehmer unannehmbar, zumal ihre praktische und rechtliche Zuverlässigkeit Mißtrauen erwecken könne.

Diese Rechtskonstruktion wurde tatsächlich durch die von Dr. Kreuter vorgeschlagene Regelung überflüssig; überdies entfielen die Gründe, die bisher den Fortbestand des Eigentums bei Verarbeitungen an immer neue Übereignungsakte des Herstellers in Gestalt äußerlich erkennbarer Willensbekundungen geknüpft hatten.

Der Antrag diene somit, wie Dr. Kreuter betonte, einem Bedürfnis der produktiven Wirtschaft. Die Beschränkung auf den Handelsverkehr und die Wirksamkeitsvoraussetzung, daß der Sicherungsmaßnahme eine tatsächliche Kreditierung zugrunde liegen müsse, verhindere, daß die einzuführende Erleichterung von Kreditsicherungen auf andere nichthandelsrechtliche Lebensverhältnisse übergreife.

Der Antrag des Dr. Kreuter wurde, nachdem er vom Arbeitsausschuß für die Kreditfrage angenommen worden war [44], am 31. 1. 1923 im Wirtschaftspolitischen Ausschuß des Vorläufigen Reichswirtschaftsrates verhandelt.

Nach kurzer Debatte nahm dieser einstimmig den Antrag an [45]. Demzufolge sollte nach § 350 in das Handelsgesetzbuch eingefügt werden:

[43] Tgb. Nr. 208/1923 des Vorläufigen Reichswirtschaftsrates, abgedruckt auch zusammenfassend in: Mitteilungen des Vorläufigen Reichswirtschaftsrates, 1923, Nr. 5, S. 22 f.

[44] Mitteilungen des Vorläufigen Reichswirtschaftsrates, 1923, Nr. 4, S. 13.

[45] A.a.O., Nr. 5, S. 22, 23.

»§ 350 a
Ein Kaufmann, der im Betriebe seines Handelsgeschäftes Waren zur Verarbeitung oder Umbildung unter Eigentumsvorbehalt geliefert erhält oder zur Verarbeitung oder Umbildung bestimmte Waren zur Sicherung für einen Kredit Dritten übereignet, kann Vereinbarungen treffen, nach denen in Abweichung von § 950 BGB durch die Verarbeitung oder Umbildung Eigentum an der neuen Sache von ihm nicht erworben wird.
Die Vereinbarungen bedürfen der Schriftform. Die Vorschriften finden auch auf die in § 4 Abs. 1 HGB bezeichneten Gewerbetreibenden Anwendung.«

Der Antrag des Wirtschaftspolitischen Ausschusses bewirkte, daß sich das Reichsjustizministerium und der Preußische Minister für Justiz mit dieser Frage befaßten. Mit Schreiben vom 24. 4. 1923 übersandte der Reichsminister der Justiz dem Preußischen Justizminister den Antrag Dr. Kreuter nebst Begründung zur Kenntnisnahme und bat ihn, zu diesem Stellung zu nehmen [46].

Ministerialrat Gadow arbeitete daraufhin im Mai 1923 einen Entwurf aus, der die schwierige, so oft erörterte und sich aus dem Antrag Kreuter wiederum ergebende Frage der Eigentumsanteile mehrerer Rohstofflieferanten am hergestellten Fabrikat für den Fall zu regeln versuchte, daß der Eigentumserwerb nach § 950 BGB ausgeschlossen wird. Gadow folgte den Anregungen von Melchior, Koch und Geiler und wollte den Lieferanten Miteigentum im Verhältnis des Wertes der von ihnen kreditierten Waren geben [47].

Dieser Gesetzesvorschlag kam jedoch in der Folgezeit nicht über das Stadium eines Referentenentwurfes hinaus. Der Preußische Minister für Handel und Gewerbe, der vom Preußischen Justizminister über das Schreiben des Reichsjustizministeriums und den Antrag Dr. Kreuter unterrichtet worden war, nahm zu diesem Fragenkomplex keine Stellung. Das Bedürfnis nach Erleichterung der Rohstoffkreditierung, dem zuletzt der Antrag Dr. Kreuter abzuhelfen versucht hatte, erlosch offensichtlich mit der Ordnung der Geldverhältnisse durch Einführung der Rentenmark.

[46] Bl. 4 der Akten des Preußischen Justizministeriums.

[47] Die von Ministerialrat Gadow entworfene Vorschrift hatte folgenden Wortlaut: »Ist der Stoff dem Hersteller von einem anderen mit der Vereinbarung überlassen, daß die neue Sache für den anderen hergestellt werden soll, so erwirbt dieser Eigentum. Ist die neue Sache aus mehreren Stoffen hergestellt, und sind die Stoffe dem Hersteller von verschiedenen Personen mit einer solchen Vereinbarung überlassen, so erwerben diese Miteigentum unter entsprechender Anwendung des § 947, Abs. 1.«
Bl. 12 der Akten des Preußischen Justizministeriums. Den der Billigkeit am meisten entsprechenden, aber wohl in der Praxis kaum durchführbaren Vorschlag machte Fränkel, »Veredelungskredite«, S. 415; er wollte nicht nur den Lieferanten, sondern auch dem Bearbeiter Miteigentum am Fabrikat geben. Dieses sollte sich jeweils nach dem Verhältnis des Wertes der Stoffe und der Arbeit bestimmen. Im einzelnen lautete sein § 950 BGB: »Wird durch Verarbeitung oder Umbildung eines oder mehrerer Stoffe eine neue bewegliche Sache hergestellt, so werden die bisherigen Eigentümer der Sache, des Stoffes und der Hersteller Miteigentümer der Sache... Die Anteile bestimmen sich nach dem jeweiligen Verhältnis des Wertes von Stoff und Arbeit. Sonstige Rechte an dem Stoff bestehen an dem Anteile an der Sache fort, der an die Stelle des Stoffes tritt. Ist der Wert des Stoffes unbedeutend und erheblich geringer als der Wert der Arbeit, so wird der Hersteller Alleineigentümer und die an dem Stoff bestehenden Rechte erlöschen. Ist der Wert der Arbeit unbedeutend und erheblich geringer als der Wert des Stoffes, so bleiben das Eigentum und die sonstigen Rechte an der Sache bestehen.«

Die Erfolglosigkeit der verschiedenen Reformbemühungen, die zu keinem legislativen Ergebnis geführt hatten, dürften in dem mangelnden Konsens der an dieser Frage interessierten Veredelungsindustrie über den Wert einer Mobiliarhypothek oder einer Umgestaltung des § 950 BGB – für letzteres hatte sich auch der Deutsche Bankiertag im Oktober 1920 [48] und die Deutsche Valutakommission [49] ausgesprochen – für die Rohstoffkrediterlangung zu sehen sein [50].

Es kam daher zu keiner hinlänglich starken »Pressure Group« der auf ausländische Warenkredite angewiesenen Industrie- und Handelskreise, die in der Lage gewesen wäre, nachhaltig auf die staatliche Willensbildung einzuwirken, um die ihren Wünschen entsprechenden Sondergestaltungen des Mobiliarkreditrechts zu erreichen. Als z. B. im März 1920 ein vom Reichsjustizministerium gefertigter »Referentenentwurf einer Verordnung über Verpfändung ohne Besitzübertragung« den Vertretungskörperschaften von Handel und Industrie übergeben worden war, verneinte die Handelskammer Bremen jede Notwendigkeit für die Einführung einer Mobiliarhypothek. Eine solche war damals von der Handelskammer Hamburg angeregt worden, um die Kreditbeschaffung bei Baumwollieferungen zu ermöglichen. Die Textilindustrie war es aber gerade, worauf die Handelskammer Bremen hinweisen konnte, die eine Verpfändung der Ware energisch bekämpft hatte, weil sie sich davon keinen Vorteil versprach, sondern befürchten zu müssen glaubte, daß dadurch die deutsche Industrie in fremde Hände geliefert würde. In Bremen war man im Gegensatz zu Hamburg der Ansicht, daß die Rohstoffversorgung nach wie vor vom kaufmännischen Vertrauen getragen werden müsse und könne und wollte nur in Ausnahmefällen Sicherheiten für den Warenkredit zulassen. Diese sollten aber nicht in irgendeiner Art Mobiliarhypothek bestehen, sondern durch Eingehen eines Gesellschafterverhältnisses des Rohstofflieferanten mit dem Verarbeiter herbeigeführt werden, durch das das Erlöschen des Eigentumsvorbehalts an den Importgütern wirksam ausgeschlossen werden könne [51].

Für die übrige gewerbliche Wirtschaft spielte diese Frage keine Rolle. Sie kam mit der Sicherungsübereignung, die selbst Melchior für den Normalkredit erhalten wissen wollte [51], zufriedenstellend aus. Selbst ein so skeptischer Beurteiler wie Hoeniger bekannte sich nach dem Kriege infolge der vollkommen veränderten Wirtschaftslage zur Sicherungsübereignung, gerade auch an Warenlagern, und bedauerte nur, daß die fiduziarische Übereignung von Warenlagern als Kreditmittel schon so ausgeschöpft sei. Allerdings glaubte er, daß die Beseitigung der Mißstände ihre Registrierung erforderlich machen würde [53].

Die Sicherungsübereignung hatte sich somit in diesen Jahren als ein festes Institut des Rechtslebens erwiesen, das als unentbehrliche Kreditunterlage nunmehr auch in vollem Umfang Eingang in den Bankverkehr gefunden hatte.

[48] Bank-Archiv, 20. Jahrg., S. 34.
[49] Fränkel, Veredelungskredite, Sp. 415.
[50] Geiler, Empfiehlt sich die Einführung der Mobiliarhypothek?, Sp. 544.
[51] Geiler, Verhandlungen des 32. Deutschen Juristentages, S. 198, 199.
[52] A.a.O., Verhandlungen, S. 224, 225.
[53] JW, 1919, S. 419.

Teil V

Diskussionen über Registerpfandrecht und Handelsbuch seit dem Jahre 1925

1. Die Krise 1925/26 und die deutsche Wirtschaftslage

Nach Überwindung der deutschen Inflation durch Einführung der Rentenmark machte die deutsche Wirtschaft anfänglich eine Stabilisierungskrise durch [1], die jedoch von Juli 1924 an durch einen konjunkturellen Aufschwung abgelöst wurde. Die durch ihn eingeleitete Hochkonjunktur hielt bis zum Sommer 1925 an [2]. In der zweiten Hälfte des Jahres 1925 setzte daraufhin eine Rezession ein [3], die ihren Höhepunkt im Mai 1926 erreichte [4], wobei nach der gut begründeten, vom Deutschen Institut für Konjunkturforschung vertretenen Ansicht die Depression mit den typischen Auswirkungen für die Geschäftswelt sich vom Februar bis zum Oktober erstreckte und erst im November 1926 ein als Expansion zu kennzeichnender Aufschwung eintrat [5].

Die schweren Verluste, die Krieg und Inflation der deutschen Wirtschaft zugefügt hatten, ließen die Depression zu einem wesentlichen Teil als eine Kreditkrise erscheinen [6].

[1] Die Schwierigkeiten nach der Währungsumstellung führten anfangs durch die Kapitalknappheit zu einer Geld- und Kreditnot, die in Stillegungen von Betrieben, Entlassungen, Konkursen usw. zutage trat und für die ungedeckten Warengläubiger – neben der Industrie vor allem der Großhandel – die üblichen Verluste bei Illiquidität von Schuldnern zur Folge hatte, die sofort wieder den Ruf nach einem die Publizität der Belastungen aufzeigenden Pfandregister laut werden ließen. Vgl. den Artikel »Registrierung von Sicherungsübereignungen« im Berliner Tageblatt Nr. 355 vom 28. 6. 1924.

[2] Schumpeter, Konjunkturzyklen, Bd. II, S. 790; Wagemann, Konjunkturlehre, S. 58, 170.

[3] Schmidt, German Business Cycles 1924–1933, S. 35, glaubt gewisse konjunkturelle Abwärtstendenzen schon im April 1925 zu erkennen, denen die Rezession im eigentlichen Sinne im Juli 1925 folgte; vgl. auch Clausing, Die wirtschaftlichen Wechsellagen von 1919 bis 1932, S. 9.

[4] Wagemann, Konjunkturlehre, S. 116, und die von ihm angegebenen graphischen Darstellungen der Bewegung der Preise und Löhne in Deutschland seit Januar 1925, a.a.O., S. 139, 177; vgl. auch derselbe, Einführung in die Konjunkturlehre, S. 63, 65.
Die anderen Autoren scheinen allerdings den Tiefpunkt der Depression im Januar 1926 zu sehen, so Clausing, Die wirtschaftlichen Wechsellagen von 1919 bis 1923, S. 13, 57; Schmidt, German Business Cycles 1924–1933, S. 130, 131, sieht den Höhepunkt der Krise im März 1926. Den unterschiedlichen Auffassungen dürfte jedoch kein allzu großes Gewicht beizumessen sein, da sie sich auf Zahlenreihen verschiedener Indexwerte stützen und allgemein für das Jahr 1926 noch die Auswirkungen der Krise bejaht werden, eine neue Prosperität aber erst für das Jahr 1927 angenommen wird; vgl. insbes. Wagemann, Einführung in die Konjunkturlehre, S. 133.

[5] Vgl. Wagemann, Konjunkturlehre, S. 87 und auch S. 206.

[6] Denkschrift des Zentralverbandes des Deutschen Großhandels betr. Einführung des Registerpfandes, S. 3.

2. Wirtschaftliche Stellung des Großhandels seit dem Ersten Weltkrieg

Der Vorstoß des deutschen Großhandels, durch dessen Interessenvertretung in diesen Jahren mit allem Nachdruck eine Reform der Sicherungsübereignung verlangt wurde, war jedoch nicht nur durch diese allgemeine konjunkturelle Situation bedingt. Für ihn waren zudem spezielle, die Lage des deutschen Großhandels nach 1918 bestimmende Faktoren ursächlich.

Insbesondere sind hier Innovationen im Handel zu erwähnen, die zwar schon vor dem Ersten Weltkrieg auftraten, sich aber erst in der Nachkriegswirtschaft voll zur Geltung brachten. So gingen die Hersteller von Markenartikeln und auch andere Fabrikanten in immer größerem Umfang zur Selbstdetaillierung über und schränkten auf diesem Sektor den Großhandel ein [7]. Ursächlich für eine stärkere Verdrängung des Großhandels aus der Distributionssphäre waren jedoch die Einkaufsorganisationen des Einzelhandels.

Seit dem Ende des vorigen Jahrhunderts entstanden diese Einkaufsvereinigungen des Einzelhandels, die – durch die Kriegswirtschaft während des Ersten Weltkrieges begünstigt – nach 1918, insbesondere aber seit der Stabilisierung der Deutschen Währung, sich immer mehr ausbreiteten und sich zu einem gefährlichen Konkurrenten des Großhandels in vielen Handelsbranchen auswuchsen [8]. Begünstigt wurde überdies das Eindringen von Einkaufsverbänden in den Großhandelssektor durch die Tatsache, daß der Großhandel in einem viel stärkerem Umfang als vor dem Ersten Weltkrieg zur Einkaufs- und Absatzfinanzierung seiner Abnehmer herangezogen wurde. Der Grund hierfür lag vor allem darin, daß die Einkaufsvereinigungen der klein- und mittelbetrieblichen Einzelhändler eine Kreditierung der Warenbezüge grundsätzlich ablehnten, um dadurch das in der Vorkriegszeit verbreitete Borgunwesen im Einzelhandel zu bekämpfen. Dem Großhandel verblieben in vielen Branchen als Kunden in steigendem Maße kapitalschwache Einzelhändler, die mehr und mehr auf langfristig kreditierte Warenlieferungen angewiesen waren. Da einzelne Einkaufsvereine wie die Edeka-Genossenschaften [9] auch auf kurze Zeit Zahlungsaufschub gaben, verblieben manchen Zweigen des Großhandels nur solche Abnehmer, die oft für längere Zeit Warenkredit in Anspruch nahmen.

Gerade wenn die volkswirtschaftliche Bedeutung des Großhandels darin gesehen wird, dem Einzelhandel gegenüber Finanzier des Warenumlaufs zu sein, muß die starke Zunahme der Einkaufsvereinigungen in der Nachkriegszeit als ein Indiz

7 Mellerowicz, Großhandel, S. 1102; Bernhard, Wege der Absatzfinanzierung für den Großhandel, S. 23.

8 So hatte sich die Zahl der Wareneinkaufsvereine von 1914 bis 1925 beinahe verfünffacht und allein die Zahl der sog. Edeka-Genossenschaften während dieses Zeitraums von 101 auf 413, deren Gesamtumsatz von 60 424 000 auf 194 575 000 Mark erhöht. Schmitt, Großhandel und Einkaufsvereinigungen des Einzelhandels, S. 281, 282.

9 Der Name »Edeka« entstand aus der Abkürzung der Firma einer Berliner Genossenschaft »Einkaufszentrale der Kolonialwarenhändler« = EdK; Dr. Gablers Wirtschaftslexikon, Bd. 1, Sp. 961, 962; Mayer, Internationales Handwörterbuch des Genossenschaftswesens, Bd. I, S. 202; anderer Ansicht nach ist die Schutzbezeichnung »Edeka« die Abkürzung für »Einkaufsverband deutscher kaufmännischer Genossenschaften«, Hirsch, Der moderne Handel, S. 280; Hildebrand, Genossenschaften, Sp. 1211.

dafür gewertet werden, daß der Großhandel während der Inflation und der ersten Zeit der Geldstabilisierung dieser seiner Funktion nicht genügen wollte oder vielmehr auf Grund seiner verringerten Kapitalbasis nicht nachkommen konnte [10].

Der frühere Risikoausgleich für den Großhandel, der in der Mischung von sofort zahlenden sowie auf kürzere und auf längere Zahlungsziele kaufenden Kunden bestand, wurde so entscheidend gemindert. Diese allgemeine Erhöhung des Risikos zeigte sich in der wachsenden Gefahr eines Festfrierens der gewährten Warenkredite und der dadurch hervorgerufenen eigenen Illiquidität [11].

Die Klagen über die Konkurrenz der Einzelhandelseinkaufsgenossenschaften fanden einen sichtbaren Ausdruck in der im Juni 1925 vom Zentralverband des Deutschen Großhandels beschlossenen Geschäftsumfrage, die folgendes vorläufiges Ergebnis damals erbrachte:

»Es liegt uns nun zahlreiches Material fast aller im Großhandel existierender Branchen vor. Fast einstimmig geht die Meinung dahin, daß die Genossenschaften – in den verschiedenen Branchen verschieden stark – den Großhandel stark bedrängen und daß eine intensive Bearbeitung des Problems erwünscht, in vielen Fällen sogar dringend notwendig ist.« [12]

Versuche des Großhandels, durch Kreditversicherungen und Einschaltung von Finanzierungsbanken das Risiko zu mindern, ließen oft den gewünschten Erfolg vermissen und führten außerdem zu erhöhten Kosten des Großhandels gegenüber den Einkaufsverbänden des Einzelhandels [13]. Der durch die Inflation und die dieser folgenden Anpassungskrise in seiner Kapitalbasis stark geschwächte Großhandel war somit nicht in der Lage, eine derartige Kreditfunktion gegenüber dem Detailhandel auszuüben und mußte deshalb selber auf Barzahlung seiner Abnehmer dringen [14]. Die Kapitalarmut des deutschen Großhandels, dem nach Einführung der Rentenmark zeitweise sogar das nötige Umschlagskapital fehlte, brachte Bestrebungen beim Zentralverband des Deutschen Großhandels in Gang, im Ausland bei gegenseitiger Haftung der Verbandsmitglieder für diese Kredite zu beheben, was schließlich jedoch am Individualismus der maßgebenden Großhandelskreise scheiterte [15].

Jedoch versuchte der Großhandel, durch verschiedene Kampfmaßnahmen seinen Anteil an der volkswirtschaftlichen Gesamtdistribution zu halten bzw. wiederzuerlangen, dem vor allem der Zusammenschluß in Berufsverbänden dienen sollte. So umfaßte der 1916 gegründete »Zentralverband des Deutschen Großhandels e.V.«

[10] Lampe, Einzelhandel, S. 520, 521.

[11] Schmitt, Großhandel und Einkaufsvereinigungen des Einzelhandels, S. 289, wo auch darauf hingewiesen wird, daß der von der Einkaufsgenossenschaft zur Barzahlung angehaltene Einzelhändler seinerseits zur Barzahlung und damit wiederum zum verstärkten Bezug bei dieser in der Lage war, also für den Großhändler als Kunde ausfiel.

[12] Zitiert bei Schmitt, Großhandel und Einkaufsvereinigungen des Einzelhandels, S. 299.

[13] Vgl. Zwingmann, Die volkswirtschaftliche Bedeutung der Sicherungsübereignung, S. 35; vgl. auch Schmitt, a.a.O., S. 289, 295.

[14] So insbes. Bernhard in seinem am 8. 10. 1926 vor der Bezirksgruppe Berlin des Zentralverbandes gehaltenen Vortrag »Wege der Absatzfinanzierung für den Großhandel«, S. 24, 25, der übrigens der Überzeugung war, daß es von allen größeren Wirtschaftern für den Großhandel am schwersten war, während dieser Jahre Bankkredite zu erhalten.

[15] Vgl. Schmitt, a.a.O., S. 291, 292.

im Jahre 1925 insgesamt 6500 Einzelmitglieder und 282 Fachverbände mit ca. 35 000 Betrieben, so daß der weitaus größte Teil des deutschen Großhandels dem Zentralverband direkt oder indirekt angehörte [16].

3. Der Kampf des Großhandels um die Publizität von Kreditsicherungen

a) *Eingabe des Zentralverbandes des Deutschen Großhandels beim Reichsjustizministerium*

Vor diesem Hintergrunde muß der Schritt des Zentralverbandes des Deutschen Großhandels gesehen werden, der mit der Einreichung von Reformvorschlägen beim Reichsjustizministerium im Sommer 1925 begann und der durch Einführung des Registerpfandrechts eine bessere Sicherung der großhändlerischen Warenkredite sowie eine Minderung von Verlusten derartiger Kredite bezweckte. In ihm wurde der immer noch bestehende Gegensatz zwischen den Wirtschaftsbeteiligten hinsichtlich der Sicherung gewährter Kredite wiederum sichtbar. Dem Geldkreditgeber, also insbesondere den Banken, war es ohne große Schwierigkeiten möglich, eine planmäßige Prüfung der Kreditwürdigkeit ihrer Schuldner durchzuführen, nicht hingegen den Warenkreditgebern, wozu insbesondere auf Grund seiner Vermittlungsfunktion der Großhandel gehörte. Dieser bemühte sich, das Kreditrisiko mit Hilfe von Auskunfteien einzuschränken, deren eingezogene Recherchen über die Lage der zu kreditierenden Kunden sich jedoch vielfach als unzureichend erwiesen. Eine Reihe gut geleiteter Großhandelsverbände ging deshalb in den Jahren nach Einführung der Rentenmark dazu über, »eine besondere Kontrolle wenigstens der Warenkreditgewährung innerhalb ihres Geschäftszweiges zu schaffen«. Die Mitglieder des Verbandes wurden aufgefordert oder gar unter Anordnung von Konventionalstrafen verpflichtet, nicht nur »faule Zahler« unter ihren Kunden an den Verband zu melden, sie wurden darüber hinaus ersucht, auch jede *Sicherungsübereignung* bekanntzugeben [17]. Die Verbände, die so über jeden von einem Mitgliede abgeschlossenen Sicherungsübereignungsvertrag benachrichtigt wurden, unterrichteten dann unverzüglich die anderen Verbandsmitglieder über diese Sicherheitsgewährungen in der Branche [18].

In diesem gegen die Sicherungsübereignung und für eine Publizität aller nicht erkennbaren Belastungen des Schuldnervermögens geführten Kampf glaubte der Großhandel das Auskunftsmittel wiederum in einem einzuführenden Registerpfand-

[16] Engel, Die berufsständische Organisation des deutschen Großhandels, S. 17, 18, der darauf hinweist, daß zur Stärkung des Zentralverbandes die unmittelbare Mitgliedschaft aller Großhändler angestrebt wurde, indem große und maßgebende Fachverbände in ihre Satzungen die Bestimmung aufgenommen hatten,
»daß als Mitglied in den Fachverbänden nur aufgenommen wird, wer gleichzeitig die Einzelmitgliedschaft beim Zentralverband des Deutschen Großhandels zu erwerben bereit ist«.

[17] Lampe, Großhandel, S. 378, 379.

[18] Vgl. den Artikel Dr. Birnbaums »Neue Formen der Kreditsicherung« in der Vossischen Zeitung Nr. 593 vom 16. 12. 1925.

recht erblicken zu können. In der Eingabe des Zentralverbandes des Deutschen Großhandels e. V. vom 18. 6. 1925 an das Reichsjustizministerium [19] wurde für die erwünschte neue Form der Kreditsicherung jedoch zuerst ein anderer Grund als der der Sicherung von Abnehmerkrediten angegeben.

Wie bei den Vorstößen in den Jahren der Inflation, die auf die Reform der bürgerlich-rechtlichen Vorschriften über den Eigentumserwerb bei Verarbeitung hinzielten, wurde auch jetzt das Bedürfnis betont, im Auslande Kredite aufzunehmen und den ausländischen Geldgebern eine angemessene und wirksame Sicherung ihrer Kredite in Gestalt eines Pfandregisters zu ermöglichen. Zur Begründung der Notwendigkeit einer Kreditaufnahme im Ausland wurde »die Krisis im Großhandel, die gewaltige Zusammenschrumpfung des Betriebskapitals des Großhandels und der Substanz der Betriebe« in der Eingabe angeführt. Der Zentralverband führte weiterhin aus, daß sich bei Verhandlungen mit dem Auslande ein mangelndes Vertrauen in die Möglichkeiten der Kreditsicherungen, die der Großhandel geben könne, bemerkbar gemacht habe. Faustpfand und Sicherungsübereignung entsprächen nicht, so wurde gesagt, einer gerade auch dem Auslande genehmen Kreditsicherung.

In den als Ergebnis der Beratungen des Rechtsausschusses des Zentralverbandes dem Reichsjustizministerium zugeleiteten Feststellungen ging aber eindeutig hervor, worauf es dem Großhandel in erster Linie, wenn nicht ausschließlich ankam: die Prüfung und Kontrolle der Vermögensverhältnisse von Abnehmern, die Warenkredite in Anspruch nahmen. Geschickt wurde deshalb erst an letzter Stelle des ersten Programmpunktes gesagt:

»I. Die herrschende Kreditnot erheischt Formen der Kreditsicherung, welche einfach zu handhaben sind, unnötige Beeinträchtigung der geschäftlichen Dispositionen des Schuldners vermeiden, andererseits den Gläubigern die Einsichtnahme in die Vermögenslage des Schuldners ermöglichen und unlautere Machenschaften tunlichst verhindern.«

Der Zentralverband sah als Lösung dieses Dilemmas die *gesetzliche Einführung des Registerpfandes* als geboten an. In den unter Ziffer II seiner Eingabe vorgeschlagenen Einzelheiten eines Pfandregisters schloß er sich unter Hinweis auf das englische und französische Recht den Vorschlägen über die gesetzgeberische Ausgestaltung an, wie sie von den Befürwortern eines Registerpfandrechts (Mobiliarhypothek) auf den Juristentagen 1912 und 1921 gemacht worden waren.

Im einzelnen waren folgende wesentliche Regelungen vorgesehen: Neben dem Faustpfand sollte eine Mobiliarhypothek an Sachgesamtheiten zugelassen werden, deren Wirksamkeit von einem schriftlichen Pfandvertrag und dessen Eintragung in ein Pfandregister beim Amtsgericht der Hauptniederlassung des Schuldners abhängen sollte. Die Bestellung einer derartigen Mobiliarhypothek (Registerpfand) sollte Kaufleuten, *Kleingewerbetreibenden* (!) und Landwirten möglich sein. Als letzter Punkt war vorgesehen, daß mit der Einführung der Mobiliarhypothek die Sicherungsübereignung zu verbieten ist.

[19] Die Eingabe befindet sich in den Akten des Preußischen Justizministeriums, Bl. 22–24 sowie Bl. 35–37: der in Thesen zusammengefaßte Teil der Eingabe wurde später vom Zentralverband des Großhandels auf den Seiten 1 und 2 seiner Denkschrift betr. Einführung des Registerpfandes veröffentlicht.

Abschließend erbat der Zentralverband unter nochmaligem Hinweis auf die *»äußerst gedrückte Lage des Großhandels«* eine baldige Erörterung seines Antrages unter Hinzuziehung anderer Ressortbehörden, insbesondere des Reichswirtschaftsministeriums und des Preußischen Handelsministeriums.

Mit Schreiben vom 27. 6. 1925 setzte daraufhin das Reichsjustizministerium [20] drei Reichsbehörden und zwei Preußische Ministerien [21] von der Eingabe des Zentralverbandes des Großhandels in Kenntnis und bat sie, zu einer ersten mündlichen internen Besprechung je einen Vertreter in das Justizministerium zu entsenden, um vor Eintritt in die Verhandlungen mit dem Zentralverband des Großhandels die Auffassungen der verschiedenen Ressorts kennenzulernen. Die Verhandlung sollte am 1. Juli im Reichsjustizministerium stattfinden.

Das Reichsjustizministerium machte in seinem Schreiben deutlich, daß schwerwiegende Bedenken gegen die Einführung der Mobiliarhypothek bestehen und verwies hierfür auf vorangegangene Erörterungen sowie auf die von Vertretern des Deutschen Bank- und Bankiergewerbes im Jahre 1921 an das Generalsekretariat des Völkerbundes gerichtete Denkschrift.

Die kommissarische Beratung der vom Reichsjustizminister eingeladenen Behörden [22] erbrachte für den Großhandel kein günstiges Ergebnis. Zwar nahmen die Vertreter der Ministerien zu der Eingabe im großen und ganzen eine neutrale Haltung ein, und der Sachbearbeiter des Reichsjustizministeriums referierte lediglich am Anfang der Sitzung über die Frage der Mobiliarhypothek seit Einführung des Bürgerlichen Gesetzbuches. Der Vertreter des Preußischen Handelsministeriums erklärte jedoch, daß außer der Eingabe des Großhandels bisher keine Klagen über Schwierigkeiten bei der Kreditbeschaffung in seinem Ressort bekanntgeworden seien. Ministerialrat Gadow als Referent für die Frage der Einführung einer Mobiliarhypothek im Preußischen Justizministerium faßte sein Votum dahin zusammen, daß die Bedenken gegen die Einführung eines Registerpfandrechtes nur dann zurückgestellt werden könnten, wenn nachgewiesen werde, daß die Mobiliarhypothek unbedingt notwendig sei; das sei aber bisher keineswegs geschehen.

Ein scharfer Gegner war dem Großhandel jedoch in der Reichsbank erwachsen, die die Bestrebungen des Zentralverbandes strikt zurückwies. Sie sollte in dieser Frage die Wortführerin der privaten Bankwirtschaft werden im Kampf gegen das Registerpfand und die Beibehaltung der bestehenden Kreditsicherungen, insbesondere der Sicherungsübereignung. Der Vertreter des Reichsbankdirektoriums erklärte unmißverständlich, daß die Eingabe des Zentralverbandes bei der Reichsbank Befremden erregt habe, da ihr nicht bekanntgeworden sei, daß der Großhandel die im Inlande bestehenden Kreditmöglichkeiten, z. B. durch Inanspruchnahme der Reichsbank oder der Golddiskontbank, schon ausgeschöpft habe. Der Reichsbankvertreter ließ durchblicken, daß er die Begründung des Großhandels, ausländische Kredite aufnehmen zu wollen und hierfür als Sicherung der Gläubiger des Registerpfandes

[20] Akten des Preußischen Justizministeriums. Bl. 20, 21.

[21] A.a.O., Bl. 25; die Einladung war ergangen an den Reichswirtschaftsminister, den Reichsminister für Finanzen, das Reichsbankdirektorium, den Preußischen Justizminister und den Preußischen Minister für Handel und Gewerbe.

[22] Akten des Preußischen Justizministeriums, Bl. 29–30.

zu bedürfen, nur als vorgeschoben betrachte, es dem Großhandel vielmehr darauf ankomme, geeignete Kontrollmöglichkeiten gegenüber seinen Schuldnern zu erhalten.

Im einzelnen führte der Beamte des Reichsbankdirektoriums zur Begründung des Großhandels, im Auslande Kredit aufzunehmen und der Erforderlichkeit des Registerpfandes aus:

»Der Hinweis auf den Auslandkredit, dessen das Importgeschäft bedürfe, überzeuge solange nicht, als nicht bestimmte Fälle angeführt werden, in denen ein ausländischer Kreditgeber an sich zur Kreditgewährung bereit gewesen sei und den Kredit nur deshalb versagt habe, weil ihm kein Registerpfandrecht an dem Handelsvermögen des deutschen Schuldners habe eingeräumt werden können. Auch der ausländische Kreditgeber werde wie jeder andere seine Entschließung in erster Linie von der persönlichen Vertrauenswürdigkeit des Schuldners abhängig machen. ...Wo der Ausländer zu der Geschäftsgebarung des Schuldners kein Vertrauen habe, werde er sich auch mit der Mobiliarhypothek allein nicht begnügen.« [23]

Der Vertreter der Reichsbank ging dann auf die bekannten Schwierigkeiten der rechtlichen Ausgestaltung eines Registerpfandes ein, verwies auf das Lombardgeschäft der Reichsbank und vertrat die Meinung, daß an dem Grundsatz des Faustpfandes ohne zwingenden Grund nicht gerüttelt werden solle.

Im übrigen wies er unter Bezugnahme auf die Ausführungen des Reichsbankpräsidenten darauf hin, daß die Einführung der Mobiliarhypothek zu einer unerwünschten Kreditausweitung und volkswirtschaftlich schädlichen übermäßigen Lagerhaltung führe, sowie auf die Gefahr, daß dem Personalkredit und insbesondere dem Wechselverkehr jede Unterlage entzogen werde, falls von der Mobiliarhypothek Gebrauch gemacht werde. Außerdem würde die nach dem Vorschlage des Zentralverbandes auch dem Kleingewerbetreibenden zugängliche Mobiliarhypothek diesen zu leichtsinnigem Schuldenmachen verleiten und mindererfahrene Bevölkerungskreise zweifelhaften Kreditinstituten in die Hände treiben.

Die interministerielle kommissarische Beratung ergab somit eine überwiegend ablehnende Einstellung zum Vorschlag des Zentralverbandes des Großhandels. Das Reichsjustizministerium beschloß, nunmehr am 3. 7. mit Vertretern des Zentralverbandes des Deutschen Großhandels eine Besprechung abzuhalten. Den Teilnehmern der Beratung wurde freigestellt, an dieser Besprechung teilzunehmen [24].

b) Die Beratung des Zentralverbandes mit Vertretern der Reichsministerien am 3. 7. 1925

In dieser Besprechung [25], an der neben sechs Vertretern des Zentralverbandes Mitglieder der Reichsministerien für Justiz, Wirtschaft und Finanzen teilnahmen [26], kündigte sich schon das kommende Fiasko für die Bestrebungen des Großhandels an, bei der Ministerialbürokratie Sympathie für seine Reformwünsche zu finden.

[23] Akten des Preußischen Justizministeriums, Bl. 29.
[24] Akten des Preußischen Justizministeriums, Bl. 25.
[25] A.a.O., Bl. 32, 33.
[26] Mitgliederliste der Verhandlung enthalten, a.a.O., Bl. 34.

In den Erörterungen mußten die Vertreter des Zentralverbandes erstmalig zugeben, daß es dem deutschen Großhandel beim Registerpfandrecht nicht – zumindest nicht in erster Linie – auf die Aufnahme ausländischer Kredite ankam, für ihn vielmehr eine bessere Kontrollmöglichkeit der Kreditwürdigkeit seiner inländischen Abnehmerkreise im Vordergrund stand. Dem Großhandel wurde damit eine seiner zugkräftigsten Begründungen genommen.

Zur Verteidigung seiner Reformwünsche trug er zunächst vor, daß dem Handel nur der Mobiliarkredit zugänglich, das Faustpfandprinzip aber unzureichend sei und ein Registerpfandrecht deshalb unbedingt als notwendig erachtet werden müsse.
Interessant ist jedoch seine weitere Behauptung, daß nicht nur – was verständlich wäre – die Sicherungsübereignung, sondern auch der Eigentumsvorbehalt, das klassische Kreditmittel per se des Warengläubigers, Kreditbetrügereien Vorschub geleistet habe. Dieses Argument könnte als Schutzbehauptung angesehen werden, mit der der Großhandel den naheliegenden Einwand zu entkräften versuchte, sein Kampf gegen die Sicherungsübereignung richte sich ausschließlich gegen die Geldkreditgeber. Der Großhandel hatte jedoch auch andere Gründe, dem bekannten und oft vorgetragenen Einwand zuvorzukommen, wer der Sicherungsübereignung Publizität verleihen wolle, müsse das ebenso mit dem Eigentumsvorbehalt tun, dem ja ebenfalls die Besitzpublizität fehlt. Es gab jedoch nicht nur Gründe der Verhandlungstaktik, die es dem Großhandel geraten erscheinen lassen mußten, den Eigentumsvorbehalt als für ihn wertlos darzustellen und ihm die gleiche Gefährlichkeit für den ordentlichen Geschäftsverkehr wie der Sicherungsübereignung beizulegen. Für den Großhandel gab es – wenn auch nur neben anderen Motiven – einen gewichtigeren Beweggrund. Der Eigentumsvorbehalt war selbst in diesen Jahren noch nicht ein der Sicherungsübereignung ebenbürtiges Kreditsicherungsmittel geworden. Zwar hatte er sich im Gegensatz zu der Zeit vor 1914 während des Weltkrieges und vor allem nach der Währungsstabilisierung in den allgemeinen Geschäfts- und Lieferungsbedingungen der Lieferanten, die ihren Kunden Zahlungsziel einräumten, in bedeutendem Umfange eingebürgert und war jetzt zu einer allgemein akzeptierten Einrichtung des Handelsverkehrs geworden [27]. Er war jedoch noch nicht durch Rechtsprechung oder Kautelarjurisprudenz zu einem so durchgebildeten und damit wirksamen Kreditmittel wie die Sicherungsübereignung ausgestaltet worden. In der damaligen Zeit häuften sich daher in der Öffentlichkeit die Klagen von Warengläubigern, die trotz Vereinbarung von Eigentumsvorbehalten bei Illiquidität ihrer Schuldner Kreditverluste erlitten hatten. Die Gründe für dieses Versagen des Eigentumsvorbehaltes lagen vor allem darin, daß er bei Verarbeitung oder Weiterveräußerung der gelieferten Ware erlosch.

Der Eigentumsvorbehalt hatte sich zwar im Geschäftsverkehr durchgesetzt, aber

[27] Vgl. den Hinweis von Rechtsanwalt Dr. Wagener im Berliner Tageblatt Nr. 20 vom 13. 1. 1926, daß Eigentumsvorbehalte nunmehr in den Lieferungsbedingungen fast aller Verbände enthalten sind.

die ausgefeilten Formen seiner verschiedenartigen Verlängerungen waren noch nicht in die allgemeinen Lieferbedingungen eingedrungen [28].

Nachdem der Zentralverband in der weiteren Begründung seiner Eingabe die Einschaltung von Treuhandorganisationen [29] als eine Möglichkeit der Kreditsicherung und -überwachung abgelehnt hatte, gab er schließlich noch zwei weitere Gründe an, auf Grund deren die Einführung eines Pfandregisters als wünschenswert angesehen werden müsse. Einerseits erwartete er angeblich von dem Register die Ausmerzung derjenigen Unternehmen, die seinerzeit auf einem in betrügerischer Weise erlangten Mobiliarkredit aufgebaut worden waren, andererseits aber zugleich eine erleichterte Beschaffung von Personalkrediten für kreditwürdige Kaufleute. Mit dem letzten Argument sprach der Großhandel eine Hoffnung aus, die er wohl tatsächlich an die Einführung des Registers knüpfte und die ihm Befreiung oder Erleichterung bringen sollte aus der Situation, in die er durch die beginnende Krise, mehr jedoch noch durch die Konkurrenz von neuen Unternehmensformen in der Großhandelssphäre geraten war. Alles in allem ging es ihm darum, durch Verringerung des Risikos bei Kreditgewährungen zu einer Verbilligung der Großhandelspreise und damit zu einer Erhöhung seiner Konkurrenzfähigkeit zu gelangen. Von den anwesenden Mitgliedern der eingeladenen Ministerien nahmen allein die Vertreter des Reichswirtschaftsministeriums ausführlich zu der Eingabe Stellung. Sie stellten zunächst einmal fest, daß unbedingt die Einholung der Stellungnahme der übrigen Wirtschaftskreise erforderlich sei, da insbesondere die Industrie ihr Kreditbedürfnis bisher anscheinend mit der Sicherungsübereignung habe befriedigen können.

Sodann gingen sie auf die derzeit bestehenden großen außenpolitischen Bedenken gegen die Einführung eines Registerpfandes ein, die sich aus dem Begehren der alliierten Gläubigerstaaten der deutschen Reparationsverpflichtungen aus dem Ver-

[28] Das zeigen Äußerungen, in denen immer wieder darüber geklagt wird, daß in vielen Fällen die Vereinbarung des Eigentumsvorbehalts für den Lieferanten wertlos sei; vgl. »Eigentumsvorbehalt im Warenhandel und Bankgewerbe« in der Frankfurter Zeitung Nr. 393 vom 29. 5. 1926; die Versuche des Textilgroßhandels, Eigentumsvorbehalt unter der Bedingung zu vereinbaren, daß der Schuldner Teile seines Vermögens sicherungsübereignet hat oder den Eigentumsvorbehalt rückwirkend eintreten zu lassen, falls der Schuldner nach Erhalt der Waren Sicherungsübereignungen vornimmt, vgl. Vossische Zeitung Nr. 604 vom 22. 12. 1925 und Alfred Lindemann, »Sicherungsübereignung und Eigentumsvorbehalt« im Berliner Tageblatt Nr. 7 v. 5. 1. 1926; begegneten nicht nur rechtlichen Bedenken hinsichtlich der Wirksamkeit einer solchen Vereinbarung, sondern fanden auch sofort die Gegnerschaft des Centralverbandes des deutschen Bank- und Bankiergewerbes, vgl. Wagener, »Sicherungsübereignung und Eigentumsvorbehalt« im Berliner Tageblatt Nr. 20 vom 13. 4. 1926 sowie den Artikel »Der Eigentumsvorbehalt im Warenhandel und das Bankgewerbe« im Berliner Tageblatt Nr. 299 vom 17. 5. 1926; Bernstein, Der uneigentliche Eigentumsvorbehalt an gelieferten Waren, S. 63, 64; Schwickerath, Die Sicherungsübereignung von noch nicht bezahlten Waren, S. 95 f.

[29] Da die Kontrolle der Sicherheiten die Bank mit Aufgaben belastet, die nicht ihr eigentliches Aufgabengebiet darstellen, erfolgten Sicherungsübereignungen schon in diesen Jahren oft nicht unmittelbar an die kreditgebende Bank, sondern an Treuhänder oder Treuhandorganisationen, die die Überwachung der Sicherheiten für die Bank erledigten; vgl. Unterreiner, Die Sicherungsübereignung von Warenlagern mit wechselndem Bestand, S. 158.

sailler Vertrag ergaben. Im einzelnen führten die Referenten zu diesem Gesichtspunkt folgendes aus: [30]

»Der Sachverständigenplan habe zur Sicherung der *Industrieobligationen* die Einführung eines Registerpfandrechts nach Art der *englischen floating charge* [31] vorgesehen gehabt. Hierauf sei von der Reichsregierung nicht eingegangen worden, weil ein solches Rechtsinstitut dem deutschen Recht fremd sei. Werde jetzt ein Registerpfandrecht eingeführt, so sei zu besorgen, daß die alliierten Staaten das Registerpfandrecht auch als Sicherung für die durch das *Industriebelastungsgesetz* geschaffene öffentliche Last in Anspruch nehmen würden. Diese Besorgnis sei um so begründeter, als angenommen werden könne, daß ein dem *Internationalen Schiedsgericht unterbreiteter Streitfall* über den Umfang der zur Sicherung der öffentlichen Last dienenden Sicherheiten zu einer dem deutschen Standpunkt günstigen Entscheidung führen und damit die bisherige Sicherheit der öffentlichen Last wesentlich vermindern würde.«

Die Besprechungen vom 1. und 3. 7. hatten somit ergeben, daß der Plan des Großhandels auf keine Sympathie bei der höheren Bürokratie stieß. Die Bestrebungen des Zentralverbandes des Deutschen Großhandels mußten jetzt daher darauf gerichtet sein, bei anderen Kreisen der Wirtschaft für den Gedanken eines Registerpfandrechts Zustimmung zu finden und dadurch das stärkste Argument der Regierungsressorts zu entkräften, daß außer dem Großhandel die übrige Wirtschaft in letzter Zeit keine nennenswerten Klagen gegen die Sicherungsübereignung erhoben habe und auch Stimmen von ihr auf Einführung des Pfandregisters bisher nicht an die Regierung herangetragen worden seien.

c) *Die Besprechung des Centralverbandes mit Vertretern der Regierungsressorts und verschiedener Wirtschaftsverbände am 15. 7. 1925*

Sofern der Großhandel Hoffnung gehegt hatte, Unterstützung bei den Kreisen der übrigen Wirtschaft zu finden, mußte die Beratung im Reichsjustizministerium am 15. 7. 1925 für ihn eine schwere Enttäuschung gewesen sein. Der Reichsjustizminister hatte neben Vertretern von 11 Wirtschaftsverbänden [32] Mitglieder von 7 Preußischen und Reichsministerien sowie das Reichsbankdirektoriums zur gemeinsamen Besprechung eingeladen [33].

In der Beratung war der Tenor der Ausführungen fast aller Verbandsvertreter zu der Großhandelseingabe überwiegend ablehnend. Die Mehrzahl versuchte jedoch, im Wege der Verhandlungstaktik die Frage vorläufig nicht zur Entscheidung kom-

[30] Akten des Preußischen Justizministeriums, Bl. 29.

[31] Floating charge ist die Sicherung einer Schuld durch Belastung des Geschäftsvermögens für die Dauer und in Höhe der jeweiligen Verbindlichkeit, und zwar ohne Besitzübertragung, so daß der Schuldner die belasteten Gegenstände weiter im ordentlichen Geschäftsgang verwenden kann, der Gläubiger jedoch für den Fall des Konkurses gesichert ist. Erst seit der Companies Act von 1948 bedürfen die floating charges zu ihrer Wirksamkeit der Eintragung in das Register of Charges. The Dictionary of English Law, Bd. I, S. 814; man hat deshalb die floating charge manchmal einfach mit der Höchstbetragshypothek des deutschen Rechts verglichen, so Herbst, Dictionary of Commercial, Financial and Legal Terms, Bd. I, S. 439.

[32] Akten des Preußischen Justizministeriums, Bl. 28.

[33] A.a.O., Bl. 26, 27.

men zu lassen [34]. Zur Begründung führten sie an, sie hätten wegen der Kürze des Beratungstermins keine Zeit gehabt, sich auf das Thema vorzubereiten und insbesondere keine Stellungnahmen von ihren Verbänden einholen können [35].

Mit dem Registerplan stand der Großhandel eigentlich allein da. Nur der Reichsverband Deutscher Pächter verhielt sich vorsichtig zustimmend. Bei ihm aber lag ein Sonderfall vor. Den landwirtschaftlichen Pächtern ging es zwar um die Einführung eines besitzlosen Pfandrechtes. Im Gegensatz zum Großhandel, der ja ein Register für die Verpfändung derjenigen Gegenstände eingeführt wissen wollte, die bisher durch Sicherungsübereignung als Kreditunterlage verwendet werden konnten, ging es den landwirtschaftlichen Pächtern um eine Verpfändungsmöglichkeit für Inventargegenstände, an denen nach den Vorschriften des Bürgerlichen Gesetzbuches ein abgesondertes Recht nicht erworben werden kann [36]. Ihre Wünsche waren in der besonderen Situation der Landpachtverhältnisse begründet und wurden schon auf dieser Beratung vornehmlich vom Reichslandbund und den landwirtschaftlichen Genossenschaften unterstützt. Sie wurden darüber hinaus von der Regierung anerkannt und führten im darauffolgenden Jahre dann auch zum Erlaß des Pachtkreditgesetzes [37].

Den schärfsten Widerstand gegen die Reformpläne leisteten – wie nicht anders zu erwarten – die Banken. Ihre Ablehnung des Registerpfandes unterstützte insbesondere die im Jahre 1920 in Berlin errichtete Treuhandverwaltung für das deutsch-niederländische Finanzabkommen, die den auf Grund eines Staatsvertrages zwischen Deutschland und Holland seitens der niederländischen Regierung gewährten Kredit von 140 Millionen Gulden für den Import von Rohstoffen durch deutsche Industrien verwaltete [38]. Von ihnen wurde vor allem das Argument des Großhandels über die Notwendigkeit des Registerpfandes zur Aufnahme ausländischer Kredite angegriffen. Sowohl der Vertreter des Centralverbandes des deutschen Bank- und Bankiergewerbes und des Bankhauses Mendelsohn wie auch der Sprecher der Treuhandverwaltung betonten, daß das Ausland in steigendem Maße Vertrauen zur Sicherungsübereignung gefaßt habe, überdies zahlreiche Auslandskredite auf ihr aufgebaut seien und sie sich für das deutsch-niederländische Finanzabkommen bewährt habe. So war der 140-Millionen-Kredit der Niederlande fast ausschließlich durch Sicherungsübereignungen gedeckt [39]. Die Bankwirtschaft hielt es für gefährlich, das Vertrauen des Auslandes in die Sicherungsübereignung durch Einführung des Registerpfandes zu erschüttern.

Treuhandverwaltung und Discontogesellschaft sahen weiterhin in der Einführung des Registerpfandes eine Gefahr, die zu Verzögerungen und Erschwerungen der volkswirtschaftlich notwendigen Kreditbeschaffung führen würde. Gerade die

[34] A.a.O., Bl. 48–51.
[35] Vermerk des Ministerialrats Gadow über die Besprechung, a.a.O., Bl. 38.
[36] Nach § 585 BGB unterliegen die dem Pächter gehörenden Inventargegenstände dem sehr weitgehenden gesetzlichen Pfandrecht des Verpächters.
[37] Gesetz betr. die Ermöglichung von Kapitalkreditbeschaffung für landwirtschaftliche Pächter vom 9. 7. 1926 (RGBl I, S. 399, 412).
[38] Enzyklopädisches Lexikon für das Geld-, Bank- und Börsenwesen, Bd. II, S. 1510.
[39] Mitteilungen der Handelskammer Hamburg, 7. Jahrg., Nr. 22, S. 288.

solide Geschäftswelt, so führte Dr. Hartmann von der Discontogesellschaft aus, würde das Pfandregister meiden, um ihr Kreditbedürfnis durch das jedermann zugängliche Register nicht offensichtlich zu machen. Er führte als Beispiel Österreich an, wo das Registerpfandrecht in den ersten anderthalb Jahren nach seiner Einführung nur zweimal in Anspruch genommen worden sei [40].

Die Beratung war sich weitgehend einig in der Ablehnung der Großhandelsvorschläge; allerdings widersprachen sich sehr viele der Begründungen, die gegen das Pfandregister vorgebracht wurden.

Wurde einerseits die Gefahr für die notwendige Mobilisierung des Kredites in den Vordergrund gestellt, so argumentierte man andererseits, daß das Pfandregister manchen Kreisen die Handhabe zum Schuldenmachen biete.

Die landwirtschaftlichen Genossenschaften sahen im Gegensatz zu den Banken in der Einführung des Pfandregisters die drohende Gefahr einer weiteren Verschuldung der ohnehin schon stark verschuldeten Landwirtschaft und außerdem ein Hindernis für den Geschäftsgang gerade der kleineren Genossenschaften. Hierbei muß allerdings die besondere Lage der Landwirtschaft berücksichtigt werden, deren Angleichung an den allgemeinen Produktivitätsstand der Gesamtwirtschaft erhebliche Investitionen gefordert hatte und noch forderte und deren starke hypothekarische Verschuldung vor dem Kriege als Schreckgespenst nachwirkte. In diesem Wirtschaftssektor war eine starke Nachfrage nach langfristigem Investitionskapital vorhanden, damit aber auch die Gefahr einer ökonomisch nicht mehr vertretbaren Verschuldung gegeben [41].

Die Industrie, die Banken und die anderen Wirtschaftskreise wiesen auf ihre früher geäußerten Bedenken gegen das Registerpfandrecht hin. Insbesondere wurde die so gut wie nicht lösbare Frage einer Ausgestaltung des Gutglaubensschutzes der Pfandgläubiger herausgestellt, die eine Verbesserung bei betrügerischem Verhalten des Schuldners durch das Registerpfand gegenüber der Sicherungsübereignung ausschließe. Diese Wirtschaftskreise fanden hierin die Unterstützung des Referenten des Reichsjustizministeriums, des Ministerialrates Kiesow, der sich in seinen Ausführungen den rechtlichen Bedenken hinsichtlich der Möglichkeit einer wirksamen und praktikablen Ausgestaltung des Registers anschloß [42].

Äußerst aufschlußreich war die Stellung des Einzelhandels und des Handwerks. Sie, die den typischen gewerblichen Mittelstand verkörperten, fühlten sich vor dem Ersten Weltkrieg am meisten von der Sicherungsübereignung betroffen und gehörten daher zu ihren schärfsten Kritikern. Überdies waren sie für die Befürworter des Registerpfandes unter den Juristen der als Beispiel immer wieder angeführte Wirtschaftszweig, der vor den Gefahren der Sicherungsübereignung zu schützen war. Jetzt erklärten jedoch die Vertreter der Hauptgemeinschaft des deutschen Einzelhandels und des Reichsverbandes des deutschen Handwerks, daß Einzelhandel und Handwerk an der Frage der Einführung des Registerpfandes nicht interessiert seien. Damit waren dem Großhandel die wichtigsten potentiellen Bundesgenossen genommen.

[40] Akten des Preußischen Justizministers, Bl. 48.
[41] Schumpeter, Konjunkturzyklen, Bd. II, S. 761, 762.
[42] Akten des Preußischen Justizministeriums, Bl. 38.

Die Banken, denen ja immer der Vorwurf gemacht worden war, sie zögen aus dem Institut der Sicherungsübereignung zuungunsten der übrigen Wirtschaft den größten Vorteil, machten bei der Beratung am 15. 7. abschließend einen Vorschlag, der den Bankgegnern den Wind aus den Segeln nahm, andererseits jedoch zeigte, worauf es den Banken ankam: sich nicht dem Vorwurf einseitigen Branchenegoismus auszusetzen, jedoch die Einführung des Registerpfandes zu verhindern. Die Vertreter der Bankwirtschaft führten aus, daß diese selbstverständlich bereit sei, die Frage des Registerpfandes nochmals zu überprüfen und an ihrer Lösung mitzuarbeiten. Als Ergebnis dieser Bemühungen prophezeiten sie allerdings, »bei dem Versuch, dem Gedanken gesetzliche Form zu geben, werde sich erst die Schwierigkeit, wenn nicht die Unmöglichkeit seiner Durchführung erweisen« [43].

Der Großhandel mußte sich somit geschlagen geben. Es war ihm nicht gelungen, die übrige Wirtschaft zur Unterstützung einer Reform des Kreditsicherungsrechtes zu gewinnen. Begründet war dies in der Verschiedenartigkeit seiner Situation von der anderer Wirtschaftskreise, die die ihnen eigentümlichen Kreditsicherungsmittel nicht nur anzuwenden gelernt hatten, sondern sie auch bei ihren Schuldnern durchzusetzen verstanden. Dem Großhandel war das auf Grund seiner veränderten Stellung in der Distributionssphäre nicht im gleichen Maße gelungen. Geheimrat Dr. Hieckmann als Vorstandsmitglied des Zentralverbandes des Deutschen Großhandels erklärte deshalb bei Abschluß der Beratung, daß der Großhandel

»die Frage unter Berücksichtigung des Ergebnisses der Besprechung im Benehmen mit den anderen Verbänden nochmals prüfen und gegebenenfalls konkrete Vorschläge über die von ihnen für zweckmäßig gehaltene Ausgestaltung der Einrichtung machen würde« [44].

d) *Publizistische Auseinandersetzung verschiedener Wirtschaftszweige*

Dem Zentralverband des Deutschen Großhandels war es nicht gelungen, seine Reformwünsche schon im Stadium der Ausarbeitung eines Referentenentwurfes durchzusetzen. Die Ministerialbürokratie hatte es verstanden, durch Unterrichtung und Hinzuziehung fast aller Wirtschaftsinteressen den Großhandelsvorstoß zu neutralisieren. Nachdem diese für die neuere Zeit wirksame Einflußnahme von Interessengruppen auf die Verwaltungsspitze [45] keinen Erfolg gehabt hatte, mußten jetzt andere Wege der Interessenwahrnehmung beschritten werden.

Durch die Besprechung am 15. 7. waren die Pläne des Großhandels der Öffentlichkeit, vor allem insoweit sie an Wirtschaftsfragen interessiert war, bekanntgeworden. Für den Zentralverband, der ja davon ausgehen konnte, daß die anderen Wirtschaftskreise ihre schon angekündigten Stellungnahmen publizieren würden, mußte deshalb die Propagierung seiner Reformwünsche in der Öffentlichkeit das nächste Ziel seiner Bestrebungen sein.

Durch Pressemitteilungen erhielt ein breiteres Publikum zudem Kenntnis von den Erörterungen der deutschen Handelskammern über die Kreditreformvorschläge des

[43] Akten des Preußischen Justizministeriums, Bl. 49.
[44] A.a.O., Bl. 51.
[45] Kaiser, Die Repräsentation organisierter Interessen, S. 268.

Großhandels, die auf eine vom Deutschen Industrie- und Handelstag veranstaltete Umfrage zurückgingen [46]. Von den etwa ein Drittel aller Kammern, die sich zu dieser Frage äußerten, nahm der überwiegende Teil eine das Registerpfandrecht ablehnende Haltung ein [47].

Besonders eingehend begründete die Handelskammer Hamburg ihre Zurückweisung der Reformwünsche des Großhandels [48]. Sie legte im wesentlichen alle rechtlichen Bedenken gegen das Registerpfandrecht dar, die später vom Reichsjustizministerium vorgebracht werden sollten. Wie schon in den Erörterungen der Handelsvertretungen in den Jahren 1910 bis 1912 vertrat sie insbesondere die Interessen des auch in dieser Hinsicht noch gut fundierten Überseehandels, der die Sicherungsübereignung als diskretes Kreditsicherungsmittel gerade für die Finanzierung seiner Importgeschäfte benötigte. Es zeigte sich, daß die Interessenlage auch innerhalb der verschiedenen Großhandelsbranchen nicht einheitlich war.

Der Standpunkt eines wohlfundierten Überseehandels, dem die Sorgen und Nöte des Durchschnittsgrossisten doch etwas fremd waren, fand seinen Niederschlag in der Forderung der Hamburger Handelskammer, es könne nicht Sache des Gesetzgebers sein, »darauf hinzuwirken, daß der Unvorsichtige und Unerfahrene sich in jedem einzelnen Fall durch Vorbehalte sichert« [49].

Einen gesetzlichen Ausbau des Instituts der Sicherungsübereignung hielt die Handelskammer daher für nicht wünschenswert, da ihrer Ansicht nach die das Bürgerliche Gesetzbuch beherrschende Vertragsfreiheit nur da unterbrochen werden sollte, wo dieses unbedingt notwendig wäre. Sie sah den Hauptvorzug der Sicherungsübereignung gerade darin, daß diese – an einengende Vorschriften nicht gebundenen – den jeweiligen Bedürfnissen der Praxis in den verschiedensten Formen angepaßt werden kann. Im übrigen nahm sie – wie schon der Vertreter der Treuhandverwaltung für das deutsch-niederländische Finanzabkommen – den Standpunkt ein, daß die Sicherungsübereignung, wie der Geschäftsverkehr gezeigt habe, sich großer Beliebtheit im Ausland erfreue.

Die Hamburger Handelskammer faßte ihre Stellungnahme dahingehend zusammen [50],

»daß den unverkennbaren Vorteilen, die die mit der Einführung der Mobiliarhypothek verbundene Publizität mit sich brächte, doch weit größere Nachteile gegenüberstehen. Aus diesem Grunde hält die Handelskammer es für wünschenswert, daß der alte Rechtszustand beibehalten wird«.

Aber auch in den Besprechungen der anderen Spitzenverbände der Wirtschaft wurden schwere Bedenken gegen den Entwurf geäußert, und zwar sowohl in wirtschaftlicher wie in rechtlicher Hinsicht.

[46] Vgl. die das Registerpfand befürwortende Pressenotiz des Rechtsanwalts Dr. Jaffa als Antwort auf die Verteidigung der Sicherungsübereignung durch den Rechtsanwalt Dr. Schindler in der Vossischen Zeitung Nr. 432 vom 12. 9. 1925.

[47] Denkschrift des Reichsjustizministeriums, Drucksachen des Reichstages 1924/26, III. Wahlperiode, Anlage Nr. 115, S. 7.

[48] Mitteilungen der Handelskammer Hamburg, 7. Jahrg., Nr. 22, S. 296–299.

[49] Mitteilungen der Handelskammer Hamburg, a.a.O., S. 299.

[50] Mitteilungen der Handelskammer Hamburg, 7. Jahrg., Nr. 22, S. 298.

Die Kritik richtete sich vor allem dagegen, daß durch das Pfandregister die Sicherungsübereignung als Sicherungsmittel des Geldkreditgebers, also der Banken, der Registerpflicht unterworfen sein sollte, nicht jedoch jenes Kreditmittel, das für den Großhandel wieder wichtig werden konnte: nämlich der Eigentumsvorbehalt an gelieferten, aber noch nicht bezahlten Waren [51].

Rechtsanwalt Dr. Wagener als Rechtsbeistand des Vereins Deutscher Werkzeugmaschinenfabrikanten sah die Interessen dieses Industriezweiges besser durch die Ausgestaltung des Eigentumsvorbehaltes als in der Registrierung der Sicherungsübereignung geschützt [52]. Insbesondere wollte er den Eigentumsvorbehalt bei Verarbeitung der gelieferten Waren nicht erloschen wissen, vor allem aber sollten die Vorschriften über den gutgläubigen Erwerb eingeschränkt werden, so daß ebenso wie bei gestohlenen oder abhanden gekommenen Sachen der gutgläubige Erwerber einer unter Eigentumsvorbehalt gelieferten Sache kein Eigentum an ihr erlangen kann. Dem vom Großhandel angestrebten Register hingegen stand er skeptisch gegenüber. Seiner Ansicht nach war der Registergedanke am besten durch eine bei den betreffenden Verbänden zu führende Kartothek aller Sicherungsübereignungen zu verwirklichen, ein Vorschlag, der in Großhandelskreisen ja bereits eine weitgehende Verwirklichung gefunden, den Großhandel aber von dem Reformbegehren nicht abgehalten hatte.

Für das Register sprachen sich neben dem Großhandel eindeutig nur die Auskunfteien aus. Die Gründe ihrer Feindschaft gegen die Sicherungsübereignung waren dieselben wie vor dem Ersten Weltkrieg: ihre Auskünfte verloren in vielen Fällen an Wert, da sie ihren Auftraggebern die auch von ihnen nicht festzustellenden fiduziarischen Übereignungen nicht mitteilen konnten und daher trotz Auskunftseinholung vor Geschäftsabschluß später Forderungsverluste eintraten [53]. Aus dem gleichen Grunde traten sie nicht nur für die Registrierung der Sicherungsübereignungen, sondern auch für die der sogenannten Diskontierungen von Buchforderungen ein. Aufschlußreich, weil ansonsten das Register von nur bedingtem Werte für sie wäre, war ihr Verlangen nach Erhalt von Abschriften aus dem Register, nicht nur das Recht auf dessen Einsichtnahme. Sie forderten deshalb, daß jedermann Abschriften aus dem einzuführenden Register auf Verlangen zu erteilen sind, zumindest aber den Handelskammern und den von diesen empfohlenen maßgebenden Deutschen Auskunfteien Abschriften zugänglich gemacht werden [54].

Der Verband der Vereine Creditreform hatte bereits in einem Schreiben an den Reichsjustizminister vom 29. 1. 1925 diese Reformwünsche angemeldet und im einzelnen gefordert [55]:

»1. Sicherungsübereignungen oder Sicherungskäufe, bei denen der Schuldner im unmittel-

[51] Vossische Zeitung Nr. 55 vom 2. 2. 1926.

[52] Berliner Tageblatt Nr. 20 vom 13. 1. 1926.

[53] Vgl. Dr. Birnbaum, Neue Formen der Kreditsicherung, Vossische Zeitung Nr. 593 vom 16. 12. 1925.

[54] So z. B. die Stellungnahme des Kartells der Auskunfteien Bürgel (Berlin, Vossische Zeitung Nr. 613 vom 29. 12. 1925).

[55] Creditreform 1925 Nr. 3, S. 47; der Wunsch der Auskunfteien nach einem prophylaktischen Kreditschutz durch Registereinsicht wurde näher dargelegt in Creditreform 1925, Nr. 7, S. 133.

baren Besitz der verschriebenen Gegenstände als Abmieter, Leiher, Verwahrer usw. bleibt, dürfen nur dann Dritten gegenüber geltend gemacht werden, wenn sie in ein beim Amtsgericht geführtes Register eingetragen werden.
2. Die Einsicht in dieses Register muß jedermann gestattet sein. Auch können wirtschaftliche Verbände, wie die Vereine Creditreform, Handels- und Handwerkskammern und Kreditinstitute, Abschriften oder Auszüge auf ihre Kosten verlangen.«

Daß von den Banken in den Diskussionen die schärfsten Bedenken gegen das Registerpfandrecht vorgebracht wurden, war nach den vorangegangenen Erörterungen und dem Interesse des Bankgewerbes an der Sicherungsübereignung ohne weiteres einzusehen [56].

Der Großhandel griff daher in der ersten Denkschrift, die er zur Frage der Einführung des Registerpfandes herausgegeben hatte und in der der wesentliche Teil seiner Eingabe vom 18. 6. 1925 abgedruckt war, die Banken scharf an [57]. Er äußerte die Vermutung, daß die deutsche Wirtschaft die mit der Sicherungsübereignung verbundenen Mängel solange hingenommen habe, weil einige Gläubigergruppen, vor allem die Banken, ein Interesse am Fortbestand der Sicherungsübereignung hätten [58]. Obwohl er zugeben mußte, daß durch das Vordringen des Realkredits weite Kreise ohne Sicherungsübereignungen keinen Kredit mehr erhalten würden, zumal der Immobiliarkredit für die gewerbliche Wirtschaft nicht in Betracht kommt, sah er doch die fiduziarischen Übereignungen infolge der gesunkenen kaufmännischen Solidität als verhängnisvoll für die Gesamtwirtschaft an [59]. Der deutsche Großhandel bestritt energisch, daß die Einführung des Pfandregisters zu einer Kreditausweitung und zur Untergrabung des Personalkredites führen würde. Er rechnete im Gegenteil damit, daß die Bestellung des Registerpfandes bei Kreditaufnahme ein allzu leichtsinniges Schuldenmachen verhindere, gerade schon im Hinblick auf die Publizität der eingegangenen Verpfändung. Im übrigen war er der Ansicht, daß das Register ein gesundes Gleichgewicht von Personal- und Realkrediten zur Folge haben werde [60].

Die in der Presse auftauchenden Mitteilungen über einen gesetzgeberischen Vorstoß veranlaßten sogar das Reichsjustizministerium, bei den an früheren Besprechungen beteiligten Ressorts anzufragen, ob bei diesen die Einführung des Registerpfandes angeregt worden sei. Es verwies in seinem Schreiben vom 22. 1. 1926 auf die in den Tageszeitungen geführten Erörterungen über die Einführung einer Mobiliarhypothek mit einem angeblich vom Großhandelsverband in Form einer Denkschrift aufgestellten Gesetzentwurf [61].

Tatsächlich war man jetzt in weiten Kreisen der Überzeugung, daß die Regierung in absehbarer Zeit von sich aus nicht die Initiative ergreifen würde, um ein Registerpfandrecht einzuführen [62].

[56] Vgl. die Notiz »Neue Formen des Kreditschutzes« in der Germania Nr. 33 v. 21. 1. 1926.
[57] Eine zustimmende Besprechung der Denkschrift mit Wiedergabe ihres wesentlichen Inhalts ist abgedruckt in der Frankfurter Zeitung Nr. 13 vom 6. 1. 1926.
[58] Denkschrift betr. Einführung des Registerpfandes, S. 7.
[59] A.a.O., S. 3 f., 6.
[60] A.a.O., S. 9.
[61] Akten des Preußischen Justizministeriums, Bl. 47.
[62] Vgl. Notiz »Kreditsicherung«, Germania Nr. 39 vom 24. 1. 1926.

4. Antrag Keinath im Reichstag

a) Die hinter dem Antrag Keinath stehenden Wirtschaftskreise

Da der Großhandel somit nicht hoffen konnte, daß sich die Regierung in Bälde zu einer legislatorischen Neugestaltung des Rechts der Kreditsicherung entschließen würde, blieb ihm nur der beinahe als klassisch zu bezeichnende Weg, durch unmittelbare Einwirkung auf die Gesetzgebung seine Kreditreformen zu erreichen.

Wie sich in den Verhandlungen mit dem Reichsjustizministerium herausgestellt hatte, war eine einseitige Einflußnahme des Großhandels von der Ministerialbürokratie durch Herbeiziehung anderer Wirtschaftsrepräsentationen neutralisiert worden. Darüber hinaus war sichtbar geworden, daß der Großhandel einen eigentlichen »Klubsesseleinfluß« in der gouvernementalen Sphäre nicht besaß, was in der damaligen Zeit wohl auch nur für die mächtigsten oder schon lange organisierten Wirtschaftsinteressen zutraf [63].

Anders war es mit dem Einfluß des Großhandels auf die Legislative bestellt. Hier war er nicht, wie es für das Lobby im eigentlichen Sinne typisch war, auf die Gewinnung einzelner Abgeordneter angewiesen, um überhaupt einen Initiativantrag im Reichstag einbringen zu können. Den Parteien der Mitte, insbesondere der Deutschen Volkspartei, gehörte eine Reihe von Abgeordneten an, die dem Großhandel in der mannigfaltigsten Weise nahe standen, ja einige Parlamentssitze wurden von leitenden Repräsentanten der Großhandelskörperschaften eingenommen [64]. So gehörten dem Reichstage 1924–1926 neben dem Gesetzesinitiator Keinath folgende Abgeordnete der Deutschen Volkspartei an [65]:

Dauch aus Hamburg als Vorstand der Bezirksgruppe Hamburg des Zentralverbandes sowie Dr. Kuhlenkampf aus Magdeburg als Mitglied des Zentralverbandes des Deutschen Großhandels.

Staatssekretär Meyer als Syndikus der Handelskammer Berlin und Mitglied des Ausschusses der Bezirksgruppe Berlin des Zentralverbandes war Mitglied der Deutschen Demokratischen Partei. Als weiterer Repräsentant des Großhandels muß auch der deutschnationale Abgeordnete Dr. Lejeune aus Berlin [66] genannt werden, der als Geschäftsführer des Zentralausschusses des Wollhandelsvereins in Leipzig die Interessen des Textilrohstoffgroßhandels im Reichstage vertrat [67].

Keinath selbst gehörte als Vertreter des Großhandels bis 1923 dem vorläufigen Reichswirtschaftsrat an, schied aber im Mai 1923 aus [68], und wurde 1924 in den Reichstag gewählt. Er war geschäftsführendes Präsidialmitglied des Präsidiums des Zentralverbandes des Deutschen Großhandels [69] und Vorsitzender des Reichs-

[63] Im Gegensatz zur Landwirtschaft oder der Groß- und Schwerindustrie hatte der Großhandel sich erst mit dem im Oktober 1916 gegründeten Zentralverband des Deutschen Großhandels eine entsprechende Interessenvertretung geschaffen.

[64] Vgl. Borell, Die soziologische Gliederung des Reichsparlaments, S. 57.

[65] Adreßbuch des Deutschen Großhandels, Ausgabe 1925, S. 19.

[66] Adreßbuch des Deutschen Großhandels, Ausgabe 1925, S. 19.

[67] A.a.O., Ausgabe 1925, S. XIII.

[68] Mitteilungen des Vorläufigen Reichswirtschaftsrats, 1923, Nr. 17, S. 77.

[69] Adreßbuch des Deutschen Großhandels, Ausgabe 1925, S. 22.

bundes des deutschen Handels mit landwirtschaftlichen Erzeugnissen und Bedarfsstoffen e. V. [70].

Am 29. 1. 1926 wurde von ihm ein Gesetzentwurf betreffend die Einführung des Registerpfandrechts im Reichstage eingebracht [71], der den Höhepunkt der Bestrebungen um die Reform des Kreditsicherungsrechtes darstellte.

Der vorgelegte Gesetzentwurf war von dem Mitglied des Zentralverbandes, Rechtsanwalt Dr. Heinrich Friedländer, juristisch ausgearbeitet worden [72] und stimmte wörtlich mit einem dem Reichsjustizministerium Anfang Februar 1926 übermittelten »Entwurf des Zentralverbandes des Deutschen Großhandels für ein Gesetz über die Einführung des Registerpfandrechts« überein [73].

b) Inhalt des Antrages Keinath

Der eingebrachte Gesetzentwurf folgt in seinen Grundzügen fast vollständig den Vorschlägen der Eingabe des Großhandels vom 18. 6. 1925 und brachte über diesen hinausgehend nur nähere Einzelausgestaltungen des einzuführenden Registerpfandes. Einige wesentliche Neueinfügungen zeigten jedoch, daß der Großhandel eine Reihe ihn berührender Fragen, die in der Eingabe vom 18. 6. 1925 noch nicht erwähnt waren, aber in der anschließenden Diskussion in den Vordergrund traten, in den Gesetzesantrag eingearbeitet hatte.

In dem ersten des 18 Paragraphen umfassenden Gesetzentwurfs wurde § 950 BGB durch Hinzufügung des folgenden Absatzes 3:

»Die Vorschriften des Absatzes 1 und 2 gelten nicht, insoweit die Vertragschließenden ein anderes vereinbaren.«

zu dispositivem Recht erklärt. Mit dieser ohne nähere Begründung eingefügten und in keinem näheren Zusammenhang mit dem übrigen Legislativbegehren stehenden Vorschrift versuchte der Großhandel, die schon in früheren Zeiten von anderen Wirtschaftskreisen angestrebte Ausdehnung und Verlängerung des Eigentumsvorbehaltes zu erreichen. Aufschlußreich in diesem Zusammenhang ist auch, daß der ebenfalls einer Publizität ermangelnde Eigentumsvorbehalt nunmehr nicht mehr zu den der Registerpflicht unterliegenden Kreditsicherungen gehören sollte. Beides war naturgemäß in der Folgezeit Gegenstand schärfster Kritik.

Der Großhandel hatte aber auch an die mit ihm in der Frage des Registerpfandrechts verbündeten Auskunfteien gedacht. In zwei Paragraphen des Entwurfs war bestimmt, daß derjenige, der ein berechtigtes Interesse an der Einsichtnahme darlegen kann, gegen Zahlung der Kosten die Erteilung von Abschriften und auf Ver-

70 A.a.O., S. XVI.

71 Drucksache Nr. 1811, Verhandlungen des Reichstags, III. Wahlperiode 1924/26; der Gesetzentwurf ist auch abgedruckt im Zentralblatt für Handelsrecht, 1926, S. 99–101.

72 Mitteilung Dr. Friedländers im Berliner Tageblatt Nr. 509 vom 28. 10. 1926; vgl. auch den Hinweis in der Deutschen Allgemeinen Zeitung Nr. 146 vom 27. 3. 1926. Über seine Beziehung zum Zentralverband s. die Mitgliederliste der Beratung vom 3. 7. 1925 im Reichsjustizministerium, Akten des Preußischen Justizministeriums, Bl. 34.

73 Denkschrift des Reichsjustizministeriums S. 6; Marcus, Zum Entwurf eines Gesetzes betreffend die Einführung des Registerpfandrechts, S. 97.

langen deren Beglaubigung verlangen kann und daß die Reichsregierung Bestimmungen über den Kreis derjenigen erlassen wird, die zur Einsichtnahme des Pfandregisters ohne weiteres als berechtigt gelten (§§ 15, 16 Ziffer 2). Damit durften sämtliche Anliegen der Auskunfteien, wie sie vom Verband der Vereine Creditreform in der Eingabe an den Reichsjustizminister vom 29. 1. 1925 vorgebracht worden waren, als erfüllt gelten; denn daß sie als gewerbliche Institute zur Beratung der Wirtschaft in Fragen der Kreditverhältnisse grundsätzlich ein berechtigtes Interesse an der Registereinsicht hätten und ihnen von der Regierung daher auch ein generelles Einsichtsrecht zuerkannt werden würde, konnte von niemandem bezweifelt werden.

Im übrigen war – im Gegensatz zur Eingabe vom 18. 6. 1925 – ein Registerpfandrecht nicht nur an Sachgesamtheiten, insbesondere solchen, die zu einem landwirtschaftlichen, forstwirtschaftlichen, gewerblichen oder einem solchen der sonstigen Urproduktion gehören, vorgesehen, sondern auch an einzelnen Gegenständen zulässig (§§ 2, 3) [74]. Die sonstigen Paragraphen [75] betrafen eine nähere Ausgestaltung des Registers, seines Inhalts sowie des schriftlich abzuschließenden Pfandvertrages und dessen Wirksamkeit mit Vertragsabschluß, falls der Vertrag binnen einer Woche nach Kontrahierung dem Registergericht eingereicht wird. Anderenfalls sollte seine Wirksamkeit erst mit der Niederlegung bei Gericht eintreten. Weitere Vorschriften brachten eine detaillierte Regelung über den gutgläubigen Erwerb des Registerpfandrechts [76], die Aufbewahrungspflichten des Verpfänders, die Verwertung bei Pfandreife und die Erstreckung des Pfandnexus auf die jeweils einer Sachgesamtheit mit wechselndem Bestande einverleibten Gegenstände und auf Ersatzstücke für beschädigte, verlorene oder sonstige entzogene Pfandsachen.

Abschließend war neben Ausnahmeregelungen vorgesehen, daß mit Inkrafttreten dieses Gesetzes Sicherungsübereignungen an Gegenständen, deren Verpfändung mittels Registerpfand zulässig ist, nicht mehr begründet werden können und bestehende Sicherungsübereignungsverträge binnen vier Monaten bei den Registergerichten niederzulegen sind.

[74] § 3 des Antrages Keinath hatte folgenden Wortlaut: »Mittels Registerpfandrechts können bewegliche Sachen, einzeln oder als Sachgesamtheit, verpfändet werden, die zu einem landwirtschaftlichen, forstwirtschaftlichen, gärtnerischen oder gewerblichen Betriebsvermögen gehören. Als Gewerbe im Sinne dieses Gesetzes gelten auch der Bergbau und die sonstige Ausbeute von Grund und Boden; als Gewerbe gilt nicht die Ausübung eines freien Berufes. In den Fällen der §§ 421, 450, 647 HGB, §§ 26, 72 Binnenschiffahrtsgesetz ist die Verpfändung mittels Registerpfandes nicht zulässig.«

[75] Der Inhalt des Gesetzesantrages ist inhaltlich wiedergegeben in der Vossischen Zeitung Nr. 53 vom 1. 2. 1926 und in der Germania Nr. 56 vom 3. 2. 1926.

[76] Eines der diffizilsten Probleme des vorgeschlagenen Registerpfandrechts war die Frage des gutgläubigen Erwerbs von Pfandrechten, insbesondere das Verhältnis zu den nicht in öffentliche Bücher eingetragenen Pfandrechten. Die Frage des gutgläubigen Pfandrechtserwerbs warf u. a. die Frage der Möglichkeit des Eigentumsvorbehalts in Gestalt des Abzahlungsgeschäfts auf; vgl. Mitteilungen der Industrie- und Handelskammer zu Berlin, 1925, Nr. 12, S. 696 ff. (700).

5. Die Idee des Handelsbuches als Abwehrinstrument der Banken gegen die Reformbestrebungen des Großhandels

a) Verhandlungen des Deutschen Industrie- und Handelstages am 4. 2. 1926

Es war offensichtlich, daß die Banken diesen parlamentarischen Vorstoß des Großhandels nicht ohne Widerspruch hinnehmen würden. Um ihrem Gegenangriff ein unparteiisches Gepräge zu geben und vor allem die Kreise der Wirtschaft zu sammeln, die dem Großhandelsplan ebenfalls ablehnend gegenüberstanden, mußten die Banken ihre Kritik am Registerplan auf einem neutralen Forum vortragen. Ein solches fanden sie im Deutschen Industrie- und Handelstag, der auf den 4.2.1926 eine Sitzung des Bankausschusses anberaumte, auf dessen Tagesordnung als erster Verhandlungsgegenstand die Frage: »Sicherungsübereignung und Registerpfandrecht« stand [77]. Die Geldkreditgeber konnten diesen Verhandlungen in Ruhe entgegensehen, da die überwiegende Mehrheit dieses Sonderausschusses aus Vertretern der Banken zusammengesetzt war [78].

Der Berichterstatter Dr. Koch aus Stuttgart trat in seinem Referat für die Ende Januar 1925 dem Reichsjustizminister vorgelegten Vorschläge der Vereine Creditreform ein und befürwortete neben einer abgeschwächten Publizität der Sicherungsübereignung wiederum die Umgestaltung des § 950 BGB zu einer Vorschrift des dispositiven Rechts [79].

Von dem Gesetzentwurf des Großhandels distanzierte allerdings auch er sich. Wenn er auch in dem Register keine Gefährdung des Personalkredits sah, so warf er jedoch gegenüber den Wünschen des Zentralverbandes die Frage auf, ob das öffentliche Pfandbuch nicht zu teuer erkauft werde, da das Register ja doch stets hinter der wirtschaftlichen Realität hinterherhinken werde. Entsprechende Institute des englischen und französischen Rechts hielt er angesichts der in diesen Ländern gemachten Erfahrungen, insbesondere mit der Sachgesamtheitsverpfändung für nicht nachahmenswert [80]. Dr. Koch war der Überzeugung, daß die durch Preisgabe der Beweglichkeit in der Kreditsicherung viel zu teuer erkaufte Publizität der Sicherungsübereignungen nur wenige Handelskammern zur Befürwortung des Großhandelsvorschlages veranlaßt habe.

Im Interesse *aller*, nicht nur *eines* Kreditgebers hielt er aber eine größere Offenkundigkeit der Sicherungsübereignungen im Anschluß an die Eingabe der Vereine Creditreform für notwendig. Er befürwortete deshalb eine Regelung, nach der die Sicherungsübereignung Dritten gegenüber nur dann geltend gemacht werden kann, wenn sie im Sicherungsregister eingetragen ist, und zwar dergestalt, daß die Eintragung eine Vermutung für die Richtigkeit der eingetragenen Tatsache begründet.

[77] Eine zusammenfassende Darstellung der Beratungen des Bankausschusses ist wiedergegeben in der Frankfurter Zeitung Nr. 99 vom 6. 2. 1926 und in der Magdeburgischen Zeitung Nr. 67 vom 7. 2. 1926.

[78] Vgl. den Artikel »Registerpfandrecht oder Pfandbuch des Schuldners« im Berliner Tageblatt Nr. 112 Vom 7. 3. 1926.

[79] Verhandlungen des Deutschen Industrie- und Handelstages, 1926, Heft 1, S. 11, 12.

[80] Verhandlungen des Deutschen Industrie- und Handelstages, 1926, Heft 1. S. 14.

Solange die Sicherungsübereignung nicht eingetragen ist, sollte sie zwar Rechtswirksamkeit zwischen den Vertragsparteien haben, Dritten aber nicht entgegengehalten werden können.

Der Eintragung sollte nach Ansicht des Berichterstatters grundsätzlich nur deklaratorischer, nicht konstitutiver Charakter beigelegt werden [81].

Im Gegensatz zum Großhandel trat er aber auch für die Einbeziehung des Eigentumsvorbehaltes in die Registerpflicht ein, dessen Publizität er ebenfalls als im Interesse aller Wirtschaftsbeteiligten liegend ansah [82]. Dieser Vorschlag war natürlich geeignet, das Interesse des Großhandels an der Publizität von Kreditunterlagen erheblich zu mindern.

Um einen besseren Kreditschutz aller Gläubiger durch die dargelegten Grundsätze einer abgeschwächten Publizität der Sicherungsübereignung zu erreichen, schlug er folgenden Leitsatz zur Annahme durch den Bankausschuß vor [83]:

»Die dinglich geartete Sicherungsübereignung, der Eigentumsvorbehalt und ähnliche Rechtsverhältnisse sind aus Gründen der Verkehrssicherheit offenkundig zu machen durch ein beim Amtsgericht zu führendes (Kredit- oder Pfand-)Register, in das die Sicherungsübereignung von Sachgesamtheiten, Eigentumsvorbehalte und ähnliche Rechtsverhältnisse unter Angabe der Gläubiger der Forderung und der Zeit des Vertragsabschlusses eingetragen werden; Sicherungsübereignungen an Sachgesamtheiten, Eigentumsvorbehalte und ähnliche Rechtsverhältnisse dürfen nur dann Dritten entgegengehalten werden, wenn sie eingetragen sind.«

Das Zweitreferat wurde von dem Bankier Leopold Merzbach, dem Geschäftsführer des Bankgeschäftes A. Merzbach, aus Frankfurt am Main gehalten. Seine Ausführungen legten in aller Schärfe den Standpunkt der Banken dar und hatten ihren Kernpunkt in einer ausführlichen Kritik des Registervorschlages. Die Mängel des Registerpfandrechts sah er vor allem in der Schwierigkeit einer gesetzlichen Festlegung dessen, was unter einer Sachgesamtheit zu verstehen ist, insbesondere ob Forderungen darin eingeschlossen werden oder sogar das gesamte Betriebskapital von ihm erfaßt werden soll [84]. Nicht zu Unrecht sah Merzbach auch Kollisionsmöglichkeiten zwischen den Rechten des Mobiliar- und des Immobiliarhypothekengläubigers voraus, insoweit zu einer Sachgesamtheit gehörende Gegenstände wie Teile des Maschinenparks in Gestalt von Zubehör sowohl hypothekarisch verhaftet sind als auch dem Registerpfand unterliegen. Überhaupt hielt er eine Sachgesamtheitsverpfändung für höchst unglücklich, da sie das Streben anderer Gläubiger des Verpfänders nach bevorrechtigter Befriedigung im Falle des Konkurses hervorzurufen pflege, wie dies der Fall sei bei den Forderungen der Angestellten und des Fiskus, daß Gehälter sowie Steuerforderungen jeder Sachgesamtverpfändung im Range vorzugehen haben.

[81] Verhandlungen, a.a.O., S. 15, 16.
[82] Verhandlungen, a.a.O., S. 16.
[83] Verhandlungen, a.a.O., S. 17.
[84] Verhandlungen des Deutschen Industrie- und Handelstages, 1926, Heft 1, S. 18; die von den Befürwortern des Registerpfandes als eine ausreichende Individualisierung der Sachgesamtheit angesehene Angabe des Lagerortes der zu ihr gehörenden Gegenstände dürfte kaum eine für den Rechtsverkehr brauchbare Konkretisierung der pfandverhafteten Einzelsachen sein; vgl. Weisweiler, Die Reform der Sicherungsübereignung unter besonderer Berücksichtigung der Einführung eines Registerpfandrechts, S. 51 f.; Feilner, Sicherungsübereignung oder Registerpfand?, S. 107 f.

Durch die Sachgesamtheitsverpfändung könnte somit ein Zustand eintreten, der für den gedeckten Gläubiger ungünstiger ist als bei der sich lediglich auf einzelne Gegenstände erstreckenden Sicherungsübereignung.

Bei der Verpfändung von Sachinbegriffen müsse zudem, sofern man einen geordneten Geschäftsbetrieb nicht unmöglich machen wolle, dem Schuldner die Veräußerung einzelner Sachen gestattet sein, was in der Praxis bei schwach werdenden Schuldnern dazu führe, daß im Falles des Konkurses die wertvollen Güter veräußert würden und nur die minderwertigen zur Deckung übrigblieben [85].

Im übrigen vermehre bei einer Gesamtsachverpfändung jeder weitere Lieferant den Wert des Pfandes des erstrangigen Berechtigten, wobei selbst dieser trotz Registereintragung bei Wertminderung der verpfändeten Sachen einen Ausfall erleiden könne.

Merzbach hielt zudem eine vorhergehende Registereinsicht im modernen Geschäftsverkehr, bei dem Geschäftsabschlüsse oft fernmündlich oder durch Telegrammwechsel zustande kommen, für weitgehend illusorisch, ganz abgesehen von der Scheu der Geschäftswelt, ihr Kreditbedürfnis in einem Register offenkundig zu machen [86].

Außerdem sah er in der Bestimmung, daß die Verpfändung mit Vertragsabschluß wirksam wird, sofern die Vertragsurkunde binnen einer Woche beim Gericht niedergelegt wird, erhebliche Schwierigkeiten für den Fall voraus, daß jemand im Vertrauen auf fehlende Registerbelastungen geliefert hat. Wenn man dem Lieferanten, so meinte Merzbach, in diesem Falle das Recht zum Rücktritt gebe, so würde eine ungeheure Unsicherheit in den Geschäftsverkehr hineingetragen werden.

Interessant inmitten dieser Kritik, der man eine Berechtigung gerade vom Standpunkt juristischer Praktikabilität nicht wird absprechen können, ist die freimütige Erklärung von Merzbach darüber, was den Banken die Sicherungsübereignung besonders geeignet als Kreditunterlage erscheinen ließ: sie ist für den gesicherten Gläubiger die beste Sicherung, weil dieser bei ihrer Verwertung in der Zwangsvollstreckung Dritter und sonstiger Illiquidität des Schuldners nicht an die im Pfandrecht geltenden Vorschriften gebunden ist [87].

Die Banken haben ja stets diese leichte Verwertung der Sicherungsobjekte als einen Vorteil angesehen, der auch den Interessen des Schuldners gerecht würde. Tatsächlich ist der Hinweis nicht unberechtigt, daß bei der Pfandversteigerung in den meisten Fällen die Veräußerungen des Sicherungsobjektes erheblich unter dem Wert erfolgt, der bei einem freihändigen Verkauf zu erzielen wäre. In noch höherem Maße gilt das für exportierte Waren, die sicherungsübereignet sind. Sie müssen bei Verwertung nach den Pfandrechtsregeln mit erheblichen Kosten für Fracht und Lagerung zurücktransportiert werden, wobei neben dem Verschleuderungseffekt der öffentlichen Versteigerung noch der Verlust durch die Differenz zwischen Inlands- und Auslandspreisen zu treten pflegt [88].

[85] Verhandlungen, a.a.O., S. 18.
[86] Verhandlungen, a.a.O., S. 19.
[87] Verhandlungen, a.a.O., S. 18.
[88] Koch, Der Warenkredit der Banken, S. 57; derselbe, Kredit im Recht, S. 88.

Darüber hinaus gibt ja die Sicherungsübereignung als Spezialpfand an besonders ausgesuchten wertvollen Objekten den Gläubigern Kontrollmöglichkeiten, die beim Registerpfand an Sachgesamtheiten, insbesondere eines solchen mit wechselndem Warenbestande von vornherein unmöglich sind [89].

Zum Schluß seiner Ausführungen griff Merzbach eines der wirksamsten Argumente der Banken wieder auf, um die Warenlieferanten im allgemeinen von dem Großhandelsvorschlag abzuschrecken: wer für die Sicherungsübereignung die Registerpflicht eingeführt wissen will, der muß auch den Eigentumsvorbehalt und andere Rechtsvorgänge wie den der kommissionsweisen Überlassung von Waren, durch Registereintragung die fehlende Besitzpublizität ersetzen [90]. Neben der notwendigen Vergrößerung und Verteuerung des Behördenapparates, der mit der Einführung des Registers zwangsläufig verbunden wäre und den damaligen Bestrebungen des Verwaltungsabbaus widersprach, führte Merzbach aber auch eine Reihe von volkswirtschaftlichen Gründen an, die besonders in der Zeit der Krise die Einführung des Registers als ungeeignet erscheinen lassen mußten. Die Verteuerung der Warenpreise durch die obligatorische Registrierung von Verpfändungen mußte zu einer Verlangsamung des Warenverkehrs führen und damit eine verminderte Umlaufgeschwindigkeit nach sich ziehen, die ja gerade eine der Ursachen der Depression darstellte.

Merzbach bestritt auch die Ansicht des Großhandels, daß die gegenwärtige Wirtschaftskrise eine Kreditkrise sei. Er sah vielmehr ihre Ursachen in einer Produktions- und Absatzkrise, deren Überwindung seiner Ansicht nach in der Rationalisierung der Produktion und in einem verstärkten Absatz zu suchen war. Die Überwindung der Vertrauenskrise hingegen, in der man sich befand, könne nicht durch Abschaffung bestehender Einrichtungen erfolgen, zumal sich das Ausland an die Sicherungsübereignung gewöhnt habe [91].

Zum Abschluß seiner Ausführungen setzte Merzbach einen Diskussionsvorschlag auf die Tagesordnung, der als Gegenvorschlag bei den weiteren Verhandlungen über das Registerpfandrecht eine entscheidende Rolle spielte. Es war der Alternativplan der Banken zum Großhandelsvorschlag, der zwar ebenfalls keine Aussicht auf Realisierung hatte, da er zu offensichtlich den Interessen der Geldkreditgeber zu dienen geeignet war, der jedoch in der Folgezeit ständig in der Diskussion blieb.

Der Vorschlag der Banken bestand in der Einführung eines sogenannten *Handelsbuches*, in das sämtliche Sicherungsübereignungen einzutragen waren. Außerdem sollten getrennt die gedeckten und ungedeckten Gläubiger von dem Schuldner in den Bilanzen ausgewiesen werden [92].

Das Handelsbuch, das Merzbach vorschlug, sollte ein von den Behörden abgestempeltes Buch sein, dessen Folien amtlich zu kontrollieren wären.

[89] Verhandlungen, a.a.O., S. 19.
[90] Verhandlungen, a.a.O., S. 20.
[91] Verhandlungen, a.a.O., S. 20 und 21.
[92] Verhandlungen, a.a.O., S. 22.

Als 7. Punkt seiner Leitsätze schlug er dem Ausschuß daher zur Entscheidung vor [93]:

»Der Bankausschuß des Deutschen Industrie- und Handelstags sieht infolgedessen in der Einführung der Mobiliarhypothek und des Registerpfandes weder eine juristische noch eine sachliche Verbesserung. Er ist der Meinung, daß anomale Zustände wie die heutigen nicht eine Gesetzesänderung veranlassen sollten. Er vermag zur Besserung der bestehenden Verhältnisse allenfalls eine Eintragungspflicht von Sicherungsübereignungen in ein vom Schuldner zu führendes, durch einmalige behördliche Beglaubigung abgestempeltes Geschäftsbuch, ferner die Trennung von gedeckten und ungedeckten Gläubigern in der Bilanzaufstellung und schließlich eine Verschärfung der Konkursvorschriften zu befürworten.«

Es war selbstverständlich, daß diese Ausführungen und der Vorschlag über ein Handelsbuch den erbittertsten Widerstand des Großhandels fanden. Daß der Gedanke des Handelsbuches nicht nur der geniale Einfall eines Bankiers, sondern ein Vorstoß der gesamten Bankwirtschaft war, den Merzbach nur angekündigt hatte, zeigte der nächste Diskussionsbeitrag eines Bankenvertreters, Rechtsanwalt Dr. Bernstein vom Centralverband des Deutschen Bank- und Bankiergewerbes [94]. Im Namen des von ihm auf dem Ausschuß vertretenen Centralverbandes schloß er sich der scharfen Kritik Merzbachs an dem Großhandelsvorschlage an und legte dem Deutschen Industrie- und Handelstag einen von der Bankwelt ausgearbeiteten Gesetzentwurf, betreffend die Verpflichtung zur Führung eines Buches über unsichtbare Sicherungsverträge, vor [95]. In diesem war bis ins einzelne die Eintragung von Sicherungsübereignung und Eigentumsvorbehalt geregelt. Die Eintragung sollte die genauen Angaben über die Person des Vertragsgegners, über die vom Vertrage betroffenen Gegenstände sowie über den Zeitpunkt des Vertragsabschlusses enthalten.

Der vom Centralverband des Deutschen Bank- und Bankiergewerbes vorgelegte Gesetzentwurf unterschied sich von dem Vorschlag Merzbachs nur darin, daß keine behördliche Abstempelung des Buches vorgesehen war, um nicht den Anschein gewisser behördlicher Aufsichtsfunktionen zu erwecken, die als nicht standeswürdig empfunden wurden. Rechtsanwalt Bernstein stimmte im übrigen der Kritik von Merzbach zu, vermerkte aber in pointiert ironischer Weise, daß er in den Ausführungen des Vertreters des Großhandels auf dieser Verhandlungstagung ebenso die Registrierung des Eigentumsvorbehaltes vermißt habe, wie er diese Seite der Publizität nicht im Entwurf des Centralverbandes des Deutschen Großhandels habe finden können, obwohl doch angesichts der Bedeutung, die der Eigentumsvorbehalt für den Großhandel habe, man doch auch an dessen Registrierung haben denken müssen [96].

Bei den weiteren Verhandlungen stellte sich heraus, daß Geheimrat Dr. Hieckmann vom Zentralverband des Deutschen Großhandels [97] so gut wie fast der ein-

[93] Verhandlungen, a.a.O., S. 24.

[94] Rechtsanwalt Otto Bernstein war geschäftsführendes Vorstandsmitglied des Centralverbandes, s. Bank-Archiv, 25. Jahrg., Nr. 7, S. 133.

[95] Die Ausführungen Bernsteins sind wiedergegeben in Verhandlungen, a.a.O., S. 28–31.

[96] Verhandlungen, a.a.O., S. 29.

[97] Geheimrat Dr. Hieckmann als Vorstandsmitglied des Zentralverbandes des Deutschen Großhandels war Geschäftsführer folgender Wirtschaftsverbände: Reichsverband der Vereinigungen des Drogen- und Chemikalienfaches e.V., Verein der Drogen- und Chemi-

zige Befürworter des Registerpfands war. Abgesehen von den technischen und juristischen Unzulänglichkeiten, die dem vorgeschlagenen Registerpfandrecht anhafteten und deren Klärung noch ausstand [98], war es für eine Reihe von Ausschußmitgliedern der Gedanke, daß das Registerpfand genauso wie die Sicherungsübereignung in erster Linie dem stärkeren Gläubiger, also den Banken, zur Verfügung stehen würde, der sie zu einer Ablehnung der vom Großhandel erwünschten Reform des Kreditsicherungsrechtes bewog [99]. Damit entfiel das Hauptargument, mit dem der Großhandel sein Ziel einer Kreditsicherung und mehr noch der Krediterkundung durch das Registerpfandrecht zu erreichen hoffte.

Der Vertreter der Handelskammer Hamburg betonte wie im Herbst des vergangenen Jahres das Interesse des Hamburger Import- und Exportgroßhandels an der Sicherungsübereignung, dessen Interesse an der Beibehaltung des gegenwärtigen Kreditsicherungsrechts somit identisch mit dem der Geldkreditgeber war. Als typisches Beispiel für die Notwendigkeit der Beibehaltung der Sicherungsübereignung für den Importhandel führte er folgende Erwägungen an:

»In den großen Importgeschäften ist es so, da kommt das Konnossement an, und die Ware kommt auch an. Aber das Konnossement ist an die Bank verpfändet. Selbstverständlich gibt ihm die Bank das Konnossement gegen Sicherungsübereignung heraus mit der Maßgabe, daß er die Ware irgendwo im Reiche vertreiben kann, und nun soll in diesem Fall immer erst mit diesem Register mit den notwendigen Eintragungen und Löschungen hinterhergelaufen werden.« [100]

Aus diesen Gründen sah Dr. Leuckfeld das Register als für den Hamburger Großhandel inopportun an und hielt es für ein dem großen Geschäfte, insbesondere aber dem Auslandsgeschäfte inadäquates Kreditsicherungsmittel.

Interessant in der weiteren Diskussion war die Tatsache, daß die Prophezeiung der Banken, wer die Sicherungsübereignung registrieren wolle, müsse das auch mit dem Eigentumsvorbehalt tun, lebhaften Widerhall fand und die am Eigentumsvorbehalt interessierten Gläubigergruppen zur Ablehnung des Registerplanes veranlaßte. Direktor Hausmann vom Reichsverband der Deutschen Industrie führte daher bei seiner Ablehnung des Registerpfandes auch aus, daß der Registergedanke nicht nur die Tendenz in sich trage, »daß die Sicherungsübereignung in Zukunft nicht mehr Platz greifen kann, sondern daß auch praktisch Eigentumsvorbehalte nicht mehr durchgeführt werden können. Man rüttelt an einer Reihe der wesentlichsten Grundlagen, unter denen überhaupt Kredite bisher möglich waren« [101].

kaliengroßhändler Deutschlands e.V., Reichsverband des Deutschen Nahrungsmittel-Großhandels e.V. Weiterhin war er einer der Vorsitzenden der Vereinigung Deutscher Kleiderstoff-Grossisten e.V. Adreßbuch des Deutschen Großhandels, Ausgabe 1925; an Stelle des ausgeschiedenen Otto Keinath vertrat er als Abgeordneter seit Juni 1923 den Großhandel im Reichswirtschaftsrat; Mitteilungen des Vorläufigen Reichswirtschaftsrats, 1923, Nr. 22, S. 96.

[98] Sie betrafen insbesondere die Frage, wie die Prüfung der eintragungsfähigen Tatsachen und die Löschung der Pfandbelastungen erfolgen sollte; vgl. Verhandlungen, a.a.O., S. 29 f., 34, 41.

[99] Verhandlungen, a.a.O., S. 36, 40.

[100] Verhandlungen, a.a.O., S. 32.

[101] Verhandlungen, a.a.O., S. 34.

Das Positive im Großhandelsvorschlag erblickte er lediglich darin, daß für die Sicherungsübereignung in der Praxis künftig schärfere Voraussetzungen als bisher geschaffen würden. Der Wunsch der Erschwerung von Sicherungsübereignungen, die den durch Eigentumsvorbehalten gesicherten Gläubigern zugute kommen mußte, zeigte aber, daß es denjenigen Lieferanten, die eine Sicherung der von ihnen gewährten Warenkredite durchzusetzen wußten, lediglich auf eine tatsächliche Gleichstellung des Eigentumsvorbehaltes mit der Sicherungsübereignung in der Praxis des Wirtschaftslebens ankam.

Justizrat Waldschmidt als Sprecher der Maschinenbauindustrie ließ dann auch keinen Zweifel daran, daß die gesicherten Warenlieferanten keine Einheitsfront mit dem Großhandel einzugehen gedachten. Was dieser Industriezweig von dem Pfandregister, das auch zur Forderung nach einer Offenkundigkeit des Eigentumsvorbehaltes führen konnte, hielt, sprach Waldschmidt klipp und klar aus [102]:

»Die Maschinenbauanstalten haben nicht etwa erst jetzt in diesen krisenhaften Zeiten, sondern seit 50 Jahren in ihren Lieferungsbedingungen den Passus, daß das Eigentum von dem Lieferanten auf den Besteller fest erst übergeht nach vollständiger Zahlung. Meine Herren! Ich glaube, die Maschinenlieferanten bedanken sich für dieses Geschenk ... Sie betrachten es als ein Danaergeschenk; denn es würde den Geschäftsverkehr und den Absatz der Maschinen erschweren. Es müßten ja dann auch die Kunden, die Maschinen kaufen, jedesmal sich gefallen lassen, in das Register eingetragen zu werden. Das sind alles Firmen, die sich dafür bedanken werden.«

Es war somit in der Diskussion offenbar geworden, daß diejenigen Warengläubiger, die nicht wie der Großhandel ungesicherte Kredite zu geben pflegten, an einer Beseitigung der Sicherungsübereignung keinerlei Interesse hatten, ihnen vielmehr höchstens an einer Stärkung des Eigentumsvorbehaltes gelegen war.

Selbst der Vertreter der Handelskammer Magdeburg, die an sich dem Großhandelsplan nicht direkt feindlich gegenüberstand, ließ durchblicken, daß die Problematik für den Warengläubiger wohl doch mehr in der Durchsetzung der ihm gemäßen Sicherheiten als in der Beseitigung der Sicherungsübereignung bestand, wenn er auch die alten Klagen über die Schädigung der ungedeckten Gläubiger durch die Sicherungsübereignung erhob. Ihnen stimmte natürlich Hieckmann zu, der seine Angriffe gegen die einseitige Sicherstellung der gedeckten Gläubiger richtete und hierdurch den Gedanken des Registerpfandrechts zu verteidigen suchte [103], der offensichtlich keinen Anklang gefunden hatte.

Aufschlußreich war auch die skeptische Ablehnung des Registervorschlages durch den Vertreter des Einzelhandels. Sie zeigte, daß die Interessenlage des Detail- und Großhandels doch eine verschiedene war [104].

Aber auch der Idee des Handelsbuches wurde in der Diskussion keine ungeteilte Anerkennung zuteil. Mit Recht wurde darauf hingewiesen, daß viele Warengläubiger, die nicht eine derartige privilegierte Stellung haben, es gar nicht wagen würden, nach einem derartigen Buch zu fragen [105].

[102] Verhandlungen, a.a.O., S. 41.
[103] Verhandlungen, a.a.O., S. 37–39.
[104] Verhandlungen, a.a.O., S. 40.
[105] Verhandlungen, a.a.O., S. 32, 35, 36, 37, 39, 41; vgl. Zwingmann, Die volkswirtschaftliche Bedeutung der Sicherungsübereignung, S. 60.

Auch gegen die Offenlegung von gedeckten und ungedeckten Gläubigern in den Bilanzen wurde insbesondere von der Industrie Front gemacht. Sie sah schon in dem nach dem Ersten Weltkriege eingeführten Zwang zur Einreichung der Bilanzen an die Finanzämter eine unheilvolle Entwicklung, die durch eine getrennte Ausweisung von gedeckten und ungesicherten Gläubigern eine weitere Verstärkung erfahren würde [106].

Trotz der geteilten Aufnahme, die auch das Handelsbuch gefunden hatte, nahm der Bankausschuß zum Schluß eine Entschließung an, die die Einsetzung einer Kommission zur weiteren Prüfung der aufgeworfenen Fragen vorsah. Die Mitglieder der Kommission wurden von dem Präsidenten der Berliner Handelskammer, von Mendelsohn, der sich schon in den Jahren 1910 bis 1912 gegen das Registerpfandrecht ausgesprochen hatte, vorgeschlagen und von dem Bankausschuß bestätigt. Die Kommissionsmitglieder waren nicht nur fast ausschließlich Gegner des Großhandelsplanes, sondern sie standen zum überwiegenden Teil auch positiv dem Handelsbuchvorschlag der Banken gegenüber [107].

b) Tagung des Sonderausschusses des Deutschen Industrie- und Handelstages am 11. Februar 1926

Am 11. 2. 1926 verhandelte dieser Sonderausschuß des Deutschen Industrie- und Handelstages über die Frage der Einführung des Registerpfandrechts oder des von den Banken vorgeschlagenen Handelsbuches. Der Sonderausschuß bemängelte zwar die durch die Sicherungsübereignung hervorgerufenen augenblicklichen Mißstände auf dem Gebiet des Kreditsicherungsrechts. Er schloß sich aber voll und ganz den von Merzbach vorgetragenen Gründen gegen das Registerpfandrecht an und bezeichnete in seinen einstimmig angenommenen Beschlüssen den vom Zentralverband und vom Antrag Keinath vorgeschlagenen Weg als ungangbar.

Zwar verwarf er den Vorschlag Merzbachs, eine Trennung von gedeckten und ungedeckten Gläubigern in der Bilanzaufstellung vorzuschreiben. In seinen Beschlüssen stimmte er der Einführung des vorgeschlagenen Handelsbuches zu und führte in seinen Leitsätzen hierzu u. a. aus [108]:

»Als geeignetes Mittel zur Abstellung der gegenwärtigen Mißstände erscheint nicht die Einführung einer allgemeinen Publizität, sondern die Schaffung eines privaten Offenlegungszwanges für alle diejenigen Rechtsgeschäfte eines Schuldners, die einem Gläubiger nach außen hin unerkenntliche Sicherungen verschaffen. Dementsprechend ist dem Schuldner die Pflicht aufzuerlegen, derartige Geschäfte, d. h. Sicherungsübereignungen, Eigentumsvorbehalte und sonstige Geschäfte, die ein Auseinanderfallen von unmittelbarem Besitz und Eigentum bedingen, in ein besonderes Handelsbuch einzutragen. Eine Eintragung von zur Sicherung der Gläubiger erfolgten Abtretung von Außenständen kommt nicht in Frage. Die zivilrechtliche Gültigkeit der in Frage kommenden Geschäfte soll durch die Eintragung in das Handelsbuch unberührt bleiben, dagegen muß die ordnungsmäßige Anwendung und Führung des Handelsbuches durch Strafvorschriften gesichert werden. Desgleichen ist ein rechtswidriger Gebrauch des Buches mit Strafe zu belegen. Um nach Möglichkeit Fälschungen und Verfälschungen zu vermeiden, muß das Handelsbuch gebunden und maschinell paginiert sein.«

[106] Verhandlungen, a.a.O., S. 36.
[107] Verhandlungen, a.a.O., S. 42.
[108] Verhandlungen, a.a.O., S. 43, 44.

Demgemäß bezeichnete der Sonderausschuß einen sechs Paragraphen umfassenden »Entwurf eines Gesetzes betreffend die Verpflichtung zur Führung eines Buches über unsichtbare Sicherungsverträge« als geeignetes Mittel zur Behebung der mit der Sicherungsübereignung verbundenen Mißstände. Nach § 1 dieses Gesetzentwurfes sollten Waren, Geschäftsinventar und sonstige der Benutzung oder Veräußerung im Betriebe eines Handelsgewerbes dienende Sachen, die sich kraft eines besonderen Vertragsverhältnises zwar im Eigentum des Fiduziars, aber im Besitz des Fiduzianten befinden oder mit einem nicht erkennbaren Pfandrecht belastet sind, in ein Handelsbuch eingetragen werden [109]. In diesem Handelsbuch sollen weiterhin genaue Angaben über die Person des gesicherten Gläubigers, über die vom Vertrage betroffenen Gegenstände sowie über den Zeitpunkt des Vertragsabschlusses enthalten sein. In den folgenden §§ 2–5 waren Strafen für die Nichtführung oder nicht ordnungsgemäße Führung bzw. das Gebrauchmachen eines unvollständig oder falsch geführten Handelsbuches im Rechtsverkehr vorgesehen. Nach der letzten Bestimmung des Entwurfes war die Reichsregierung ermächtigt, im Verordnungswege auch den eine besitzlose Sicherung gewährenden Schuldnern anderer Erwerbszweige die Führung eines Handelsbuches aufzuerlegen [110].

In einem Schreiben vom 18. 2. 1926 unterbreitete der Deutsche Industrie- und Handelstag dem Reichsjustizminister den Gesetzentwurf [111]. In der den Entwurf erläuternden ausführlichen Stellungnahme wies er darauf hin, daß sich lediglich ein Drittel aller Handelskammern für das Registerpfandrecht ausgesprochen hätte. Wie von den Gegner des Registerpfandrechts auf der Tagung des Bankausschusses wurde auch jetzt besonders betont, daß der Mangel der Publizität neben der Sicherungsübereignung insbesondere auch dem Eigentumsvorbehalt und dem Kommissionsgeschäft anhafte. Es müsse daher bei der Reform des Kreditsicherungsrechtes für eine allgemeine Durchführung der Besitzpublizität gesorgt werden [112]. Der Industrie- und Handelstag forderte demgemäß, in die Pflicht zur Eintragung in das Handelsbuch »alle Verträge einzubeziehen, die dem Gläubiger eine Sicherung verschaffen, die nach außenhin nicht erkenntlich ist, weil die als Sicherheit dienen-

[109] § 1 des Entwurfes hatte folgenden Wortlaut: »Sofern Waren, Gegenstände des Geschäftsinventars und sonstige der Benutzung oder Veräußerung im Betriebe eines Handelsgewerbes dienende bewegliche Sachen auf Grund eines besonderen Vertragsverhältnisses zwischen dem Unternehmer und einer anderen Person (Sicherungsübereignung, Eigentumsvorbehalt und ähnliches) sich zwar im unmittelbaren Besitz des Unternehmers, jedoch im Eigentum des Vertragsgegners befinden oder mit einem äußerlich nicht erkennbaren Pfandrecht zu Gunsten des Vertragsgegners belastet sind, ist der Unternehmer verpflichtet, über diese Vertragsverhältnisse eine Eintragung in einem besonderen Handelsbuch vorzunehmen, das gebunden und mit fortlaufenden, auf mechanischem Wege angebrachten Seitenzahlen versehen sein muß. Die Eintragung muß genaue Angaben über die Person des Vertragsgegners, über die vom Vertrage betroffenen Gegenstände sowie über den Zeitpunkt des Vertragsabschlusses enthalten.«

[110] Eine ausführliche Darlegung der Einzelheiten gibt Zwingmann, Die volkswirtschaftliche Bedeutung der Sicherungsübereignung, S. 61, 62.

[111] Akten des Preußischen Justizministeriums, Bl. 72 ff.

[112] A.a.O., Bl. 73.

den Gegenstände im unmittelbaren Besitz des Schuldners verbleiben, neben Sicherungsübereignungen also in erster Linie Eigentumsvorbehalte« [113].

Der Industrie- und Handelstag war der Überzeugung, daß das Registerpfandrecht in seinen wirtschaftlichen Auswirkungen nicht nur zu einer gesunden Kreditrestriktion führen würde, sondern eine Kreditzerstörung zur Folge hätte, die die konjunkturelle Situation der sich als Absatzkrise darstellenden Depression verschärfen würde. Das war nach seiner Ansicht um so bedenklicher, als sich das Ausland an die Sicherungsübereignung gewöhnt hatte und das vorgeschlagene Register eine Reihe erheblicher Mängel aufwies [114]. Der Industrie- und Handelstag konnte mit Recht auf die Diskrepanz hinweisen, die in folgendem bestand: Ein einfach zu handhabendes Register wie es Keinath in Form einer Kartothek vorgeschlagen hatte, barg eine Fülle ungelöster juristischer Probleme in sich, die Anlaß zu Prozessen bieten und außerdem die unlautere Ausnutzung des Registers zu betrügerischen Zwecken sehr erleichtern würde. Ein juristisch und verwaltungstechnisch vollkommenes Register, bei dem Eintragungen und auch Löschungen einer genauen rechtlichen Kontrolle unterliegen mußten, stellte hingegen zwar andererseits keine Gefahr für die Rechtssicherheit dar. Es mußte aber mit unabdingbarer Notwendigkeit zu einer Erschwerung und Verzögerung des Rechtsverkehrs und damit zu einer Belastung des Behördenapparates führen, der die gerade jetzt allgemein erhobene Forderung nach einer Vereinfachung aller öffentlichen Verwaltungen entgegenstand [115].

Der Deutsche Industrie- und Handelstag sah daher die Lösung der Frage in einer privaten Offenlegungspflicht, wie er sie in seinem Gesetzentwurf über das Handelsbuch normiert hatte.

c) Stellungnahme der Regierungsressorts zu den Reformwünschen

Parallel laufend mit den Erörterungen in Wirtschaftskreisen hatte das Reichsjustizministerium Vertreter der Reichs- und Preußischen Ministerien wiederum zu einer Besprechung eingeladen.

In seinem Schreiben vom 12. 2. 1926 brachte das Reichsjustizministerium zum Ausdruck, daß es dem Gedanken eines Registerpfandrechts ablehnend gegenüberstand, zumal es, wie die Verhandlungen des Deutschen Industrie- und Handelstages offensichtlich gemacht hatten, auch überwiegend nicht die Billigung der in Betracht kommenden Kreise der Wirtschaft gefunden hatte [116].

Nachdem jedoch der Antrag Keinath zur weiteren Verhandlung dem Volkswirtschaftlichen Ausschuß überwiesen worden war und daher mit einer baldigen Erörterung im Reichstag gerechnet werden mußte, hielt es das Reichsjustizministerium für angebracht, eine grundsätzliche Stellungnahme der Reichsregierung herbeizuführen und lud zu einer Besprechung Vertreter der Reichs- und Preußischen Ministerien ein, die am 18. 2. 1926 stattfand [117].

[113] A.a.O., Bl. 77.
[114] A.a.O., Bl. 74, 75.
[115] Akten des Preußischen Justizministeriums, Bl. 76.
[116] A.a.O., Bl. 68 f.
[117] Akten des Preußischen Justizministeriums, Bl. 69.

In dieser gemeinsamen Beratung äußerten die Vertreter des Reichsjustizministeriums, der Reichsbank und des Preußischen Justizministeriums schwere Bedenken gegen den Gesetzentwurf Keinath, denen sich auch der Vertreter des Sparkommissars anschloß. Während der Vertreter des Reichsfinanzministers sich gegen die Sicherungsübereignung aussprach und das Reichswirtschaftsministerium sich nicht ablehnend gegenüber dem Entwurf verhielt, nahmen die Vertreter des Preußischen und Reichsministers für Landwirtschaft und Ernährung gegenüber dem Gedanken des Registerpfandrechts keine bestimmte Stellung ein. Letztere hielten aber eine Hilfe für die landwirtschaftlichen Pächter in irgendeiner Form für notwendig. Ministerialrat Gadow als Vertreter des Preußischen Justizministeriums sah für die Frage, ob die Sicherungsübereignung durch ein Registerpfandrecht ersetzt werden sollte, das wirtschaftliche Bedürfnis als entscheidend an. Wenn ein solches wirtschaftliches Bedürfnis – so führte er aus – die Mobiliarhypothek gebieterisch verlange, so müßten die Bedenken gegen den Entwurf zurücktreten, und zwar auch insoweit, als den durch die Aufwertungsgesetzgebung bereits überlasteten Gerichten neue Aufgaben aufgebürdet würden. Wenn aber die Sicherungsübereignung beibehalten werden solle, so gehe einer der Hauptvorzüge des Entwurfes verloren, der ja gerade in der Beseitigung der immerhin fragwürdigen Sicherungsübereignung bestehen würde.

Unter Bezugnahme auf die Besprechung teilte der Preußische Minister für Handel und Gewerbe dem Reichsjustizministerium in einem Schreiben vom 22. 3. 1926 mit [118], daß er die Einführung des Registerpfandrechtes nicht befürworten könne. Er verkannte zwar auch die Mängel der Sicherungsübereignung und war der Ansicht, daß es eine nicht unwesentliche Erleichterung für die ungesicherten Gläubiger wäre, wenn die durch die Sicherungsübereignung gesicherten Gläubiger im Falle der Zwangsvollstreckung nicht die Freigabe des Sicherungsobjektes, sondern nur vorzugsweise Befriedigung gemäß § 805 ZPO verlangen könnten. Von der Einführung des Registerpfandrechtes befürchtete er aber eine weitere Zurückdrängung des Personalkredites und schloß sich im übrigen den Bedenken wirtschaftlicher und juristischer Natur an, die bisher gegen das Pfandregister vorgebracht worden waren.

Wie die Bankwirtschaft und der Sonderausschuß des Industrie- und Handelstages ging er davon aus, daß eine Offenlegung der Sicherungsverträge auch eine Publizität des Eigentumsvorbehaltes zur Folge habe. Zu diesem Punkt führte er im Hinblick auf den Großhandel, der den Registerplan ja in erster Linie betrieb, in seinem Schreiben aus [119]:

»Wenn man davon ausgeht, daß aus dem Pfandregister die Belastung des Vermögens des Schuldners mit möglichster Sicherheit zu erkennen sein soll, müßte m. E. bei Einführung des Registerpfandrechts ebenso wie die Sicherungsübereignung auch der Eigentumsvorbehalt als Mittel der Kreditsicherung ausgeschlossen werden. Damit aber würde der Großhandel dasjenige Mittel verlieren, dessen er sich z. Z. im wesentlichen zur Sicherung seiner Kredite bedient. Ein ausreichender Ersatz für den Eigentumsvorbehalt aber wird das Registerpfandrecht schon deshalb nicht sein können, weil das umständliche Verfahren der Bestellung, und insbesondere die Schwierigkeiten, die sich unter Umständen bei der Durchführung der

[118] Akten des Preußischen Justizministeriums, Bl. 84 ff.

[119] A.a.O., Bl. 85.

Löschung ergeben können, es als Sicherungsmittel für kurzfristige Warenkredite ganz besonders ungeeignet erscheinen lassen.«

Stimmte der Preußische Handelsminister der im Schreiben des Deutschen Industrie- und Handelstages vom 18. 2. 1926 geäußerten Kritik an dem Registerpfandrecht zu, so sah er andererseits in dem von diesem gemachten Vorschlag, den Kaufmann zur Führung eines besonderen Handelsbuches zu verpflichten eine brauchbare Anregung, die im einzelnen allerdings noch einer Prüfung bedürfte [120].

d) Antrag Rießer im Reichstag am 6. März 1926

Im großen und ganzen erwies sich, daß der Großhandelsvorstoß, auch insoweit er durch den Antrag Keinath auf die parlamentarische Ebene gehoben worden war, sowohl in der Wirtschaft wie in den Ressorts der mit dieser Frage befaßten Reichsministerien überwiegend auf Ablehnung gestoßen war. Dem Bankenvorschlag andererseits, der durch die Entschließungen und den Gesetzentwurf des Deutschen Industrie- und Handelstages eine autoritative Bestätigung der obersten Handelsrepräsentation erfahren hatte, war überdies, wie das Schreiben des Preußischen Ministers für Handel und Gewerbe vom 22. 2. zeigte, hin und wieder Billigung zuteil geworden. Die Hauptbedeutung des Handelsbuchgedankens lag jedoch wohl mehr darin, als Gegenvorschlag den Registerplan des Großhandels zu neutralisieren, eine andere Möglichkeit der Kreditsicherung aufzuzeigen, die durch die Publizität sonstiger Sicherungsmittel, insbesondere des Eigentumsvorbehaltes, dem Großhandel nicht genehm sein konnte. Die Bankwirtschaft konnte jedoch nicht hoffen, für ihren Vorschlag, der so eindeutig den Interessen der Geldkreditgeber entsprach, die Zustimmung weiterer Wirtschaftskreise zu finden. Da aber der Großhandel seine Reformwünsche durch den Antrag Keinath als Gesetzentwurf in den Reichstag hatte einbringen lassen, mußte es den Banken bei ihrem Bemühen, das Großhandelsbegehren zunichte zu machen, geraten erscheinen, ihren Gegenvorschlag ebenfalls im Parlament vorzubringen und ihn nicht bei einem vom Deutschen Industrie- und Handelstag gebilligten und geforderten Gesetzentwurf zu belassen.

Zwar war die Bankwelt im Reichstag nicht so stark wie der Großhandel vertreten [121]. Als Mitglied des Reichstages in der Fraktion der Deutschen Volkspartei gehörte jedoch der Präsident des Centralverbandes des Deutschen Bank- und Bankiergewerbes, Professor Dr. Jakob Rießer, dem Reichstage an. Rießer, der von 1888 bis 1905 Direktor der Darmstädter Bank gewesen war, gründete im Jahre 1901 mit dem Bankier Arthur Salomonsohn den Centralverband des Deutschen Bank- und Bankiergewerbes [122]. Desgleichen war er der Begründer des Hansa-Bundes für Gewerbe, Handel und Industrie, der bis 1920 unter seiner Leitung stand [123].

[120] Akten des Preußischen Justizministers, Bl. 86.

[121] Borell, Die soziologische Gliederung des Reichsparlaments, S. 57.

[122] Rießer, der seit 1905 eine Lehrtätigkeit an der Berliner Universität ausübte, war außerdem Mitglied der Sachverständigenkommission zur Beratung des HGB, Ältester der Kaufmannschaft, Vizepräsident der Berliner Handelskammer und Präsident des Ehrengerichts für die Berliner Börse. In seiner Eigenschaft als Präsident des Centralverbandes war er Vorsitzender von fünf deutschen Bankiertagen. Enzyklopädisches Lexikon für das Geld-, Bank- und Börsenwesen, Bd. II, S. 1357.

[123] Eichhorn, Parteien und Klassen im Spiegel der Reichstagswahlen, S. 19.

Es entbehrte nicht einer gewissen Ironie, daß Rießer am 6. 3. 1926 einen Gesetzentwurf im Volkswirtschaftlichen Ausschuß des Reichstages, an den ja der Antrag Keinath zur weiteren Behandlung überwiesen worden war, einbrachte, der sogar in der Überschrift wörtlich mit dem Entwurf übereinstimmte, den der Sonderausschuß des Deutschen Industrie- und Handelstages am 11. 2. angenommen und mit Schreiben vom 18. 2. dem Reichsjustizminister übersandt hatte [124]. In der breiteren Öffentlichkeit fand dieser Vorschlag der Banken sofort selbstverständlich wenig Beifall. Weiten Kreisen der Wirtschaft schien durch seine Verwirklichung lediglich den Geldkreditgebern ein neues Machtinstrument in die Hände gegeben zu werden. Denn die Banken – so nahm man mit Recht an – würden sich auf Grund ihrer Machtstellung die Möglichkeit verschaffen, in das Buch Einsicht zu nehmen und sich so ein Bild über die wirkliche Lage der Eigentumsverhältnisse des Warenlagers eines Schuldners machen. Alle mittleren und kleinen Schuldner, insbesondere die am regelmäßigen Warenverkehr beteiligten Handelskreise würden hingegen gar nicht daran denken, ihren Gläubigern die Einsichtnahme in ein solches Handelsbuch zu gewähren.

Neben einer Reihe juristischer Fragen, die das Handelsbuch bei seiner Einzelausgestaltung ebenso wie das Pfandregister aufwarf, wurde der Vorschlag schon deshalb als eine undenkbare und ungangbare Lösung bezeichnet, weil im Gegensatz zum Pfandregister, von dessen Einsichtnahme der Kunde ja nichts erfährt, es kein Handelsvertreter wagen würde, die Einsichtnahme in das Buch zu verlangen, wenn er seine Waren loswerden will.

Tatsächlich sollte ja nicht die unrichtige Eintragung an sich, sondern nur der Gebrauch eines unrichtigen Handelsbuches gegenüber Dritten unter Strafe gestellt werden [125].

6. Stellungnahme der Wirtschaft zu den Entwürfen eines Registerpfandrechtes und eines Handelsbuches

In der Diskussion der folgenden Monate nahmen einzelne Wirtschaftskreise zu den Gesetzentwürfen Stellung. Aufschlußreich war die Tatsache, daß der Einzelhandel, wenn er sich auch im wesentlichen neutral gegenüber dem Antrag Keinath verhielt, kein Interesse an der Einführung eines Registerpfandrechtes zeigte. Wie schon früher zu beobachten war, erhoffte sich der Detailhandel im Gegensatz zu der Zeit vor dem Ersten Weltkrieg weder etwas von der Beibehaltung der Sicherungsübereignung noch von der Einführung einer Mobiliarhypothek. Die für ihn entscheidende Frage bestand in der Erlangung billiger Kredite; ihn interessierte mehr der niedrige Zinssatz als die Form der Darlehenssicherung.

124 Drucksache Nr. 86 des 8. Ausschusses (Volkswirtschaft) des Reichstags, III. Wahlperiode 1924–26.

125 Vgl. den Artikel »Registerpfandrecht oder Pfandbuch des Schuldners« im Berliner Tageblatt Nr. 112 vom 7. 3. 1926.

Der Syndikus der Hauptgemeinschaft des deutschen Einzelhandels Wienecke führte deshalb [126] auch unter Hinweis auf die Diskrepanz zwischen einem Überangebot an kurzfristigem Geld zu hohen Zinsen und dem Mangel an Anlagekapital aus, daß angesichts der Kapitalnot der deutschen Wirtschaft die durch die hohen Kapitalzinsen verursachten Preissteigerungen weder durch Verordnungen noch durch Kreditsperren oder -lockerungen bekämpft werden könnten, sondern nur die Möglichkeit der Bildung von Sparkapital geeignet sei, der deutschen Wirtschaftsmisere abzuhelfen.

Für den Fall der Einführung des Registerpfandrechts wünschte er, daß auch Einzelgegenstände in der vom Großhandel vorgeschlagenen Weise verpfändet werden können. Wie gering allerdings die Frage der Kreditsicherung die eigentlichen Interessen des Einzelhandels berührte, zeigte sich daran, daß er neben dem Registerpfandrecht das Handelsbuch, das ja in erster Linie zur Verhinderung des Registerpfandes vorgeschlagen worden war, als eine gleichwertige Möglichkeit der Kreditsicherung und -kontrolle ansah und zur Diskussion innerhalb des Einzelhandels stellte [127].

Wie schon zuvor reagierte die herstellende Industrie, insbesondere aber die Maschinenbauanstalten allergisch gegen den Vorschlag einer Kreditreform, die auch den Eigentumsvorbehalt in seiner bestehenden Form gefährden mußte. Während bisher der Eigentumsvorbehalt den gutgläubigen Erwerb einer Sache mittels Sicherungsübereignung verhinderte, war in § 8 des Gesetzentwurfes von Keinath vorgesehen, daß der Gläubiger nunmehr gutgläubig ein Pfandrecht an den Gegenständen, die dem Schuldner nicht gehören, also auch der unter Eigentumsvorbehalt gelieferten Waren, erwerben kann. Rechtsanwalt Dr. Wagener führte deshalb als Rechtsbeistand des Vereines Deutscher Werkzeugmaschinenfabriken aus [128]:

»Die unter Eigentumsvorbehalt liefernde Industrie würde daher durch das neue Gesetz erheblich benachteiligt werden, während der Handel auf Kosten der Industrie neue Rechte und Sicherungen erlangte. Hiergegen muß mit Nachdruck Protest erhoben werden. Denn es ist nicht der Zweck dieses Gesetzes, den einen kreditgebenden Teil der Wirtschaft zum Nachteil eines anderen, gleich wichtigen und gleichberechtigten, ebenfalls kreditgebenden Faktors zu bevorzugen oder zu bereichern. Die Interessen der Industrie sind nicht weniger beachtlich wie die des Handels.«

Diejenigen Teile der gewerblichen Wirtschaft, die die ihr gemäßen Sicherungsmittel zu handhaben und durchzusetzen wußten, gaben wiederum zu verstehen, daß sie zugunsten des Großhandels nicht gewillt waren, eine Beeinträchtigung bei der Sicherung ihrer Kredite in Kauf zu nehmen. Wagener forderte im Gegensatz zu früheren Stellungnahmen der Maschinenindustrie für den Fall einer Einführung des Pfandregisters, daß der Eigentumsvorbehalt ebenso wie die Sicherungsübereignung eintragungsfähig sein müßte.

Um sich ein Bild über die durch die Anträge Keinath und Rießer aufgeworfenen Probleme zu verschaffen, veranstaltete der Verein Berliner Kaufleute und Indu-

[126] Das Registerpfandrecht in Deutsche Handelswarte, 1926, Nr. 3/4, S. 86–89.

[127] Das Registerpfandrecht, a.a.O., S. 89.

[128] Vgl. den Artikel »Zum Gesetzentwurf über das Registerpfandrecht« im Berliner Tageblatt Nr. 213 vom 7. 5. 1926.

strieller am 16. 3. 1926 einen Diskussionsabend. Das Hauptreferat hielt Rechtsanwalt Dr. Weinberg, der den Registervorschlag einer umfassenden Kritik unterzog [129].

Neben den schon oft erhobenen Bedenken juristischer Art, die insbesondere die Fragen der Kennzeichnung der verpfändeten Gegenstände, den Zeitpunkt der Wirksamkeit der Verpfändung und den gutgläubigen Erwerb pfandverstrickter Waren sowie die Möglichkeit von Kollisionen zwischen dem Mobiliar- und Immobiliarhypothekengläubiger betrafen, glaubte Weinberg vor allem aus wirtschaftlichen Gründen das Registerpfandrecht ablehnen zu müssen. Wie Hoeniger auf dem 31. Deutschen Juristentag im Jahre 1912 war er der Überzeugung, daß ein einfach zu bestellendes Registerpfand zu einer Dauerbelastung des beweglichen Geschäftsvermögens führen würde, ähnlich der Verschuldung des Grundbesitzes vor dem Ersten Weltkrieg durch das Immobiliarkreditrecht.

Zur Heilung der Schäden des gegenwärtigen Mobiliarkredites schlug Weinberg dieselben Maßnahmen vor, die schon auf dem 31. Deutschen Juristentag 1912 und zuvor teils auch vom Deutschen Handelstag im Jahre 1911 vorgeschlagen worden waren. Er war überzeugt, daß man – wenn rechtliche Reformen überhaupt hierbei etwas vermögen – der Wirtschaft ohne große Experimente helfen müsse. Leitgedanke seiner Vorschläge war daher, der Sicherungsübereignung die Giftzähne auszubrechen und sie in ihren rechtlichen Wirkungen dem Faustpfand gleichzustellen. Dem durch die Sicherungsübereignung gedeckten Gläubiger sollte das Recht auf Intervention nach § 771 ZPO entzogen und lediglich das Recht auf vorzugsweise Befriedigung gemäß § 805 ZPO gegeben werden [130]. Außerdem trat er für eine erleichterte Anfechtung der Sicherungsübereignung durch Änderung der Konkursordnung und des Anfechtungsgesetzes ein. Alle bis zu zwei Jahren vor Zahlungseinstellung vorgenommenen Sicherungsübereignungen sollten danach für nichtig erklärt werden, wenn es sich nicht um kongruente Deckungsgeschäfte handelt. Damit waren alle nachträglichen und in keinem Verhältnis zum Gegenwert stehenden Übereignungen ausgeschlossen worden [131].

Allerdings hielt auch Weinberg den Vorschlag der Banken über die Eintragungspflicht aller nicht offenkundigen Sicherheiten in ein Handelsbuch für nicht erfolgversprechend. Seiner Überzeugung nach waren Strafdrohungen nicht geeignet, einen praktischen Erfolg auf dem Gebiet der Gesundung der Kreditverhältnisse herbeizuführen [132].

In der folgenden Diskussion verteidigte Rechtsanwalt Friedländer vom Zentralverband des Deutschen Großhandels den Gesetzentwurf Keinath, dessen juristische Ausarbeitung ja im wesentlichen von ihm stammte. Um dem Einwand der Unpraktikabilität entgegenzutreten, wies er darauf hin, daß das einzuführende Register-

[129] Das Referat Weinbergs erschien als Einzelschrift unter dem Titel »Fragen des Gläubigerschutzes unter besonderer Berücksichtigung des Registerpfandes«.
[130] Fragen des Gläubigerschutzes, a.a.O., S. 20.
[131] Fragen des Gläubigerschutzes, a.a.O., S. 24, 25.
[132] Fragen des Gläubigerschutzes, a.a.O., S. 26.

pfand in Kartothekform vorgesehen sei und die Ausfüllung der Karteikarte durch die verpfändenden Firmen selbst erfolgen solle [133].

Im Hinblick auf den noch zur Verhandlung ausstehenden Antrag Keinath hielten es die Vertreter der Bankwirtschaft für nicht geraten, die Abwehr des Registerplanes auf den Antrag Rießer im Volkswirtschaftlichen Ausschuß zu beschränken.

Merzbach griff nochmals [134] – später von dem Jenaer Bankier Dr. Arwed Koch unterstützt [135] – den Großhandelsplan an. Nebeneiner ausführlicheren Darlegung der juristischen Bedenken, die er bereits auf der Tagung des Bankausschusses des Deutschen Industrie- und Handelstages am 4. 2. 1926 vorgetragen hatte, wies er mit Nachdruck auf die wirtschaftlich verhängnisvollen Auswirkungen hin, die seiner Ansicht nach die Einführung des Registerpfandrechts zur Folge haben mußte.

Mit Nachdruck betonte er, daß der gegenwärtige Zustand nicht in einer Finanzkrise begründet ist, sondern seine Ursache in einer Produktions- und Absatzkrise hat, die nur durch Zusammenlegung von Betrieben, Rationalisierung von Produktion und Absatz sowie durch Abbau der Zollmauern und Hebung der verminderten Kaufkraft im Innern überwunden werden kann [136].

Merzbach ging im übrigen – wie später auch Koch – nicht weiter auf das von der Bankwirtschaft vorgeschlagene Handelsbuch ein. Als Vertreter der Banken mochte er sich wohl nicht zu sehr für einen Kreditsicherungsvorschlag engagieren, der allzu offensichtlich ausschließlich den Interessen der Geldkreditgeber entsprach. Auch zeigte sich hierin wieder, daß der Gedanke des Handelsbuches in erster Linie doch nur zur Abwehr des Registerpfandrechtes in die Diskussion eingeführt worden war.

Der Syndikus der Berliner Handelskammer Eduard Meyerstein bezeichnete hingegen die Einführung des Registerpfandrechts sogar als eine mittelstandsfeindliche Maßnahme [137]. Als Folge einer Einführung des Registerpfandrechtes sah er eine Kreditrestriktion voraus, die gerade die Kreditgewährung an vorübergehend in Zahlungsschwierigkeiten geratene Schuldner mittelständischer Gewerbeschichten verhinderte und somit deren Falliment an Stelle der Überwindung einer temporären Kreditnot nach sich zog. Meyerstein warnte davor, »daß etwa aus einer Mißstimmung gegen die Kreise, welche geschäftsmäßig Kredit einräumen – nämlich Banken und Bankiers –, zu weitgehende Forderungen an den Gesetzgeber gestellt werden« [138].

Tatsächlich war die Animosität gegen die Banken das Hauptmotiv derjenigen, die sich zu Befürwortern des Registergedankens machten und die Sicherungsübereignung bekämpften, weil diese angeblich den Geldkreditgebern auf Kosten der übrigen gewerblichen Wirtschaft ausschließlich zugute kam [139].

[133] Vgl. Bericht über den Diskussionsabend des Vereins Berliner Kaufleute und Industrieller in Deutsche Allgemeine Zeitung Nr. 146 vom 27. 3. 1926.
[134] Das Registerpfand, S. 183–185.
[135] Zum Gesetzentwurf betr. die Einführung des Registerpfandrechts, S. 270–273.
[136] Das Registerpfandrecht, S. 184.
[137] Zur Frage der Sicherungsübereignung und der Einführung eines Registerpfandrechts, S. 529 f.
[138] A.a.O., S. 520.
[139] Salinger, Zur Einführung des Registerpfandrechts, Sp. 635.

Im Gegensatz zu Merzbach und Koch kam Meyerstein aber auf das Handelsbuch zurück und nahm zu diesem eine wohlwollende Stellung ein. Er betrachtete es allerdings nicht als das alleinige Arkanum gegen die durch die Sicherungsübereignung verursachten Kreditschädigungen, die auch er nicht in Abrede stellte. Vom Standpunkt der gewerblichen Wirtschaft wollte er jedoch die Buchführungspflicht nicht auf den Eigentumsvorbehalt und das Kommissionsgeschäft ausgedehnt wissen. Er begründete dies mit dem Hinweis, daß eine unnötige Belastung derartiger Bücher vermieden werden müsse. Statt dessen schlug er eine Verschärfung der Strafbestimmungen vor, ein Verbot des freihändigen Verkaufs, der Verfallsklausel und die Anwendung der bürgerlich-rechtlichen Vorschriften über die Pfandreife auf sicherungsübereignete Waren [140].

Diesen weiteren publizistischen Angriffen auf den Antrag Keinath konnten die Verteidiger des Registerplanes nicht müßig zusehen, sofern sie nicht den Eindruck entstehen lassen wollten, daß in der Debatte um die Reform des Kreditsicherungsrechtes die Vorschläge des Großhandels widerlegt worden waren oder zumindest keine Zustimmung gefunden hatten. Dr. Heinrich Friedländer vom Zentralverband des Deutschen Großhandels versuchte deshalb, alle Bedenken zu entkräften, die in der Zwischenzeit gegen das Pfandregister vorgetragen worden waren. Wichtiger aber als die rein juristischen Einwände mußte er die Kritik der Warenkredite gewährenden Kreise der Wirtschaft nehmen. Insbesondere nahm er daher Stellung zu dem Einwand des Hamburger Groß- und Überseehandels, daß die Sicherungsübereignung als Kreditunterlage im Außenwirtschaftsverkehr unentbehrlich sei, um gegen fiduziarische Übereignung der kaufmännischen Dispositionspapiere eine Finanzierung der noch auf See befindlichen Waren herbeizuführen [141]. Friedländer erläuterte den Gesetzentwurf dahin, daß nach § 3 Abs. 2 Waren, deren Besitz durch kaufmännische Orderpapiere (Lagerschein, Ladeschein, Konnossement usw.) übertragen werden kann, im Falle ihrer Hingabe als Sicherungsmittel nicht registerpflichtig sind, für sie vielmehr auch zukünftig die Sicherungsübereignung zulässig ist [142]. Hinsichtlich der Verpfändung von Sachgesamtheiten konnte er auf die Praxis bei der Sicherungsübereignung verweisen, bei der ja durch die höchstrichterliche Judikatur die Bestimmbarkeit der jeweils übereigneten Gegenstände als ausreichende Individualisierung anerkannt worden war. Um dem Einwand der Schwerfälligkeit des neuen besitzlosen Pfandrechts zu begegnen, sollte das Register nach den Ausführungen Friedländers in Kartothekform geführt werden [143].

Einen Befürworter fand das Registerpfandrecht in dem Reichsgerichtsrat Dr. Salinger, der schon 1912 auf dem 31. Deutschen Juristentag für eine Registerverpfändung von Sachgesamtheiten und das Verbot der Sicherungsübereignung eingetreten war [144].

140 Meyerstein, Zur Frage der Sicherungsübereignung und der Einführung des Registerpfandrechts, S. 530.

141 Vgl. Sicherungsübereignung und Registerpfand, Mitteilungen der Handelskammer Hamburg, 7. Jahrg., Nr. 22, S. 297.

142 Friedländer, Bemerkungen zum Entwurf eines Gesetzes betr. Einführung des Registerpfandrechts, S. 104.

143 Friedländer, Bemerkungen . . ., S. 104.

144 Zur Einführung des Registerpfandrechts, Sp. 634–639.

7. Die Sitzung des Reichstagsausschusses für Volkswirtschaft und die Denkschrift des Reichsjustizministeriums

Die Diskussion war somit noch voll im Gange, als in der Sitzung des Reichstagsausschusses für Volkswirtschaft, an den ja am 5. 2. der Gesetzentwurf vom Rechtsausschuß überwiesen worden war, am 20. 4. 1926 über den Antrag Keinath beraten wurde [145]. Da eine Annäherung der verschiedenen von den Wirtschaftsgruppen eingenommenen Standpunkte nicht eingetreten war, konnte diese Ausschußsitzung zu keinerlei Ergebnis führen. Die Aussprache kam über einleitende, vorsichtig tastende Bemerkungen zu dem Entwurf Keinath nicht hinaus.

Der Ausschuß beschloß daher, sich zunächst von der Reichsregierung eine Denkschrift über das vorhandene Material zu der Frage der Sicherungsübereignung und des Registerpfandrechts vorlegen zu lassen [146].

Nach der Verhandlung des Reichstagsausschusses für Volkswirtschaft nahmen die Banken nochmals zu den in der Diskussion befindlichen Fragen Stellung [147]. Rechtsanwalt Otto Bernstein als geschäftsführendes Vorstandsmitglied des Centralverbandes des Deutschen Bank- und Bankiergewerbes [148] griff erneut die Bedenken auf, die gegen die Einführung des Registerpfandes sprachen und führte als dessen spezifische Mängel an, daß es sich bei dem geplanten Pfandregister um eine hinkende Registrierung publizitätsloser Sicherungsmittel handele, da der Pfandvertrag bereits mit seiner Vollziehung wirksam werden soll, sofern er binnen einer Woche beim Registergericht eingereicht wird, darüber hinaus aber der Eigentumsvorbehalt nicht der Registrierpflicht unterliegen soll. Im übrigen erwecke das Registerpfandrecht zudem die rechtsirrtümliche Vorstellung, daß der Pfandvertrag durch die Einreichung bei der Registerbehörde geprüft und somit rechtlich bestätigt werde [149]. In vorsichtiger Form bekannte sich Bernstein zu dem vom Industrie- und Handelstag vorgeschlagenen Handelsbuch, wenn er dessen Wert auch nicht überschätzte. Er meinte allerdings, daß derjenige, der bei Einräumung von Warenkrediten nicht einmal wage, die Vorlegung dieses Buches zu verlangen, auch keinen Anspruch gegenüber der Rechtsordnung habe, auf das Nichtvorliegen von Sicherungsübereignungen vertrauen zu dürfen [150].

Mit Ironie behandelte er die Befürwortung des Registerpfandrechtes durch Salinger und dessen Angriffe auf die Sicherungsübereignung. Er konnte mit Recht behaupten, daß die Banken im Interesse ihrer Deponenten und Einleger bei Kreditgewährung Sicherheiten verlangen müßten [151]. Kernpunkt seiner Darlegung war aber der Hinweis, daß das Registerpfandrecht keineswegs den Warengläubigern

[145] Eine Einladung zu dieser Ausschußsitzung erging an alle mit dieser Frage befaßten Regierungsressorts. Vgl. Akten des Preußischen Justizministeriums, Bl. 133.

[146] Akten des Preußischen Justizministeriums, Bl. 132.

[147] Die Nachteile des Registerpfandrechts, Sp. 736.

[148] Bank-Archiv, 25. Jahrg., Nr. 7, S. 133.

[149] Die Nachteile des Registerpfandrechts, Sp. 736.

[150] A.a.O., Sp. 736, 737.

[151] A.a.O., Sp. 735.

zugute kommen, sondern ihnen eher Nachteile bringen würde. Zutreffend führte er hierzu folgendes aus [152]:

»Die Erwartungen der Wirtschaftskreise, die hinter dem Antrage Keinath stehen, gehen dahin, daß die Einführung des Registerpfandrechts die Abnehmer des Großhandels von jeder Verpfändung des Warenlagers und Inventars abschrecken würde. Aus Kreisen des Großhandels selbst wurde jedoch warnend auf die Möglichkeit hingewiesen, daß von der neuen Einrichtung tatsächlich umfangreicher Gebrauch gemacht werden könnte, aber nur zugunsten der allerpotentesten Gläubiger, insbesondere von Konzernen, die eine Monopolstellung haben, oder auch von Banken, deren Kredithilfe der Schuldner im Augenblick unter jeder Bedingung, auch der Registereintragung, in Anspruch nehmen muß. Kleinere oder minder mächtige Warengläubiger kämen bei solcher Entwicklung vom Regen in die Traufe.«

Am 18. 6. 1926 legte das Reichsjustizministerium dem Reichstagsausschuß für Volkswirtschaft eine »Denkschrift, betreffend die Einführung eines durch Vertrag zu begründenden besitzlosen Pfandrechts an beweglichen Sachen (Registerpfandrecht, Mobiliarhypothek)« vor [153]. Mit ihr gab die Reichsregierung eindeutig zu verstehen, daß sie die allgemeine Einführung eines Registerpfandrechts nicht beabsichtige. Der Tenor der gutachtlichen Erörterungen zu der Vorgeschichte des Gedankens eines Registerpfandrechts wie auch die Erörterungen der durch ein solches besitzloses Pfandrecht aufgeworfenen juristischen Einzelfragen ließ erkennen, daß das Reichsjustizministerium dem Antrag Keinath ablehnend gegenüberstand [154]. Nicht zu Unrecht konnte deshalb der Zentralverband des Deutschen Großhandels feststellen, daß die negierenden Gesichtspunkte stärker als die bejahenden in der Denkschrift betont werden. Der Zentralverband war der Überzeugung, daß auf diese Weise der Eindruck der Objektivität in der Behandlung des Rechtsproblems und damit in der Beratung des Ausschusses beeinträchtigt wird. Er vermochte sich daher nicht dem Eindruck zu entziehen, daß dem Verfasser die Ablehnung des Gesetzentwurfs als Wunsch vorschwebte und daß die sorgfältige Ausarbeitung im einzelnen nur diesem Ziele diente [155]. Bei seiner Kritik an der Denkschrift unterstellte er allerdings als selbstverständlich, daß diese Zielsetzung nur eine psychologisch unbewußte ist und die Einwände daher nicht dem Bearbeiter, sondern der Sache gelten.

Nachdem das Reichsjustizministerium auf zwei Seiten der Denkschrift die Kritik zusammengefaßt hatte, die bisher gegen die Sicherungsübereignung vorgebracht worden war [156], legte es dann in umfassender Weise im zweiten Teil die Einwände dar, die gegen die Einführung des Registerpfandrechts erhoben wurden. Anschließend behandelte die Denkschrift mit größter Akribie die Probleme, die durch ein besitzloses Pfandrecht aufgeworfen wurden. Tatsächlich kamen dann auch die Verfasser der Denkschrift zu dem Ergebnis, daß das Registerpfandrecht die wesent-

[152] A.a.O., Sp. 736.

[153] Drucksache Nr. 115, Verhandlungen des Reichstags, III. Wahlperiode, 1924/26 (8. Ausschuß), im folgenden als »Denkschrift des Reichsjustizministeriums« zitiert.

[154] Das gleiche muß festgestellt werden bei dem fast die Hälfte der Denkschrift umfassenden 4. Teil, der eine rechtsvergleichende Übersicht über Registerpfandrechte in neun Ländern gibt.

[155] Zweite Denkschrift zur Frage der Einführung des Registerpfandrechts . . , herausgegeben vom Zentralverband des Deutschen Großhandels – im folgenden zitiert als »Zweite Denkschrift des Großhandels« –, S. 4 und 5.

[156] Denkschrift des Reichsjustizministeriums, S. 7, 8.

lichen Streitfragen, die mit der Sicherungsübereignung verknüpft waren, nicht beseitigte, hingegen eine ganze Fülle von Problemen juristischer und wirtschaftlicher Art aufwarf [157], denen gegenüber die bestehende Mobiliarkreditsicherung durch die Sicherungsübereignung als sachgerechtere und einfachere Lösung erscheinen mußte. Das Reichsjustizministerium erblickte in der Verwirklichung des Gesetzentwurfes Keinath einen Bruch mit den wesentlichen Grundsätzen des Sachenrechts, vor allem im Hinblick auf die Schaffung eines besitzlosen Vertragspfandes im Mobiliarkreditrecht und der Preisgabe des Spezialitätsgrundsatzes durch die einzuführende Pfandhaftung von Sachgesamtheiten.

Hiergegen richtete sich in erster Linie die Kritik des Großhandels. Er konnte in diesem Zusammenhang auf zwei kurz nach Vorlage der Denkschrift erlassene Gesetze hinweisen, durch die ein Registerpfandrecht für Verpfändungen auf besonderen Sachgebieten eingeführt worden war, und zwar durch

das Gesetz über die Bestellung von Pfandrechten an im Bau befindlichen Schiffen vom 4. 7. 1926 [158] und
das Gesetz betreffend die Ermöglichung der Kapitalkreditbeschaffung für landwirtschaftliche Pächter vom 9. 7. 1926 [159].

Die scharfe Empörung des Großhandels darüber, daß die Denkschrift bei der Ablehnung eines allgemeinen Registerpfandrechts auf diese beiden in Vorbereitung befindlichen Gesetze, durch die für besondere Lebensgebiete ein besitzloses Pfandrecht zugelassen wurde, nicht eingegangen war [160], stand jedoch in keinem Verhältnis zu den durch diese Gesetze geregelten Wirtschaftsverhältnissen und ihrer Einordnung in das System der dinglichen Rechte. Bei dem Gesetz über die Bestellung von Pfandrechten an im Bau befindlichen Schiffen handelte es sich lediglich um eine Einbeziehung von noch nicht fertiggestellten Schiffsbauwerken in die allgemeinen Vorschriften der §§ 1259–1272 BGB über die Verpfändung von registrierten Schiffen, die nach der Verkehrsanschauung des deutschen Rechts den unbeweglichen Sachen gleichgestellt wurden und deren Verpfändung daher durch Eintragung in ein dem Grundbuch nachgebildetes Schiffsregister erfolgte. Stellte dieses Gesetz somit kein Abgehen von den Grundsätzen des allgemeinen Sachenrechts dar, so war auch der Hinweis auf das Kapitalkreditbeschaffungsgesetz für landwirtschaftliche Pächter schwerlich geeignet, zur Begründung für ein allgemeines Registerpfandrecht zu dienen.

[157] Der Rechtsanwalt am Kammergericht Dr. Eyck sagte daher voraus, daß sich als Folge der Registrierung von Warenlagern die nichtgesicherten Gläubiger ihre Ansprüche als gefährdet ansähen und ihre Rechte rücksichtslos geltend machten, was aller Voraussicht nach zu einer Übergangskrise führen würde. Vgl. »Reform des Pfandrechts« in der Vossischen Zeitung Nr. 134 vom 20. 3. 1926.

[158] RGBl I, S. 367.

[159] RGBl I, S. 399, 412.

[160] Zweite Denkschrift des Großhandels, S. 4–6; vgl. auch den Artikel des Syndikus beim Zentralverband des Deutschen Großhandels Dr. Dohrendorf »Kreditsicherung durch Registerpfand« in der Vossischen Zeitung Nr. 404 vom 27. 8. 1926 sowie den Artikel Rechtsanwalt Dr. Friedländers »Für das Registerpfandrecht« im Berliner Tageblatt Nr. 509 vom 28. 10. 1926.

Als Sonderregelung für den besonderen Personenkreis eines Wirtschaftszweiges trug es den Charakter eines privatrechtlichen Maßnahmegesetzes zur Überwindung temporärer Schwierigkeiten, die in dem Kapitalmangel und dem Investitionsbedürfnis der deutschen Landwirtschaft nach dem Ersten Weltkrieg begründet waren [161]. Vom juristischen Standpunkt aus betrachtet war dieses Gesetz überdies dadurch hervorgerufen worden, daß die Sicherungsübereignung als Kreditunterlage für die landwirtschaftlichen Pächter weitestgehend ausschied [162]. Es entbehrte zudem nicht einer gewissen Ironie, daß in § 22 dieses Gesetzes, das dem Großhandel als Beispiel eines Registerpfandes diente, zum erstenmal die Sicherungsübereignung in einem Gesetz genannt und damit als eingebürgertes Zivilrechtsinstitut vom Gesetzgeber anerkannt wurde. Der Charakter des Gesetzes als Sonderregelung zur Befriedigung der Kreditbedürfnisse landwirtschaftlicher Pächter war außerdem dadurch hervorgehoben, daß Gläubiger des Pfändungsvertrages nur besonders zugelassene Pachtkreditinstitute sein konnten. Eine derartige Beschränkung des Gläubigerkreises bot zwar einerseits die Gewähr für eine richtige Gesetzesanwendung infolge der Erfahrung der Gläubiger und förderte damit die Rechtssicherheit. Andererseits – so betonte die Denkschrift des Reichsjustizministeriums – schließt eine derartige Beschränkung auf bestimmte Kreditinstitute ein Registerpfandrecht für den allgemeinen Warenkredit aus und verschafft den zugelassenen Instituten eine Monopolstellung auf Kosten anderer Kreditgeber, die natürlich im allgemeinen Geschäftsverkehr nicht hingenommen werden kann [163].

Neben der sorgfältigen Darlegung aller gegen das Registerpfandrecht sprechenden und größtenteils bisher auch schon vorgetragenen Gründe [164] verwies die Denkschrift auf das durch den Gesetzentwurf Keinath eintretende Nebeneinander von Registerpfandrecht und Sicherungsübereignung, das zu der größten Verwirrung führen müßte [165].

Für die Frage des guten Glaubens konnte das Reichsjustizministerium darauf verweisen, daß die Möglichkeit eines gutgläubigen Erwerbs des Registerpfandrechts den Eigentumsvorbehalt, die kommissionsweise Überlassung von Waren, die gesetzlichen Pfandrechte des Vermieters und Verpächters usw. bedeutungslos machen würde. Bei der Sicherungsübereignung hingegen bestehe diese Möglichkeit nicht, da mit Rücksicht auf §§ 933, 936 Abs. 1 Satz 3 BGB ein gutgläubiger Erwerb fremder Sachen, insbesondere aber ein gutgläubiger lastenfreier Erwerb nicht möglich ist [166].

[161] Für den Maßnahmencharakter sprach schon, daß das Gesetz auf 10 Jahre befristet war. Allerdings wurde es in der Folgezeit stets verlängert.

[162] Vgl. Teil V 3. Mit diesem Gesetz wurde eben nicht eine Reform der Sicherungsübereignung, sondern die Ermöglichung der Kapitalkreditbeschaffung für landwirtschaftliche Pächter angestrebt. Weisweiler, Die Reform der Sicherungsübereignung ..., S. 56, vgl. auch S. 53.

[163] Denkschrift des Reichsjustizministeriums, S. 12, 13.

[164] Denkschrift des Reichsjustizministeriums, S. 11, 12.

[165] Es wird deshalb hier nicht weiter auf alle vom Reichsjustizministerium dargelegten Gründe eingegangen, zumal sie fast alle in den Diskussionen seit 1910 vorgebracht waren und z. T. lediglich spezielle Einzelfragen der praktischen Ausgestaltung betrafen.

[166] Denkschrift des Reichsjustizministeriums, S. 14; hierbei wird von dem Regelfall ausgegangen, daß der Erwerb der Sicherungsübereignung durch Besitzbelassung beim Siche-

Diesen in ihrer Massivität vorgetragenen Einwänden gegen das Registerpfandrecht konnte der Hinweis nicht durchschlagen, daß der rechtspolitische Zweck des Pfandrechts im Schutze des schwächeren Gläubigers liege [167]. Wie der Geschäftsführer des Centralverbandes des Deutschen Bank- und Bankiergewerbes schon zutreffend bemerkt hatte [168], konnte das Registerpfand nicht der Abwehr des stärkeren Gläubigers dienen, da dieser in der Lage ist, sich auch zukünftig seine Kredite durch ein Registerpfandrecht sichern zu lassen, wie es zuvor mit der Sicherungsübereignung geschehen war. Dem vom Großhandel für den Gesetzentwurf Keinath angegebenen Sinn und Zweck, die Gefahr zu beseitigen, daß der wirtschaftlichen Vormachtstellung auch noch die rechtliche Vorzugsstellung in Gestalt der jeder Publizität entbehrenden Sicherungsübereignung zur Seite stehe [169], war daher von einer gewissen platonischen Zielsetzung getragen. Realistischer war das Eingeständnis des Großhandels, daß eine auf wirtschaftlicher Potenz beruhende wirtschaftliche Vormachtstellung nicht durch Gesetze erschüttert werden kann.

8. Gründe für die Beruhigung der Diskussion über die Kreditsicherungsreform seit Mitte 1926

a) Veränderung der konjunkturellen Situation im Jahre 1926

Wenn auch der Großhandel in der nächstfolgenden Zeit weiterhin an seinen Reformwünschen festhielt, so kann man doch feststellen, daß mit der Vorlage der Denkschrift des Reichsjustizministeriums im Volkswirtschaftlichen Ausschuß des Reichstags der Kampf um die Neugestaltung des Kreditsicherungsrechtes und insbesondere die Ersetzung der Sicherungsübereignung durch ein Registerpfandrecht nachließ und die in den letzten Monaten mit zunehmender Schärfe geführte Diskussion in ruhigere Bahnen zurückkehrte. Einer der entscheidenden Gründe für diese Beruhigung lag zweifellos in der Verbesserung der allgemeinen konjunkturellen Situation.

Seit dem Frühjahr – vom rein konjunkturtheoretischen Standpunkt schon im Februar 1926 [170] – wich die Rezession einer, wenn auch anfangs sehr schwachen und zögernden wirtschaftlichen Aufwärtsbewegung. Im Hochsommer 1926 [171] war dann auch für weiteste Geschäftskreise der seit dem Frühjahr eingetretene Umschlag in eine neue Konjunkturphase erkennbar. Die deutsche Volkswirtschaft ging im Herbst nach der eingetretenen Stabilisierung der Wirtschaftslage in das Stadium

rungsgeber erfolgt. Der vom Reichsgericht erörterte Fall, daß Sicherungseigentum gutgläubig durch Abtretung des Herausgabeanspruchs erworben werden kann, stellt nur einen Ausnahmefall dar; vgl. RGZ 113, 57–63, und die Anmerkung Hoenigers zu dieser Entscheidung in JW 1926, 2681 f.

167 Zweite Denkschrift des Großhandels, S. 9.

168 Bernstein, Die Nachteile des Registerpfandrechts, Sp. 736.

169 Zweite Denkschrift des Großhandels, S. 10.

170 Clausing, Die wirtschaftlichen Wechsellagen von 1919 bis 1932, S. 13; vgl. auch Schumpeter, Konjunkturzyklen, Bd. II, S. 789; Schmidt, German Business Cycles, S. 38.

171 Schmidt, German Business Cycles, S. 130, sieht als Beginn des Aufschwungs den Monat April an; vgl. auch Schumpeter, a.a.O., S. 789.

einer kräftigen Expansion über [172]. Die zweite Hälfte des Jahres und vor allem der Spätherbst ist allgemein durch eine kräftige Erholung der deutschen Wirtschaft gekennzeichnet, die dann im folgenden Jahr in die seit dem Kriege größte Hochkonjunktur übergeht [173], die dem Jahr 1927 den Charakter eines Prosperitätsjahres gab, in dem sich bei voller konjunktureller Hochspannung die wirtschaftliche Aktivität auf einem Maximum bewegte [174].

Begünstigt wurde der von Mitte 1926 eintretende Umschwung durch die im April 1926 erstmalig in größerem Umfang eingeleiteten antizyklischen Maßnahmen der Reichsregierung. Neben der Ermäßigung der wichtigsten Steuern, insbesondere der Umsatzsteuer, wurde durch Vergabe von Bauten durch die Reichsbahn und die Post auf einen wirtschaftlichen Umschwung hingewirkt [175]. Ein wesentliches Gewicht unter diesen Maßnahmen, die der Überwindung der Depression galten, hatte der vom Reich, den Ländern und Kommunen geförderte Wohnungsbau [176], der ergänzend neben die Auftragspolitik für den Bau von Straßen und Meliorationen trat. Daneben wurden Notstandsarbeiten in größerem Umfange durchgeführt. Außerdem versuchte man durch landwirtschaftliche Zölle, Erleichterung der Kreditaufnahme und die Gewährung von Subventionen an die Landwirtschaft und bestimmte Gewerbe zum Wiederaufkommen des Wirtschaftslebens beizutragen [177].

Es ist evident, daß mit dem Nachlassen der Insolvenzfälle, die in fühlbarem Maße seit dem zweiten Vierteljahr 1926 ständig zurückgingen, die Situation sowohl für den Geld- wie für den Warenkreditgeber eine andere war als während des Tiefstandes. Mit der sich verringernden Zahl der Konkurse, Geschäftsaufsichten und fruchtlosen Exekutionen verlor naturgemäß die Sicherung von Krediten an Bedeutung [178]. Damit aber mußte die Debatte um die Reform bzw. die Ersetzung der Sicherungsübereignung durch ein Registerpfandrecht viel von der Animosität einbüßen, mit der sie während der Zeit des Höhepunktes der Krise geführt worden war.

172 Wagemann, Konjunkturlehre, S. 206.
173 Schumpeter, Konjunkturzyklen, Bd. II, S. 789.
174 Vgl. die von Wagemann angeführte Diagnose in den Berichten der Vierteljahreshefte für Konjunkturforschung mit dem Vergleich der tatsächlich eingetretenen Wirtschaftsbewegung, Einführung in die Konjunkturlehre, S. 134, 135.
175 Clausing, Die wirtschaftlichen Wechsellagen von 1919 bis 1932, S. 58.
176 Vgl. Wagemann, Konjunkturlehre, S. 214.
177 Clausing, a.a.O., S. 58.
178 Gegenüber 1997 Fällen im Oktober 1925 waren im ersten Vierteljahr 1926 monatlich durchschnittlich 3500 Fälle von Konkursen und Geschäftsaufsichten zu verzeichnen; Clausing, Die wirtschaftlichen Wechsellagen von 1919 bis 1932, S. 54; im Februar und März nahm die Zahl der Konkurse – ähnliches gilt für die Geschäftsaufsichten – im Monat um ungefähr 100 Fälle ab, um im April noch weiter abzusinken; vgl. die Ausführungen des Reichsministers a. D. Hamm auf der 46. Vollversammlung des Deutschen Industrie- und Handelstages, Verhandlungen des Deutschen Industrie- und Handelstages, 1926, Heft 8, S. 39.

b) Maßnahmen des Kreditschutzes und der Kreditkontrolle sowie Änderung der Absatzfinanzierung

Die Depression wurde jedoch zum Stimulans für die Einführung einer Reihe von Innovationen auf dem Gebiete der Absatzfinanzierung wie auch dem der Kontrolle und Sicherung des Kredits. Der Anfang wurde hierbei von dem Teilzahlungskreditgeschäft gemacht. Seit 1926 entwickelten sich bankähnliche Institute, die den vom Verkäufer gewährten Warenkredit beim Ratenkauf in die Bahnen eines bankmäßig organisierten Darlehnskredits lenkten. Die von diesen Instituten betriebene bankmäßige Teilzahlungsfinanzierung erhöhte in der Folgezeit ihren Anteil an den gesamten Kreditverkäufen und drängte die Eigenfinanzierung des Absatzes durch Handel und Industrie immer weiter zurück [179].

Bahnbrechend für eine weitere Sicherungsmaßnahme wurden diese Teilzahlungskreditinstitute durch die Gründung der 1926 in Berlin errichteten »Schutzgemeinschaft für allgemeine Kreditsicherung« [180], bei der alle angeschlossenen Institute vor Kreditenräumung eine Auskunft über die Vermögensverhältnisse des betreffenden Kreditschuldners einholen mußten [181].

Die für das Teilzahlungsgeschäft als eines Sonderfalles der Warenkrediteinräumung eingeführte Neuerung sollte beispielgebend werden für die Absatzfinanzierung in Industrie und Großhandel. Das Textilgewerbe, das auf Grund seiner schwachen Marktstellung besonders hart von den Auswirkungen der Depression betroffen wurde, ging deshalb als erste Branche zu einer in größerem Umfange durchgeführten Gläubigerschutzbewegung über. Bereits im Jahre 1925 kam es auf Betreiben des Vorsitzenden des Schutzverbandes des Elberfelder Textilgroßhandels Hugo Jacoby zu der Gründung eines »Kartells deutscher Gläubigerschutzverbände«. Auf der Delegiertentagung dieses Schutzverbandes am 14. 12. 1925 in Leipzig konnte bereits festgestellt werden, daß 14 Kreditschutzvereinigungen ihm als Mitglieder angehörten [182].

Das Scheitern seiner Angriffe gegen die Sicherungsübereignung veranlaßte den Großhandel, sich diesen Neuerungen auf dem Gebiete des Kreditschutzes anzuschließen.

Die von den einzelnen Großhandelsverbänden betriebene Kontrolle bei der Warenkrediteinräumung innerhalb der Branche wurde zwecks weiterer Vervollkommnung des Kreditschutzes dadurch ergänzt, daß die seit Jahren zwischen dem Zentralverband des deutschen Großhandels und dem Reichsverband der deutschen Auskunfteien gepflogenen Verhandlungen im März 1927 zum Abschluß kamen durch die Errichtung einer »Evidenzzentrale für Abzahlungsgeschäfte« [183]. Damit war eine enge Verbindung zwischen der Vergabe und der Kontrolle des Kredits und zumindest teilweise ein Ausgleich für das Scheitern der Reformbestrebungen ge-

[179] Lehmann, Sicherung von Kundenkrediten, S. 5.

[180] Abgekürzt als »Schufa« kam dieser Kreditschutzvereinigung in der Zukunft eine besondere Bedeutung zu.

[181] Vgl. Lehmann, Die Sicherung von Kundenkrediten, S. 10.

[182] Kleffner, Die Organisation des korporativen Kreditschutzes in Deutschland, S. 51, 52.

[183] Lampe, Großhandel, S. 379.

schaffen, bei denen ja mit Hilfe der Registerpublizität auch eine Kreditkontrolle und vor allem ein besserer Kreditschutz erreicht werden sollte.

Im Verlaufe des Jahres 1927 zog der Großhandel noch eine weitere Folge aus dem Scheitern seiner Reformpläne, das ja nicht zuletzt auch auf die Uneinigkeit der verschiedenen Großhandelszweige – man denke nur an die Gegensätze zwischen dem auf den Binnenmarkt orientierten Großhandel und dem durch den Hamburger Großhandel repräsentierten Überseehandel – über die vom Zentralverband betriebene Einführung des Registerpfandrechts zurückzuführen war. Am 1. 7. 1927 schloß sich deshalb der Zentralverband des deutschen Großhandels mit dem am 5. 11. 1920 gegründeten Reichsverband des deutschen Ein- und Ausfuhrhandels zusammen, um zukünftig als die unbestrittene, zentrale Spitzenvertretung für alle den deutschen Groß-, Ein- und Ausfuhrhandel berührende Fragen auftreten zu können [184].

9. Der Eigentumsvorbehalt der Warenkreditgeber als Abwehrinstrument gegen die Sicherungsübereignung

a) Der Eigentumsvorbehalt in den allgemeinen Lieferungsbedingungen

Diese Veränderungen auf dem Gebiete der Güterverteilung und der Finanzierung des Warenabsatzes fanden Ergänzung durch einen Faktor, der in Zukunft endgültig die Frage der Ersetzung der Sicherungsübereignung durch ein Registerpfandrecht aus dem Ringen gegensätzlicher Wirtschaftsinteressen in den Bereich akademischer Erörterungen verbannte und nur noch Außenseiter des Wirtschaftslebens hin und wieder nach der Beseitigung des Sicherungseigentums rufen ließ. Nach der Krise der Jahre 1925/26 wurde der Eigentumsvorbehalt, der schon nach dem Ersten Weltkriege einen verbreiteten Eingang in die allgemeinen Geschäfts- und Lieferbedingungen gefunden hatte [185], geradezu das Abwehrinstrument der Warenlieferanten gegen die Sicherungsübereignung. Damit war ein Pari zwischen den beiden großen Gläubigergruppen im Hinblick auf die Sicherheiten der von ihnen vergebenen Kredite eingetreten. Die folgenden Jahre zeigten, daß jede Verfeinerung und die Vermögenswerte des Schuldners besser erfassende Sicherungsübereignung eine entsprechende Erstreckung und Veränderung des Eigentumsvorbehalts zur Folge hatte.

Da der Bankkunde die als Kreditunterlage dienenden Warenbestände, soweit sie nicht bezahlt waren, nur gegen Vorbehalt des Eigentums geliefert erhielt, war der Zeitpunkt abzusehen, bis die Kollisionen zwischen Geld- und Warenkreditgeber um die Zuordnung von im Besitze des Schuldners befindlichen Vermögensgegenständen bei Insolvenzfällen zu einer Vorrangstellung des Eigentumsvorbehaltes gegenüber der Sicherungsübereignung zu führen drohten [186].

184 Lampe, a.a.O., S. 353; vgl. auch Schmitt, Großhandel und Einkaufsvereinigungen des Einzelhandels, S. 300.

185 Vgl. Teil I, 5 a.

186 Selbst das Urteil des Reichsgerichts vom 9. 3. 1926 – VI 508/25 –, abgedruckt in JW 1926, S. 2681 f.; RGZ 113, 57 ff., und Bank-Archiv, 25. Jahrg., Nr. 22, S. 438, stellte fest, daß grundsätzlich der Eigentumsvorbehalt einen gutgläubigen Erwerb des fiduziari-

Während der Depression und auch in der darauffolgenden Zeit war die zwischen den Interessengruppen geführte Diskussion allerdings noch durch die Frage gekennzeichnet, ob der Eigentumsvorbehalt ein der Sicherungsübereignung adäquates Sicherungsmittel für den Warenlieferanten sein könnte. Überdies rangen während dieser Zeit noch eine Reihe von Gewerbezweigen um die Durchsetzung des Eigentumsvorbehalts als Sicherungsmittel des auf Zahlungsziel verkaufenden Lieferanten. Hier war es vor allem der Textilgroßhandel und die Konfektionsindustrie, die – bedingt durch eine Übersetzung in diesen Branchen – mit erheblichen Absatzschwierigkeiten zu kämpfen [187] hatten und sich aus diesem Grunde bisher noch nicht in der Lage gesehen hatten, ihren Abnehmern gegenüber auf den Eigentumsvorbehalt bei Nichtbarzahlung zu dringen.

b) Die Frage des sogenannten uneigentlichen Eigentumsvorbehalts

Die Erörterungen innerhalb dieser Gewerbe und die Polemik mit den Banken wurde um die Frage geführt, in welcher Weise diese Handelszweige den Eigentumsvorbehalt bei ihren Kunden durchsetzen könnten. Da diese Lieferantenkreise sich auf Grund ihrer eigenen schwachen Marktstellung nicht zutrauten, den Eigentumsvorbehalt in die allgemeinen Geschäfts- und Lieferbedingungen aufzunehmen, verfiel man auf einen Ausweg, durch den man einerseits dem Abnehmer gegenüber nicht auf dem Vorbehalt des Eigentums bestand, andererseits jedoch dieselben Wirkungen wie bei dessen Vereinbarung im Geschäftsverkehr zu erzielen hoffte. Diesen Ausweg glaubten die Lieferantenverbände im sogenannten uneigentlichen Eigentumsvorbehalt gefunden zu haben [188]. Durch ihn wurde dem Abnehmer die Verpflichtung auferlegt, daß er die gelieferte Ware vor voller Bezahlung oder Einlösung der dafür hingegebenen Wechsel und Schecks ohne Zustimmung des Verkäufers weder verpfänden noch zur Sicherheit übereignen darf [189]. Beabsichtigt wurde durch diese Geschäftsklausel jedoch nicht nur, dem auf Zahlungsziel kaufenden Kunden ein Verfügungsverbot hinsichtlich von Belastungen der gelieferten Waren aufzuerlegen. Die Zweige der Textilwirtschaft, z. B. die Konventionsgemeinschaft des Baumwoll-, Leinen- und Kleiderstoffgroßhandels [190], die diese Klausel in ihre Geschäftsbedingungen aufnahmen, teilten der Öffentlichkeit, insbesondere dem

schen Eigentums gemäß § 933 BGB ausschließt. Lediglich für den Ausnahmefall einer Sicherungsübereignung durch Abtretung des Herausgabeanspruchs war ein gutgläubiger Erwerb von noch nicht dem Sicherungsgeber gehörenden Sachen gemäß § 934 BGB als möglich erachtet worden, worauf auch Hoeniger in seiner Anmerkung in JW 1926, S. 2681 f. hinwies; vgl. hierzu Fuchs, Sicherungsübereignung an den Hauptgläubiger und Eigentumsvorbehalt eines anderen Gläubigers, S. 423; Bernstein, Der uneigentliche Eigentumsvorbehalt an gelieferten Waren, S. 63.

[187] Zweite Denkschrift des Großhandels, S. 24, 25.

[188] Vgl. Teil I, 5 a.

[189] Die entsprechende Klausel lautete: »Die gelieferte Ware darf vor voller Bezahlung oder vor Einlösung der dafür hingegebenen Wechsel und Schecks ohne Zustimmung des Verkäufers weder verpfändet noch zur Sicherung übereignet werden.«

[190] Vgl. den Artikel »Geheime Sicherheitsübereignung – Öffentliches Pfandregister« in der Deutschen Tageszeitung Nr. 244 vom 29. 5. 1926.

Centralverband des deutschen Bank- und Bankiergewerbes mit, daß sie Lieferungen ohne Barzahlung nur noch unter Vereinbarung dieser Klausel vornehmen würden. Die Bankwirtschaft lehnte es aber sofort ab, ihre Mitglieder von dieser neuen Geschäftsusance des Textilgroßhandels in Kenntnis zu setzen und stellte sich sofort auf den Standpunkt, daß dieser Vereinbarung keine dingliche, Dritten gegenüber durchgreifende Wirkung zukomme [191].

Es ging den Verbänden des Textilgroßhandels jedoch nicht darum, durch die Aufnahme dieser Klausel in die Geschäftsbedingungen unmittelbar eine Nichtigkeit von Sicherungsübereignungen noch nicht bezahlter Waren wegen Verstoßes gegen ein rechtsgeschäftliches Veräußerungsverbot (§ 137 BGB) zu postulieren. Es konnte kein Zweifel bestehen, daß durch einen derartigen uneigentlichen Eigentumsvorbehalt nur eine schuldrechtliche Verpflichtung des Käufers herbeigeführt werden konnte, ein etwaiger Sicherungseigentümer dadurch jedoch nicht bedroht werden konnte [192]. Der Textilgroßhandel suchte jedoch die durch Sicherungsübereignungen gesicherten Gläubiger zu treffen. Durch die Bekanntmachung, daß in bestimmten Branchen nur bei Vereinbarung eines uneigentlichen Eigentumsvorbehaltes geliefert würde, sollten sich die Banken als Sicherungsnehmer nicht darauf berufen können, daß ihnen bei fiduziarischer Übereignung noch nicht bezahlter Ware von einer vertragswidrigen Handlungsweise ihres Sicherungsgebers gegenüber seinem Lieferanten nichts bekannt sei. Die Warengläubiger hofften, im Falle von Insolvenzen ihrer Abnehmer Sicherheitsübereignungen noch nicht bezahlter Waren auf Grund der Rechtsprechung des Reichsgerichts als sittenwidrig anfechten und zu Fall bringen zu können [193].

Mit Recht wurde von seiten der Banken geltend gemacht, daß nach der reichsgerichtlichen Judikatur die Beteiligung an der Verletzung von Vertragspflichten, die dem Geschäftspartner einem Dritten gegenüber obliegen, allein noch nicht gegen die guten Sitten verstößt, sofern nicht Umstände, wie z. B. ein komplottartiges Zusammenwirken mit dem vertragswidrig Handelnden, hinzukommen, die ein solches Verhalten als sittlich verwerflich erscheinen lassen [194].

Im übrigen wiesen die Banken darauf hin, daß einzelne Berufsverbände nicht Handlungen als unsittlich abstempeln könnten, die nach allgemeiner Anschauung nicht als sittlich unerlaubt gelten [195].

Die Vertreter der Banken ließen auch durchblicken, worauf es den betreffenden Großhandelskreisen ankam, nämlich mit den erhofften Wirkungen des uneigentlichen Eigentumsvorbehalts die Sicherungsübereignung von Waren überhaupt zu verhindern [196]. Eine solche Maßnahme hätte allerdings eine Einschränkung der

[191] Vgl. den Artikel »Der Eigentumsvorbehalt im Warenhandel« im Berliner Tageblatt Nr. 299 vom 17. 5. 1926.

[192] Hoeniger, Der Erwerb des Sicherungseigentums an nicht bezahlter Ware, S. 628; derselbe, Sanierung der Sicherungsübereignung, S. 266.

[193] Schwickerath, Die Sicherungsübereignung von noch nicht bezahlten Waren. S. 96; Zweite Denkschrift des Großhandels, S. 25; vgl. auch Bernstein, Der uneigentliche Eigentumsvorbehalt an gelieferten Waren, S. 62.

[194] Bernstein, a.a.O., S. 64; Koch, Die Sanierung der Sicherungsübereignung, S. 298.

[195] Bernstein, a.a.O., S. 64.

[196] Bernstein, a.a.O., S. 62, 64.

Kreditmöglichkeiten kapitalschwacher Betriebe und damit gerade des gewerblichen Mittelstandes zur Folge gehabt. Letztlich wären durch eine solche Kreditrestriktion die betreffenden Lieferantenkreise der Textilbranche selber betroffen worden.

Von den Banken konnte mit Recht auf die Tatsache aufmerksam gemacht werden, daß in dieser Wiederaufbauperiode der deutschen Wirtschaft die Kapitalausstattung der Unternehmen auf der einen, der verhältnismäßige Umfang des Kreditbedarfs auf der anderen Seite die Unterscheidung in faule und gesunde Schuldner weitestgehend hinfällig gemacht hatte und von einer Kreditaufnahme eines Kaufmanns nicht mehr auf seine geschäftliche Solidität geschlossen werden könnte [197].

Die Diskussion über die Rechtswirkungen der Vereinbarung und branchenmäßigen Bekanntmachung einer derartigen Verpflichtungsklausel [198], die mit einer gewissen Schärfe zwischen den Banken und den betreffenden Handelskreisen geführt wurde, ging angesichts der Modalitäten bei der Bestellung von Sicherungsübereignungen schon mehr um Prinzipienfragen. Die Banken waren im Verlauf der letzten Jahre und insbesondere im Hinblick auf die strengen Anforderungen der Rechtsprechung des Reichsgerichtes an die Bestimmtheit eines Besitzmittlungsverhältnisses wie auch der übereigneten Waren [199] dazu übergegangen, vom Sicherungsgeber eine Erklärung darüber zu verlangen, daß die als Sicherheit dienenden Waren voll bezahlt sind oder ihm zumindest die freie Verfügungsgewalt über sie zusteht [200]. Banken sowie Treuhandgesellschaften gingen darüber hinaus außerdem dazu über, von ihren Sicherungsnehmern wöchentlich oder alle vierzehn Tage Veränderungsmeldungen über den Bestand des Sicherungsgutes zu verlangen, durch die der jeweils vorhandene Treuhandbestand erneut übereignet wurde. Dadurch schützten sie sich zudem gleichzeitig vor dem Einwand, daß die übereigneten Einzelgegenstände nicht hinreichend bestimmt seien [201].

Mit dieser Geschäftspraxis konnte den Banken so gut wie niemals nachgewiesen werden, daß sie positive Kenntnis hatten von einem rechtsgeschäftlichen Verfügungsverbot durch den Lieferanten ihres Sicherungsgebers, unbezahlte Waren nicht übereignen zu dürfen [202].

[197] Stellungnahme Bernsteins zu dem Aufsatz von Schwickerath, Die Sicherungsübereignung von noch nicht bezahlten Waren, S. 97; Koch, a.a.O., S. 298.

[198] Auf den von Hoeniger mehrfach propagierten Gedanken eines gesetzlichen Eigentumsvorbehalts braucht, da er kein weiteres Echo fand, hier nicht weiter eingegangen zu werden; vgl. Hoeniger, Der Erwerb des Sicherungseigentums an nicht bezahlter Ware, S. 629; derselbe, Zur Sanierung der Sicherungsübereignung, S. 267, 268, 397.

[199] Vgl. das Urteil des Reichsgerichts vom 4. 6. 1926, abgedruckt in LZ 1926, Sp. 1005 ff., und Bank-Archiv, 25. Jahrg., Nr. 22, S. 438.

[200] Bernstein. Der uneigentliche Eigentumsvorbehalt an gelieferten Waren, S. 65, bezeichnete eine solche Auskunftseinholung als das Höchstmaß dessen, was man den Banken als Sorgfaltspflicht aufbürden könnte.

[201] Schwabe, Die Sanierung der Sicherungsübereignung, S. 316.

[202] Bernstein, a.a.O., S. 64, meinte deshalb auch, daß die Wünsche der mit dem uneigentlichen Eigentumsvorbehalt arbeitenden Lieferantenverbände auf eine Gleichstellung von Kennen und Kennenmüssen abzielten.

c) Ungenügende Sicherung der Warenlieferanten durch den einfachen Eigentumsvorbehalt

Hatte sich somit – bis auf einige Großhandelskreise – der echte Eigentumsvorbehalt durchgesetzt, so waren die Formen der Erstreckung und Verlängerung des Eigentumsvorbehaltes noch nicht herausgebildet, die den Lieferanten ein den ausgefeilten Formen der Sicherungsübereignung in jedem Falle gleichwertiges Sicherungsmittel bei Insolvenzfällen gegeben hätte. Immer wieder wurden daher Klagen laut, daß selbst die Vereinbarung eines Eigentumsvorbehalts dem Lieferanten keine genügende Sicherheit für seine Kaufpreisforderungen im Falle des Konkurses des Schuldners biete. Insbesondere in Fällen der Verarbeitung ging meistens das Eigentum des Lieferanten an den unter Eigentumsvorbehalt gelieferten Waren unter. Die Fertigungsprodukte wurden dann in sehr vielen Fällen den Banken zur Sicherung gewährter Darlehen übereignet. Versuche der Warengläubiger, auch in diesen Fällen gegen die gesicherten Geldgeber wegen unerlaubter Handlung nach § 826 BGB vorzugehen oder ihre Kunden wegen Unterschlagung zu belangen, blieben größtenteils ohne Erfolg [203]. Die Bemühungen, mit dem uneigentlichen Eigentumsvorbehalt eine Sicherung zu erreichen, vor allem aber die Nachteile, die die Lieferanten bei der Verarbeitung ihrer bedingt übereigneten Waren erlitten, ließen offenkundig werden, daß ein vollkommenerer Kreditschutz nur durch die Ausbildung des Eigentumsvorbehalts zu einem der Sicherungsübereignung gleich wirksamen Sicherungsmittel zu erlangen war. Dieser Weg wurde in den folgenden Jahren beschritten.

10. Ausklang der Diskussion um die Reform des Kreditsicherungsrechts

Die Wiederaufnahme der Arbeit des Reichstages im November 1926 gab den Erörterungen um die Einführung des Registerpfandrechts nochmals einen neuen Impuls [204]. Es zeigte sich jetzt mit aller Klarheit, daß außer dem Großhandel kein anderer Wirtschaftszweig zum Antrag Keinath positiv eingestellt war.

Am 16. 12. 1926 behandelte ein neu gebildeter Rechtsausschuß des Deutschen Industrie- und Handelstages, dem Vertreter der hauptsächlich in Frage kommenden Wirtschaftsgruppen angehörten, unter dem Vorsitz Prof. Dr. Flechtheims [205] nochmals das Problem der Einführung des Registerpfandrechts [206]. Der Berichterstatter Dr. Frentzel kam in seinen Ausführungen zur Ablehnung des Registerpfandrechts aus denselben Gründen, wie sie bereits in den Erörterungen des Bankausschusses am 4. 2. und in der Denkschrift des Reichsjustizministeriums dargelegt worden waren.

[203] Vgl. die Zuschrift von Rechtsanwalt Dr. Zedermann »Eigentumsvorbehalt im Warenhandel und Bankgewerbe« in der Frankfurter Zeitung Nr. 393 vom 29. 5. 1926.

[204] Der Antrag Keinath wurde im November 1926 nach erneuten Beratungen im Volkswirtschaftlichen Ausschuß an den Rechtsausschuß des Reichstages zurückverwiesen, Zweite Denkschrift des Großhandels, S. 1.

[205] Vgl. die Pressenotiz »Die Einführung des Registerpfandrechts« in der Vossischen Zeitung Nr. 610 vom 27. 12. 1926.

[206] Verhandlungen des Deutschen Industrie- und Handelstages, 1926, Nr. 17, S. 2.

Frentzel konnte darauf hinweisen, daß in den vor einiger Zeit abgehaltenen Beratungen des Reichsverbandes der Deutschen Industrie die maßgebenden Organe dieser Körperschaft den Gesetzentwurf des Großhandels für indiskutabel erklärt hatten. Aber auch die Hauptgemeinschaft des deutschen Einzelhandels, die zwar als solche von einer Stellungnahme abgesehen hatte, gab kurz zuvor bekannt, daß fast alle ihre maßgebenden Fachgruppen [207] sowie die landwirtschaftlichen Verbände sich gegen den Antrag Keinath ausgesprochen hatten [208]. Daß sich die Banken auch jetzt nochmals scharf gegen das Registerpfandrecht wandten, kann nicht wunder nehmen. Auf der ebenfalls am 16. 12. abgehaltenen Generalversammlung des Centralverbandes unter dem Vorsitz von Prof. Dr. Rießer wurde in dem Geschäftsbericht im Zusammenhang mit der Ablehnung des Pfandregisters u. a. ausgeführt, daß es als bedenklich und gefährlich bezeichnet werden müsse, »das Bankgewerbe durch anfechtbare, aber publizistisch wirksame und namentlich des Beifalls der Interessenten sichere Schlagworte von seinen bisherigen vorsichtigen und soliden Kreditsicherungsgrundsätzen abzudrängen« [209].

Auch der Syndikus des Reichslandbundes Rechtsanwalt Böttger lehnte im Namen des von ihm vertretenen Wirtschaftsverbandes den Registerplan grundsätzlich ab. Die Folgen für einen Landwirt bei Offenlegung des Kreditbedürfnisses wären nach seiner Ansicht die gleichen, als wenn dieser einen Offenbarungseid geleistet hätte [210].

Hierin erblickte auch Frentzel die Hauptgefahr des Registers, das ja nur über das Kreditbedürfnis, nicht jedoch über die eigentliche wirtschaftliche Lage des Schuldners, die durchaus gesund sein kann, Auskunft gibt und somit durch den Zwang zur Veröffentlichung dinglicher Belastungen keine Krediterleichterungen, sondern eine Kreditzerstörung bedeuten würde. Auch er sah den mit dem Antrag Keinath beabsichtigten Zweck darin, nicht die Rechtsgrundlage für Mobiliarbeleihungen zu kräftigen, sondern die interessierten Wirtschaftskreise von der Benutzung derartiger Sicherungsformen abzuschrecken. Ebenso wie Bernstein und Merzbach warf er die Frage auf, ob man bei der gegenwärtigen Kapitalknappheit der deutschen Wirtschaft die Möglichkeit versperren soll, sich Kredit gegen Sicherheit, insbesondere durch Beleihung des Warenlagers zu verschaffen [211]. Zur Behebung der mit der Sicherungsübereignung verbundenen Mißstände schlug er drei gesetzliche Neuerungen vor, die jedoch sämtlich auf früheren Vorschlägen basierten.

Zum ersten sprach sich Frentzel für die Schriftform von Sicherungsübereignungen aus. Darüber hinaus sollten nur notariell beurkundete oder beglaubigte Übereignungsverträge volle Sicherheit gewähren. Verträge, deren Ausstellungszeit nicht durch öffentliche oder öffentlich beglaubigte Urkunden sichergestellt ist, sollten hinsichtlich der Anfechtbarkeit den inkongruenten Deckungsgeschäften gleichgestellt werden. Der Warenlieferant brauchte demnach bei der Anfechtung nicht nachzu-

[207] Auf den Interessengegensatz zwischen dem Großhandel und dem Einzelhandel hatte vor allem schon Bernstein, Der uneigentliche Eigentumsvorbehalt an gelieferten Waren, S. 62, hingewiesen.

[208] Frentzel, Sicherungsübereignung und Registerpfandrecht, S. 3.

[209] Bank-Archiv, 26. Jahrg., Nr. 6, S. 155.

[210] Vgl. den Artikel Böttgers »Landwirtschaft und Registerpfandrecht« in der Deutschen Tageszeitung Nr. 9 vom 7. 1. 1927.

[211] Frentzel, a.a.O., S. 7.

weisen, daß dem Anfechtungsgegner zur Zeit des Abschlusses des Sicherungsvertrages die Absicht des Schuldners, die übrigen Gläubiger zu benachteiligen, bekannt gewesen sei. Vielmehr würde es Sache des Sicherungsnehmers sein, im Wege der Einrede den Nachweis zu führen, daß ihm eine solche Absicht nicht bekannt war.

Ferner trat er – wie schon Hellwig als erster im Jahre 1911 – dafür ein, daß dem Sicherungseigentümer nicht die Widerspruchsklage gemäß § 771 ZPO im Falle der Pfändung in das Sicherungsgut, sondern nur das Recht auf abgesonderte Befriedigung nach § 805 ZPO zusteht [212]. Schließlich plädierte er für eine Anwendung der Vorschriften über den Pfandverkauf bei Verwertung des Treugutes. Danach sollte die Verwertung der Sicherungsobjekte zwar nicht im Wege der öffentlichen Versteigerung erfolgen; nach Maßgabe des § 1237 BGB sollten aber Ort und Zeit der Versteigerung vorher den interessierten Fachverbänden bekanntgemacht werden, um die Erzielung eines angemessenen Erlöses zu garantieren [213].

In der Diskussion des Rechtsausschusses kam weiterhin der Gedanke zum Ausdruck, daß der Eigentumsvorbehalt – in der richtigen Weise ausgestaltet – voll und ganz geeignet sei, Sicherungsübereignungen in wirtschaftlich übertriebenem und unbegründetem Umfange zu verhindern [214].

Entsprechend diesen Anregungen faßte der Rechtsausschuß des Deutschen Industrie- und Handelstages seine Entschließung, in der er unter Ablehnung der Offenlegung dinglicher Kreditsicherungen neben der Einführung der Schriftform für Sicherungsverträge eine Änderung des § 805 ZPO dahingehend befürwortete, daß diese Vorschrift auch auf Sicherungsübereignungen Anwendung zu finden habe. Weiterhin forderte er die Anwendung der Vorschriften über den Pfandverkauf auf die Verwertung von Sicherungsgut in Modifizierung der Vorschläge des Deutschen Industrie- und Handelstages vom 9. 10. 1911 und des 31. Deutschen Juristentages und trat für die verstärkte Anfechtbarkeit von Sicherungsübereignungsverträgen ein, die eine bestimmte Zeit vor Zahlungseinstellung oder der Anfechtung vorgenommen worden sind oder deren Ausstellungszeit nicht durch öffentliche oder öffentlich beglaubigte Urkunden sichergestellt ist [215].

Mit dieser Entschließung eines Fachausschusses des Deutschen Industrie- und Handelstages hatte die öffentliche – von Wirtschaftsverbänden und den Repräsentationsorganen der Industrie und des Handels geführte – Diskussion um die Reform des Kreditsicherungsrechtes vorläufig ihr Ende gefunden.

[212] Frentzel, a.a.O., S. 15. Auch in der Tagespresse tauchte wieder der Gedanke auf, zur Verhinderung der Entziehung von Vermögensgegenständen in der Zwangsvollstreckung und der Übersicherung des durch die Sicherungsübereignung gedeckten Gläubigers diesem nur das Recht auf vorzugsweise Befriedigung zu geben; vgl. den Artikel des Rechtsanwalts Dr. Just »Die Rechte des Pfandgläubigers gegenüber der Sicherungsübereignung« im Berliner Tageblatt Nr. 255 vom 2. 6. 1926.

[213] Frentzel, a.a.O., S. 17.

[214] Frentzel, a.a.O., S. 19.

[215] Die Entschließung des Rechtsausschusses des Deutschen Industrie- und Handelstages ist abgedruckt in den Mitteilungen der Industrie- und Handelskammer zu Berlin, 1927, Nr. 1, S. 4. 5; und ebenfalls wiedergegeben in der Zweiten Denkschrift des Großhandels, S. 16. 17. Vgl. auch die Berichte über die Beratung des Rechtsausschusses in der Frankfurter Zeitung Nr. 961 vom 27. 12. 1926 und in der Vossischen Zeitung Nr. 610 vom 27. 12. 1926.

Teil VI

Abschließende Betrachtung über die Entwicklung der Kreditsicherungsmittel bis zur Gegenwart

1. Weltwirtschaftskrise und Entwicklung der Kreditsicherungsmittel

Die Hochkonjunktur in den Jahren 1927 und 1928 ließ die Frage der Sicherung von Krediten in den Hintergrund treten, verbunden mit einer weiteren Ausgestaltung im Instrumentarium der Sicherungsmittel [1]. Die Hauptursache für das Abklingen der Diskussion waren jedoch selbstordnende Maßnahmen der Wirtschaft, durch die im Wege der Absprache unter den großen Gläubigergruppen auf den Verzicht allzu umfassender und andere Kreditgeber schädigende Sicherheiten hingewirkt wurde [2].

In diesem Zusammenhang müssen aber auch Neuerungen auf dem Gebiete der Absatzfinanzierung erwähnt werden. Seit dem Jahre 1926 hatten die Teilzahlungsbanken vor allem in Gestalt der Kundenkreditbanken einen großen Aufschwung erlebt [3]. Sie förderten anfangs die Finanzierung des Absatzes von Typenwaren dadurch, daß sie sich gegen Zahlung des Kaufpreises für den Kunden den Eigentumsvorbehalt des Verkäufers abtreten ließen, um für ihre Darlehnsforderung nunmehr gesichert zu sein. Da diese Vereinbarungen jedoch häufig schuldrechtlichen Schwierigkeiten begegneten, gingen die Teilfinanzierungsinstitute dazu über, dem Käufer ein Darlehen zur Bezahlung des unter Eigentumsvorbehalt gekauften Gegenstandes zu gewähren und sich dafür diesen sicherungsübereignen zu lassen [4]. Die Anwendung der Sicherungsübereignung durch die Teilzahlungsfinanzierungsinstitute [5] bewirkte, daß dieses Sicherungsmittel nicht nur für den Geldkreditgeber, sondern auch bei der Absatzfinanzierung für den Warengläubiger erforderlich war.

Der Ausbruch der Weltwirtschaftskrise ließ zwar diejenigen Wirtschaftsbeteiligten, die in früheren Jahren die Sicherungsübereignung bekämpft hatten, wiederum die Einführung des Registerpfandrechts fordern [6]. Die Schwere dieser die ganze Weltwirtschaft in ihren Grundfesten erschütternden Depression zeigte aber auch, daß der Kredit und seine Sicherung in erster Linie nicht mehr von bestimmten Siche-

[1] Hier ist in erster Linie die Einschaltung von Treuhandorganisationen bei der Vereinbarung und Überwachung von Sicherungsübereignungen zu nennen.

[2] Vgl. Rühl, Eigentumsvorbehalt und Abzahlungsgeschäft, S. 310.

[3] Vgl. Lehmann, Sicherung von Kundenkrediten, S. 5; Rühl, a.a.O., S. 291.

[4] Zur Entwicklung der Teilzahlungskreditinstitute vgl. Rühl, Eigentumsvorbehalt und Abzahlungsgeschäft, S. 289 ff.

[5] Diese sind nicht mit den damals ebenfalls in größerem Umfang aufgekommenen Finanzierungsinstituten zu verwechseln, die ebenfalls Darlehen, allerdings nicht zur Bezahlung des Kaufpreises, gegen Sicherungsübereignung gaben; vgl. den Artikel von Wilmersdoerffer, »Gläubiger- und Schuldnerschutz im Rechte der Sicherungsübereignung« in Münchner Neueste Nachrichten Nr. 288 vom 22. 10. 1929.

[6] Vgl. den Aufsatz Dr. Friedländers vom Zentralverband des Deutschen Großhandels »Kommt die Mobiliarhypothek?« im Berliner Tageblatt Nr. 321 vom 10. 7. 1929.

rungsmitteln abhing. Die Sicherungsübereignung spielte deshalb nicht mehr die Rolle wie bei der voraufgegangenen Krise.

Die erhöhten Insolvenzverluste der Warengläubiger auf dem Höhepunkt der Weltwirtschaftskrise führten vielmehr dazu, daß der verlängerte Eigentumsvorbehalt in den verschiedenen Formen seiner Erstreckung und Erweiterung Eingang fand in allgemeinen Lieferungsbedingungen der überwiegenden Anzahl aller Wirtschaftsverbände. Die Entwicklung der folgenden Jahre ist gekennzeichnet durch ein immer weiteres Vordringen des verlängerten Eigentumsvorbehaltes [7]. Nachdem im Konjunkturverlauf der Nadir der depressiven Phase überwunden war, konnten auch jene Firmen von ihren Abnehmern den Eigentumsvorbehalt auch in seinen Verlängerungsformen ausbedingen, die ein derartiges Zugeständnis infolge ihrer geschwächten Machtposition während des Höhepunktes der Krise von ihren Kunden nicht hatten verlangen können. Zu der verstärkten Sicherung des Warenkredits hatte außerdem die Judikatur erheblich beigetragen durch gesteigerte Anforderungen an die Wirksamkeit von Sicherungsübereignungen. Auch im Reichsgerichtsurteil vom 27. 2. 1931 [8] wurde der Grundsatz bestätigt, daß nicht Bestimmbarkeit, sondern Bestimmtheit der zu übereignenden Gegenstände eines Warenlagers erforderlich sei. Es verschärft allerdings nunmehr die an die Wirksamkeit zu stellenden Anforderungen, daß es in Abweichung von der früheren Rechtsprechung [9] für die Bestimmtheit nicht den Zeitpunkt der Konkurseröffnung, sondern des Vertragsabschlusses für maßgebend erklärte [10].

Eine besondere Hilfe erhielten die Warengläubiger jedoch durch das Urteil vom 9. 4. 1932 [11]. In diesem stellte das Reichsgericht abschließend und gleichsam kodifikatorisch in fünf typischen Sicherungsfällen ein die (relative) Unwirksamkeit der Sicherungsübereignung gegenüber späteren Gläubigern führendes Verhalten fest. In dieser grundlegenden Entscheidung war neben dem betrügerischen Vorgehen des Sicherungseigentümers in dem mißbilligten fünften Sicherungsfall auch der Tatbestand als haftungsbegründend erklärt worden, daß die ausbedungene Sicherheit durch ihren Umfang und ihre Undurchsichtigkeit die vom Sicherungsnehmer bewußt in Kauf genommene, mindestens aber nicht ganz fern liegende Möglichkeit in sich birgt, daß später nichtsahnende Kreditgeber zu Schaden kommen, ohne daß man dem Erstgläubiger geradezu betrügerisches Vorgehen gegenüber den späteren Gläubigern zur Last legen könnte.

[7] Schantz, Eigentumsvorbehalt – wie lange noch?, S. 21.

[8] JW 1931, S. 1962–1963; Bank-Archiv, 30. Jahrg., Nr. 15. S. 340–341.

[9] Vgl. RGZ 113, 57; Bank-Archiv, 14. Jahrg., S. 337; so schon Weinhausen, Die Sicherungsübereignung, S. 80; dagegen allerdings Kühl, Eigentumsvorbehalt und Abzahlungsgeschäft, S. 118.

[10] Eine Verschärfung der Anforderung an den Bestimmtheitsgrundsatz liegt insoweit vor, als nunmehr nicht die im Zeitpunkt der Konkurseröffnung dem Gemeinschuldner gehörenden Gegenstände als sicherungsübereignet gelten, was sich ja ad hoc feststellen läßt, sondern die jeweils als übereignet geltenden Sachen bereits nach dem Sicherungsvertrag bestimmt sein müssen. Vgl. hierzu Rautmann, Sicherungsübereignung und Eigentumsvorbehalt, S. 416.

[11] RGZ 136, 253–254.

Daß dieses Urteil gerade in Bankkreisen Beunruhigung hervorrief, ist selbstverständlich, andererseits konnten diese durch Anwendung der von den Treuhandgesellschaften ausgebildeten Methoden der Kontrolle und Kennzeichnung sicherungsübereigneter Gegenstände den Vorwurf bewußt herbeigeführter oder fahrlässig geduldeter Unübersichtlichkeit der Sicherungsübertragungen vermeiden [12].

Andererseits erkannte die Rechtsprechung der Obergerichte sofort den seit 1930 in größerem Umfange vereinbarten verlängerten Eigentumsvorbehalt zur Verarbeitung [13] und zur Veräußerung [14] bestimmter Gegenstände als rechtsgültig an.

Das Reichsgericht bestätigte jetzt ausdrücklich, daß der Eigentumsvorbehalt das berechtigte Mittel des Warengläubigers zur Abwehr der vom Geldkreditgeber vorgenommenen Sicherungsübereignungen von Warenlagern ist und führte in seiner Entscheidung von 15. 3. 1935 aus:

»Der Eigentumsvorbehalt bildet im heutigen Wirtschaftsleben bis zu einer anderweitigen gesetzlichen Regelung das kaum zu entbehrende Sicherungsmittel des Warengläubigers gegen das Überhandnehmen der Sicherungsübereignung, durch die sich der Geldkreditgeber, häufig zum Nachteil des Warenlieferers, vor den Folgen der wirtschaftlichen Leistungsunfähigkeit des Kreditnehmers zu schützen sucht.« [15]

Das Reichsgericht ging jedoch noch weiter und billigte den Warengläubigern zu, was sie vor der Krise 1925/26 zu erreichen gehofft hatten, daß nämlich im Geschäftsleben von der Belastung der Waren mit Eigentumsvorbehalten ausgegangen werden müsse und insoweit ein gutgläubiger Erwerb an diesen nur dann gegeben ist, wenn spätere Sicherungserwerber geeignete Erkundungen über das Bestehen eines Eigentumsvorbehaltes vorgenommen haben.

In dem genannten Urteil hatte das Reichsgericht den vom Vorgericht vertretenen Standpunkt unwidersprochen hingenommen [16], das hierzu angeführt hatte:

»Die Veräußerung von Waren unter Eigentumsvorbehalt ist heute derart üblich geworden und so weit verbreitet, daß jeder, der sich die Ware eines Kaufmanns zur Sicherheit übereignen lasse, mit einer Belastung der Ware durch einen Eigentumsvorbehalt rechnen müsse.«

In einer bald darauf ergangenen Entscheidung hat es sich dann selbst ausdrücklich dahin ausgesprochen, daß ein Käufer, insbesondere ein Fabrikant, der sich von einem Einzelhändler Warenmengen übertragen lasse, mit dem Eigentumsvorbehalt rechnen müsse [17].

War durch diese Rechtsprechung selbst der an sich nur mögliche gutgläubige Erwerb des Sicherungseigentums durch Abtretung des Herausgabeanspruchs (§ 934 BGB) erheblich erschwert worden, so mußten die Geldkreditgeber, da bei der Sicherungsübereignung von Warenlagern immer mit dem Bestehen eines Eigentumsvorbehalts gerechnet werden mußte, die eine Sicherungsübertragung insgesamt nichtig machen konnte, andere Sicherungsobjekte zur Kreditunterlage machen, falls sie nicht auf Deckung verzichten oder das Kreditgeschäft erheblich einschränken woll-

[12] Klausing, Kreditsicherung, S. 16.
[13] So Urteil des Kammergerichts in JW 1930, 2798; 1932, 2364.
[14] RGZ in JW 1963, 3174; RGZ 136, 100 ff.; JW 1932, 1965.
[15] RGZ 147, 321 ff., 327.
[16] RGZ 147, 331.
[17] Reichsgerichtsurteil vom 13. 8. 1935, abgedruckt im Bank-Archiv, 34. Jahrg., S. 114 ff.

ten [18]. Die Banken gingen deshalb dazu über, sich das Anwartschaftsrecht auf das unter der aufschiebenden Bedingung der vollständigen Zahlung des Kaufpreises vorbehaltene Eigentum sicherungsübereignen zu lassen [19]. Diese Übertragung des Anwartschaftsrechts [20], die nach den für de Erwerb des Eigentums geltenden Vorschriften erfolgt [21], wurde notwendig, weil es für überaus zahlreiche Schuldner – mangels vorhandenen Eigentums und beim Schwinden des Personalkredits – das einzige Mittel zur Kreditbeschaffung blieb [22].

2. Einstellung der NS-Rechtslehre zu publizitätslosen Sicherungsmitteln, insbesondere zur Sicherungsübereignung

Somit konnte im Jahre 1937 die Feststellung getroffen werden, daß der Eigentumsvorbehalt »die Sicherungsübereignung überholt und geschlagen« hatte [23]. Darüber hinaus betrachtete die NS-Rechtslehre aus ideologischen Gründen anfangs gerade die Sicherungsübereignung ausgesprochen ablehnend. Diese Einstellung ergab sich aus der dem totalitären Herrschaftssystem eigentümlichen Mißtrauen gegenüber der überkommenen Privatautonomie, insbesondere bei der Vertragsgestaltung und in den Prozeßmaximen über die Herrschaft der Parteien im Zivilverfahren.

Dieses Mißtrauen resultierte einerseits aus der Ablehnung der als liberalistischer Individualismus denunzierten staatsfreien Sphäre bei der Gestaltung von Privatrechtsverhältnissen [24] und führte zur Ablehnung einer Scheidung zwischen privatem und öffentlichem Recht. Begründet war dieses Mißtrauen aber auch aus der Natur der Sicherungsübereignung als abstraktem Rechtsgeschäft, das sich schon wegen seines Publizitätsmangels einer Kontrolle durch staatliche Behörden entzog [25].

[18] Vgl. Klausing, Neue Formen der Kreditsicherung, S. 361 f.

[19] Holtz, Das Anwartschaftsrecht aus bedingter Übereignung als Kreditsicherungsmittel, S. 18–19, insbes. S. 44.

[20] Vgl. RGZ 140, 225.

[21] So Reichsgericht, Seufferts Archiv, Bd. 91, 261.

[22] Schwister, Anwartschaft und Kredit, Sp. 1026, der es neben seiner Eigenschaft als Kreditunterlage auch als Mittel zur Milderung der Mißstände in den Interventionsprozessen ansah. Vgl. im übrigen Grund, Sicherungsübereignung von Anzahlungsgegenständen, S. 2361.

[23] Lehmann, Reform der Kreditsicherung an Fahrnis und Forderungen, S. 6.

[24] Lange, Liberalismus, Nationalsozialismus und bürgerliches Recht, S. 8, 14 ff., 23; vgl. auch Lange, Vom alten zum neuen Schuldrecht, S. 16, 55; Klausing, Neue Formen der Kreditsicherung, S. 311, 319, 325.

[25] Das Landgericht Breslau hatte in einem vielbeachteten Urteil vom 18. 1. 1934 der Sicherungsübereignung die Anerkennung versagt, weil dieses Sicherungsmittel vom Standpunkt nationalsozialistischer Weltanschauung regelmäßig gegen die Reinlichkeit und Redlichkeit des Geschäftsverkehrs verstoße (abgedruckt in DJ 1935, S. 413); der Ministerialrat im Reichsministerium, Dr. Pätzold, konnte nicht umhin, in einer den Geist der Entscheidung lobenden Anmerkung doch nachdrücklichst darauf hinzuweisen, daß der ersatzlose Wegfall der Sicherungsübereignung weitestgehende Unsicherheit in die kreditgebenden Anstalten hineintrage und diese eines Mittels zur Sicherung von Krediten beraube, die für die Arbeitsbeschaffung wie für die allgemeine Wirtschaftsproduktivität unbedingt erforderlich seien (DJ 1935, S. 414).
Vgl. Schmelzeisen, Das Treupfand, S. 5; Klausing, Neue Formen der Kreditsicherung,

3. Vorschlag über die Reform des Kreditsicherungsrechts durch die Akademie für Deutsches Recht

Die »Akademie für Deutsches Recht« hatte sich deshalb der Überprüfung und Ausgestaltung des Kreditwesens und insbesondere des Rechtes der Kreditsicherung zugewandt. Aus den Verhandlungen des Ausschusses für Personen-, Kredit- und Schuldrecht ging die Denkschrift des Kölner Professors Dr. Heinrich Lehmann hervor, die unter dem Titel »Reform der Kreditsicherung an Fahrnis und Forderungen« (nebst Gesetzesvorschlag) in einer allerdings gemäßigten und die Ereignisse der bisherigen Rechtsentwicklung in Lehre und Judikatur berücksichtigenden Weise eine völlige Neuordnung des Kreditsicherungsrechtes vorschlug [26]. Danach sollten Sicherungsverträge über Sicherungsübereignung, die in ein Vertragspfand umgewandelt werden sollte, sowie Eigentumsvorbehalt und Sicherungsabtretung [27] grundsätzlich nur gültig sein, wenn sie schriftlich abgeschlossen sind [28]. Außerdem wurde dem Sicherungsgeber die Verpflichtung auferlegt, sämtliche Sicherungsverträge in ein Sicherungsbuch einzutragen, damit sich spätere Kreditgeber über die bereits bestehenden Belastungen orientieren können [29]. Ein Registerpfandrecht sollte nur für die Sicherungsübereignung von Sachgesamtheiten eines Betriebsvermögens und die Sicherungsabtretung sämtlicher Außenstände durch einen Gewerbetreibenden bestehen [30]. Die Einsicht in das Register sollte zudem nur mit Einwilligung des Verpfänders möglich sein [31]. Außerdem war vorgesehen, daß bei Sicherungsübereignungen – entsprechend einer seit Jahrzehnten erhobenen Forderung

S. 355; Lehmann, Reform der Kreditsicherung an Fahrnis und Forderungen, S. 4; nicht uninteressant und nicht ohne Ironie ist die Tatsache, daß sich auch die sowjetzonalen Gerichte mit im Kern ähnlichen Begründungen der Sicherungsübereignung befassen und ihr die Rechtswirksamkeit absprechen; vgl. Urteil des Stadtgerichts Berlin vom 17. 4. 1959, bei dem in einer ablehnenden Besprechung eines Justizfunktionärs auf die Bedeutung der Sicherungsübereignung für die Sicherung von Darlehen staatlicher Kreditinstitute hingewiesen wurde (vgl. NJ 1960, 662 f.).
In diesen Fällen, bei denen ein staatliches Interesse vorlag, hatten die sowjetzonalen Obergerichte allerdings schon früher Sicherungsübereignungen an Kreditinstitute für zulässig gehalten (vgl. NJ 1957, S. 222, 776). Vgl. auch Kleine, Die historische Bedingtheit der Abstraktion von der causa, S. 64–66.

[26] Ausführlich gibt den Inhalt der Denkschrift wieder Schwister, Vertragspfändung, Sicherungsübereignung und Eigentumsvorbehalt, S. 338–342.

[27] Lehmann, Reform der Kreditsicherung an Fahrnis und Forderungen, a.a.O., S. 31 ff., 81.

[28] Lehmann, a.a.O., S. 19 ff., 47, 73; Schwister, Zur Reform der Kreditsicherung an Fahrnis und Forderungen, S. 371, bemängelte, daß nicht wenigstens notarielle Beglaubigung vorgeschrieben werden sollte. Er befürchtete, daß in Zukunft der Inhalt der Verpfändungsverträge weniger wahrheitsgemäß, sondern nach Formularverträgen wiedergegeben wird.

[29] Lehmann, a.a.O., S. 24, 47, 74. Auf die verschiedenen Vorschläge über ein derartiges Schuldbuch, wie sie Scheu, Das persönliche Grundbuch, S. 31, und Seidel, Das öffentliche Schuldbuch, und Klausing, Neue Formen der Kreditsicherung, anführen, soll hier nicht näher eingegangen werden, da sie entweder völlig unrealistisch oder doch durch Publizitätsüberspannung gekennzeichnet waren.

[30] Lehmann, S. 28, 30, 48, 73.

[31] Lehmann, a.a.O., S. 29, 55, 76.

– der Sicherungsnehmer nur die Rechte eines Pfandgläubigers haben sollte, um das Auseinanderfallen von wirtschaftlichem Zweck und Rechtsform zu verhindern [32]. Das gleiche sollte für die Sicherungsabtretung gelten [33].

4. Änderung der Rechtsprechung zum verlängerten Eigentumsvorbehalt und die konjunkturelle Lage

Dieser Akademievorschlag sollte jedoch keine praktische Verwirklichung finden. Das lag einerseits an dem teilweise scharfen Widerstand, den er in Kreisen der Wirtschaft fand. Vielleicht ebenso wichtig aber war die Einwirkung – genauer gesprochen die Zurückdrängung und Beschneidung – der wesentlichen Publizitätslosen Sicherungsmittel durch die Rechtsprechung. Eine entscheidende Rolle spielte außerdem die allgemeine konjunkturelle Entwicklung und die spezifische deutsche Wirtschaftssituation, insbesondere die Gestaltung des deutschen Warenmarktes und der deutschen Geldverhältnisse.

Angesichts der Zurückdrängung der Sicherungsübereignung durch die reichsgerichtliche Rechtsprechung [34] fand der Eigentumsvorbehalt eine früher nicht denkbare Ausbreitung, und zwar nicht nur in quantitativer Hinsicht, sondern auch in den immer subtileren Formen seiner Verlängerung und Erstreckung. Das Reichsgericht sah sich daher genötigt, den früher gegenüber der Sicherungsübereignung begünstigten Eigentumsvorbehalt, vor allem aber seine Verlängerungsformen in Gestalt immer weitergehender Vorausabtretungen, zurückzudrängen. Nachdem es in einer Anzahl von Erkenntnissen ausgesprochen hatte, daß bei Vorauszessionen die Bestimmbarkeit der abgetretenen Forderung nicht nach den Bestimmungen des Einzelvertrages zu beurteilen ist, sondern nach den »typischen Vertragsbedingungen« zu erfolgen hat, erklärte es in seiner Entscheidung vom 18. 10. 1935 [35] einen verlängerten Eigentumsvorbehalt mit Vorausabtretungsklauseln für unwirksam. In den Urteilsgründen legte es dar, daß es bei einem formularmäßig vereinbarten Eigentumsvorbehalt nicht entscheidend sein kann, ob die Anwendung der Vorbehaltsklausel auf den konkreten Einzelfall keinen tatsächlichen und rechtlichen Schwierigkeiten begegnet. Als ursächlich für die Nichtigkeit des seiner Entscheidung zugrunde liegenden Vorbehaltes erkannte es, daß der verlängerte Eigentumsvorbehalt grundsätzlich dann unwirksam ist, wenn sich auch nur in einem möglichen Falle die vorausabgetretene Forderung nach Art und Umfang als nicht einwandfrei bestimmbar herausstellt. Im Verfolg dieser Rechtsprechung mußte die grundlegende Entscheidung des Reichsgerichts vom 6. 4. 1937 [36] praktisch wie ein Ausschluß des verlängerten Eigentumsvorbehalts in allgemeinen Geschäftsbedingungen wirken.

[32] Lehmann, a.a.O., S. 32 f., 74.
[33] Lehmann, a.a.O., S. 37 f., 81.
[34] Darüber hinaus wurden noch Vorschläge gemacht, die Sicherungsübereignung bei Verträgen über 10 000 Mark durch das Mittel der Kreditprüfung zu ersetzen; so Hahn, Das Problem der Reform der Sicherungsübereignung, S. 39.
[35] RGZ 149, 95 ff. Vgl. zu dieser Entscheidung Schantz, Verlängerter Eigentumsvorbehalt – wie lange noch?, S. 28 f.
[36] RGZ 155, 26–33.

Diese Beschneidung des typischen Kreditsicherungsmittels der Warengläubiger entsprach der allgemeinen konjunkturellen Entwicklung, die seit 1933 in einen allgemeinen Wirtschaftsaufschwung überging. Seit dem Jahre 1935 trat auf Grund der schnellen Erholung der deutschen Volkswirtschaft – und teilweise auch auf Grund von Außenhandelsschwierigkeiten – eine Knappheit an Rohmaterialien und eine allgemeine Verminderung der Vorräte ein. Die forcierte Investitions- und Rüstungsgüterproduktion war zudem bei Ausschöpfung der Kapitalreserven nur durch den Übergang von einer kompensierenden zu einer inflationistischen Kreditausweitung zu ermöglichen, bei der die Geldentwertung zwar anfangs durch Besteuerung und Zwangssparen eingedämmt werden konnte, den Wirtschaftern jedoch nunmehr ausreichende Geldmittel zur Verfügung standen [37]. Diese Faktoren verstärkten – wie es sich schon während des Ersten Weltkrieges gezeigt hatte – in hohem Maße die Marktstellung der Warengläubiger. Infolge des Geldüberhanges trat das Bedürfnis nach Sicherung von Bankkrediten zurück. Gleichzeitig konnte aber auch der Warengläubiger, der zwar den Eigentumsvorbehalt nunmehr jederzeit durchzusetzen vermochte [38], auf dieses Sicherungsmittel verzichten, da nach Maßgabe der fortschreitenden Güterverknappung die Barzahlung an die Stelle des Kreditkaufes trat.

5. Stellungnahme der durch die Reichswirtschaftskammer vertretenen gewerblichen Wirtschaft zu dem Akademievorschlag

Nicht einzelne Wirtschaftsverbände, sondern die in der Gesamtstandesorganisation – der Reichswirtschaftskammer – vertretenen Wirtschaftsgruppen der Industrie, des Handels, des Handwerks und der Banken sprachen sich daher sowohl aus grundsätzlichen Erwägungen wie auch auf Grund der gegebenen Kreditverhältnisse gegen die von Lehmann in dem Akademie-Entwurf vorgeschlagene Reform des Mobiliarkreditsicherungsrechtes aus [39]. Die Reichswirtschaftskammer lehnte jede Erkennbarmachung von Sicherungsgeschäften ab [40] und verwarf auch die von Lehmann vorgeschlagene Umwandlung der Sicherungseignung und der Sicherungsabtretung in ein besitzloses Vertragspfandrecht [41]. In der Einführung eines Pfandregisters für Sicherungsübereignungen sah sie einen Anreiz zu einer größeren Überdeckung des Gläubigers als bei der Sicherungsübereignung voraus, da für diesen die Verwertung des Sicherungsgutes eingeschränkt werden würde.

[37] Vgl. Haberler, Prosperität und Depression, S. 344.

[38] Vgl. Rühl, Eigentumsvorbehalt und Anzahlungsgeschäft, S. 5.

[39] Die Stellungnahme der Reichswirtschaftskammer zur Reform des Kreditsicherungsrechts ist u. a. abgedruckt im Deutschen Reichsanzeiger und Preußischen Staatsanzeiger Nr. 92 vom 22. 4. 1938, S. 3.

[40] Vgl. die Pressemitteilung der Reichswirtschaftskammer »Zur Kreditsicherungsdebatte« in Die Bank, 1938, Heft 21, S. 710: »Die Reichswirtschaftskammer ist daher zu der Auffassung gekommen, daß jeder Vorschlag, der in irgendeiner Form auf die Erkennbarmachung von Sicherungsgeschäften abzielt, abgelehnt werden muß.«

[41] Deutscher Reichsanzeiger und Preußischer Staatsanzeiger, a.a.O. Vgl. auch den Instruktiven Aufsatz von Mathews, Sicherungsübereignung und Sicherungsabtretung, S. 7.

Die Reichswirtschaftskammer glaubte daher, daß die Erhaltung der Sicherungsübereignung im gemeinsamen Interesse von Kreditnehmer und Kreditgeber liege und deshalb unter den gegenwärtigen Verhältnissen an der Sicherungsübereignung festgehalten werden müsse.

Beim Eigentumsvorbehalt sprach sie sich gegen eine schematische, ohne Rücksicht auf die Eigenart des einzelnen Geschäftes zur Regel gewordenen Verwendung der verschiedenartigsten Verlängerungs- und Erweiterungsklauseln und Einzelunternehmungen aus.

Entscheidend war aber, daß sie eine Abstellung dieser Mißstände durch die Gesetzgebung ablehnte und für Selbstbeschränkungsmaßnahmen der Wirtschaftsgruppen bei der Einschränkung einer Anwendung von Kreditsicherungsmitteln eintrat. Wie in dem Jahrzehnt zuvor wurde auch jetzt eine Lösung bei der allzu starken Anwendung von Sicherungsmitteln durch gemeinsame Absprachen der verschiedenen Gläubigergruppen getroffen. Die Reichsgruppen Industrie und Handel empfahlen daher den ihnen nachgeordneten Verbänden, daß ihre Mitglieder für den Regelfall den erweiterten Eigentumsvorbehalt aus der industriellen Wirtschaftspraxis entfernen sollten. Diese von der Wirtschaft gezeigte Aktivität beruhte sicherlich auf der Befürchtung, daß sich der Gesetzgeber veranlaßt sehen könnte, in das Gebiet des Lieferantenkredits und der zu seiner Sicherung benutzten Institution einzugreifen [42]. Hierbei stand allerdings nach dem Akademievorschlag zu erwarten, daß der gesetzliche Eingriff weitergehen könnte, als es der Wirtschaft erwünscht sein konnte [43].

Es ist daher verständlich, daß sich die Reichswirtschaftskammer völlig ablehnend gegenüber dem Akademievorschlag insoweit verhielt, als durch ihn ein Pfandregister für Sicherungsübertragungen eingeführt werden sollte. Zwar mag die Begründung, daß die Registereinsicht die Kreditfähigkeit von Kreditsuchenden zerstöre [44] oder zumindest erschwere, und zwar auch dann, wenn er gegenüber einer Auskunftei oder Treuhandgesellschaft die Einsichtnahme verweigere und dadurch gleichsam auf eine schwarze Liste komme, wohl mehr als ein taktisches Argument anzusehen sein. Zutreffend ist aber, was die Kammer gegen den Vorschlag Lehmanns bezüglich der Einwilligung zur Registereinsicht durch den Kreditnehmer feststellte [45]:

»Der Sicherungsgeber wird selbstverständlich demjenigen Einblick gewähren müssen, der ihm wirtschaftlich überlegen ist und dem gegenüber er es auf Abbruch oder Erschwerung der Geschäftsbeziehungen nicht ankommen lassen kann; sind Rohstoffe und Ware knapp, so ist dies der Warenlieferant, muß dagegen der Lieferant um den Absatz seiner Waren ringen, so hat nicht er, sondern der Geldkreditgeber es in der Hand, sich die Einwilligung zur Einsichtnahme zu erzwingen.«

[42] Vgl. »Zur Kreditsicherung – Eine Reform-Debatte«, Die Bank, 1938, Heft 17, S. 521–522.

[43] So wollte der Akademievorschlag in § 20 Abs. 2 und 4 seines Gesetzentwurfes die Kontokorrent- und Konzernklausel beim Eigentumsvorbehalt überhaupt für unwirksam erklären; vgl. Lehmann, Die Reform der Kreditsicherung an Fahrnis und Forderungen, S. 58–59, insbes. 78–79.

[44] Vgl. Zadow, Zur Reform der Kreditsicherung, S. 1278 f.

[45] »Zur Kreditsicherungsdebatte«, Die Bank, 1938, Heft 21.

6. Die Kreditsicherungsrechte nach dem Zweiten Weltkrieg und die Verhandlungen des 41. Deutschen Juristentages

Während des Zweiten Weltkrieges und in der Nachkriegszeit spielten die Rechtsinstitute der Sicherungsübereignung und des Eigentumsvorbehalts keine Rolle. Infolge der allgemeinen Geldflüssigkeit waren Sicherungen durch Sicherungsübereignungen so gut wie außer Übung gekommen. Der Eigentumsvorbehalt fand sich zwar weiter in den allgemeinen Geschäftsbedingungen, in die er nun schon seit Jahrzehnten Aufnahme gefunden hatte, er erlangte jedoch keine Bedeutung, da jedermann gern zahlte, wenn er für Geld nur Ware bekam [46]. Dieser Zustand änderte sich schlagartig mit der Einführung der Währungsreform. Nach Beseitigung des inflationistischen Geldüberhanges und dem Wiederingangkommen der Wirtschaft kam es wieder zu Kämpfen zwischen Warengläubigern und Geldkreditgebern um die weitestmögliche Sicherung ihrer Kredite. Die Nachkriegsentwicklung machte jetzt aber allen Wirtschaftsbeteiligten offenkundig, worin die Problematik der publizitätslosen Sicherungsmittel besteht. Sie vertiefte damit auch die juristische Diskussion und ließ sie die tatsächlichen Grundlagen in die Erörterung einbeziehen. Die deutsche Kreditsituation, die durch einen selbst in früheren Krisenzeiten nicht gekannten Kapitalmangel einerseits, damit aber auch durch ein Kreditbedürfnis, wie es wohl in keiner anderen Volkswirtschaft vorlag, gekennzeichnet war, ließ Bestrebungen zur Rückkehr zu den vom BGB konzipierten besitzlosen Sicherungsmitteln von vornherein völlig illusorisch erscheinen. Da der übergroße Kapitalbedarf auch nicht annähernd durch Bankkredite gedeckt werden konnte, mußten Industrie und Handel in einem früher nicht gekannten Umfange Warenkredite gewähren. Der Warenkreditgeber war auf Grund der Verhältnisse in der Wiederaufbauperiode der deutschen Wirtschaft gezwungen, Vorausleistungen zu erbringen und damit praktisch die Rolle des Bankiers zu übernehmen; dem trug auch vollauf die Judikatur Rechnung [47]. Im Gegensatz zu der Rechtsprechung des Reichsgerichts stellte sich der Bundesgerichtshof durch Urteil vom 25. 10. 1952 auf den Standpunkt, daß bei der Vorausabtretung lediglich eine Bestimmbarkeit, nicht jedoch eine Bestimmtheit der sicherungszedierten Forderung vorliegen müsse [48]. Damit war allen denkbaren Verlängerungs- und Erweiterungsformen des Eigentumsvorbehalts in den allgemeinen Geschäftsbedingungen freie Bahn gegeben. Die Differenzen zwischen den Waren- und Geldkreditgebern betrafen daher die Zulässigkeit von Anschlußzessionen, die als Surrogate an die Stelle von veräußerten Waren traten, die entweder sicherungsübereignet waren oder unter Eigentumsvorbehalt gestanden hat-

[46] Münzel, Eigentumsvorbehalt und Sicherungsübereignung, S. 129; vgl. Caemmerer, Verlängerter Eigentumsvorbehalt und Bundesgerichtshof, S. 97; Lange, Lage und Zukunft der Sicherungsübereignung, S. 565.

[47] Vgl. die Ausführungen des Rechtsanwalts Dr. Wolfgang Pohle, Vorsitzender des Rechtsausschusses des Bundesverbandes der deutschen Industrie auf dem 41. Deutschen Juristentag, Verhandlungen, F 45.

[48] BGHZ 7, 365 ff. (NJW 1953, 21); andererseits schränkte der Bundesgerichtshof Sicherungsübereignungen durch sog. Bassinverträge erheblich ein; BGHZ 21, 52; vgl. hierzu Muthesius, Kalte Restriktion, S. 693.

ten [49]. Da der Bestimmtheitsgrundsatz von der Rechtsprechung aufgegeben war, traten bei Insolvenzfällen immer wieder Schwierigkeiten auf, ob dem Warengläubiger eine Forderung kraft verlängerten Eigentumsvorbehalts oder einem Kreditinstitut auf Grund einer Global- oder Mantelzession zusteht. Hierbei ergaben sich zeitweilig erhebliche Nachteile für den Geldgläubiger, da nach dem Grundsatz »prior tempore potior iure« die Vorauszession auf Grund des Eigentumsvorbehalts den Abtretungen durch Mantel- oder Globalvertrag an die Banken stets vorzugehen pflegte [50]. Im übrigen versuchte man durch verschiedene rechtstechnische Mittel einen Schutz für diejenigen Gläubigergruppen – die allerdings nicht mit den Warenlieferanten identisch waren – herbeizuführen, die angesichts der wirtschaftlichen Verhältnisse ohne Sicherungsmöglichkeiten Vorleistungen erbringen mußten [51]. Ein weiteres Problem für die deutsche Wirtschaft in dieser Aufbauperiode und in den ersten Jahren einer ständigen Hochkonjunktur waren die Konkursvorrechte der öffentlichen Hand, die jetzt oft an Stelle einzelner Gläubigergruppen der Wirtschaft zur Aushöhlung der Konkursmassen bei Insolvenzfällen führten [52].

Da aber allgemeine Einigkeit darüber bestand, daß eine Rückkehr zu ungesicherten Kreditgewährungen weder auf Grund der gegenwärtigen deutschen Kapitalsituation noch im Hinblick auf den Kapitalbedarf bei dem ständigen Erfordernis zu weiterer Expansion möglich war, kam der 41. Deutsche Juristentag zu dem Ergebnis, daß eine gesetzliche Regelung zur Änderung des gegenwärtigen Kreditwesens zur Zeit nicht vorgeschlagen werden kann [53]. Die Vertreter von Wirtschaftsinteressen auf dem 41. Deutschen Juristentag zeigten dann auch auf, durch welches Mittel die noch bestehenden Mißstände im Kreditsicherungsrecht behoben werden sollten. Es war der Gedanke selbstordnender Maßnahmen der Wirtschaft [54], der schon 1938 ein gesetzliches Eingreifen abgewehrt hatte und der jetzt dazu beitrug, daß der Ruf nach dem Eingreifen des Gesetzgebers für die Zukunft nicht mehr erhoben wurde. Wenn auch Vereinbarungen zwischen Waren- und Geldkreditgebern zeitweilig keinen Erfolg zeitigten, traten doch durch die ständige konjunkturelle Expansion der deutschen Wirtschaft nach 1952 und die durch sie herbeigeführte Eigenkapitalbildung die noch verbliebenen Mißstände des Kreditsicherungsrechts immer mehr in den Hintergrund [55].

[49] Vgl. die Ausführungen von Härtl, Verhandlungen des 41. Deutschen Juristentages, Bd II, F 56, 57.

[50] Vgl. Verhandlungen, a.a.O., Bd. II, F 47, 74.

[51] Vgl. den Vorschlag von Münzel, Eigentumsvorbehalt und Sicherungsübereignung, S. 129, der vorschlägt, Sicherungsrechte im Konkurs und bei der Einzelvollstreckung zugunsten sog. Kleingläubiger nicht zu berücksichtigen; richtungweisend war der Gedanke von Flume, Der verlängerte und erweiterte Eigentumsvorbehalt, S. 841 ff., der die Sicherungserstreckung jeweils auf den Wert der ursprünglichen Leistung beschränkt wissen will.

[52] Vgl. die Ausführungen von Westermann, Verhandlungen des 41. Deutschen Juristentages, Bd. II, F 5; vgl. auch F 54.

[53] Verhandlungen, a.a.O., Bd. II, F.

[54] Vgl. vor allem die Hinweise des Vorsitzenden des Rechtsausschusses des Bundesvorstandes der deutschen Industrie, Verhandlungen, a.a.O., Bd. II, F 47, 48; vgl. auch F 28.

[55] Vgl. Serick, Eigentumsvorbehalt und Sicherungsübereignung, Bd. I, S. 15, 16.

Schlußbetrachtungen

Die Bestrebungen um eine Ersetzung der Sicherungsübereignung durch ein Registerpfandrecht sind vor dem Ersten Weltkrieg gekennzeichnet durch die grundsätzlich stärkere Stellung des Geldkreditgebers, d. h. daß allgemein nur Geldkredite gesichert vergeben wurden. Hierbei muß berücksichtigt werden, daß sich die Lieferanten bei Verkäufen gegen Zahlungsziel – sofern man von gewissen Industriezweigen wie dem Maschinenbau absieht – noch nicht das Eigentum an den Waren vorzubehalten pflegten, jedoch durch die Kundenwechsel im Regelfall gleichsam eine Sicherung ihrer Kaufpreisforderung in den Händen hatten. Kollisionen in größerem Umfange traten daher nur beim Ansteigen von Insolvenzfällen im Verlaufe von Krisen auf, wie es die Depression von 1908–1910 gezeigt hatte. Darüber hinaus waren Schwierigkeiten im Einzelfalle durch die noch nicht genügend differenzierte Ausbildung der Sicherungsübereignung bedingt. Hier schaffte die Rechtsprechung in den nächsten Jahrzehnten Abhilfe. Die eigentliche Problematik der Sicherungsübereignung lag auf dem Gebiet der Kreditsicherung des Kleingewerbes und der sonstigen Bevölkerungsklassen. Sie war hier ein Ausdruck der großen Strukturkrise, in die der Mittelstand durch die erste und die beginnende zweite industrielle Revolution geraten war. Große Teile des Handwerks und der sonstigen Kleingewerbetreibenden waren gezwungen, bei dem Übergang der deutschen Volkswirtschaft zu einer Industriegesellschaft rationellere Produktions- und Distributionsformen zu übernehmen. Für den Schritt von vorindustriellen Produktionsweisen und Betriebsformen fehlte diesen Gewerbekreisen aber größtenteils das Kapital, das zu sparen sie allein auch nicht in der Lage waren. Sie beschafften sich daher oft gegen erhebliche Zinskosten die benötigten Kapitalien auf Kredit, ohne jedoch den Erfordernissen der modernen Wirtschaft an rationeller Organisation und Kalkulation sowie neuzeitlicher Produktionsweise zu entsprechen. Die Anpassungsschwierigkeiten führten daher große Teile dieser mittelständischen Schichten in eine ökonomisch verzweifelte Lage.

Seit dem Ersten Weltkriege tritt dann eine Umkehr der wirtschaftlichen Situation ein, die auch noch während der Inflation anhält. Durch Warenverknappung und Geldüberhang wird die Frage der Sicherung von Geldkrediten weitestgehend gegenstandslos, während der Warenkreditgeber, sofern er nicht Barzahlung erhält oder auf dieser besteht, grundsätzlich den Eigentumsvorbehalt bei Kreditkäufen ausbedingen kann. Die Tatsache, daß der Warenkredit wichtiger wird als der Geldkredit, führt dazu, daß sich seit dem Ersten Weltkrieg der Eigentumsvorbehalt in großem Umfange in den allgemeinen Geschäfts- und Lieferungsbedingungen durchsetzt.

Die Forderung nach der Einführung des Registerpfandrechts war daher während der Zeit der Inflation nicht der Ausdruck des Zurückbleibens der Warengläubiger gegenüber den Geldkreditgebern in bezug auf die Sicherung der jeweils gewährten Kredite. Sie war vielmehr angesichts der Kapitalverluste durch den Krieg begründet in dem Streben, Kredite aus dem Ausland zu erhalten und den ausländischen Gläubigern für diese angemessene Sicherheiten anbieten zu können.

Die deutsche Währungsreform und die Krise der Jahre 1925/26 ließen nochmals das Problem der unterschiedlichen Sicherung von Geld- und Warenkreditgebern in aller Schärfe zum Austrag kommen. Die Kämpfe von Interessengruppen erhielten aber jetzt ihre besondere Akzentuierung dadurch, daß es sich im wesentlichen nicht um den grundsätzlichen Gegensatz zwischen Waren- und Geldkreditgebern handelte, sondern ein Teil der Warenlieferanten, nämlich der Großhandel, auf Grund besonderer Veränderungen in der Distributionssphäre nicht in der Lage war, den Eigentumsvorbehalt als das ihm gemäße Kreditsicherungsmittel im Geschäftsverkehr durchzusetzen.

Die Weltwirtschaftskrise ließ dann angesichts der Schwere der Kapitalverluste die Frage der Sicherung von Krediten in ihrer Bedeutung zurücktreten. Sie wurde andererseits das Stimulans dafür, daß ab 1930/31 der verlängerte Eigentumsvorbehalt generell in die allgemeinen Geschäfts- und Lieferungsbedingungen Eingang fand. Damit war eine gleichstarke Sicherung von Waren- und Geldkrediten eingetreten. Die weitere Verbreitung und Ausformung des verlängerten Eigentumsvorbehalts in Verbindung mit einem Zurückdrängen gewisser Sicherungsübertragungsformen und die spezielle deutsche Wirtschaftssituation ließen dann den Eigentumsvorbehalt sogar zeitweilig die Sicherungsübereignung überrunden. Soweit von Interessengruppen bis in die Gegenwart hinein noch eine Diskussion über die Gestaltung der verschiedenen Kreditsicherungsmittel geführt wurde, hatte sie nicht mehr die Erhaltung oder Ersetzung der Sicherungsübereignung zum Gegenstand. Die Erörterungen drehten sich jetzt um das Ausmaß und den Umfang der an die Stelle der ursprünglichen Sicherungsmittel getretenen Surrogate. Die Kollisionen zwischen den Warengläubigern und den Geldkreditgebern um die Zuordnung dieser Surrogate bei Insolvenzfällen fanden aber sowohl vor dem Zweiten Weltkrieg wie in der Phase der ersten Hochkonjunktur nach der Währungsreform ihre Lösung in selbstordnenden Maßnahmen der Wirtschaft, durch die allzu weitgehende Erstrekkungen auf Surrogate im Wege gemeinsamer Absprache unter den Wirtschaftsbeteiligten beseitigt wurden.

Soweit Interessenverbände, insbesondere solche der Konsumgüterindustrie, durch den Staat eine Änderung des geltenden Kreditsicherungsrechts anstrebten, versuchten sie dies – neben Petitionen an den Reichstag – durch Beschlüsse der allgemeinen Vertretungskörperschaften des Handels und der Industrie zu erreichen. Es zeigte sich jedoch, daß angesichts der immer vielgestaltigeren deutschen Wirtschaft und der damit verbundenen oft gegensätzlichen Interessenlage der einzelnen Wirtschaftszweige, insbesondere des Handels und der Industrie, die Handelskammern und der Deutsche Handelstag nicht mehr die geeignete Plattform für die Propagierung von Reformwünschen waren. Es sei hier nur an den Gegensatz zwischen dem Deutschen Handelstag und dem Reichsverband der deutschen Industrie erinnert. Die von den politischen Parteien, insbesondere den Fraktionen der Nationalliberalen und der Fortschrittlichen Volkspartei unternommenen Vorstöße im Reichstage zur Einführung eines Registerpfandrechts waren auf die Schäden zurückzuführen, die die Sicherungsübereignung im Bereiche des Kleingewerbes und der sonstigen Bevölkerungsklassen hervorgerufen hatten.

Die durch den Ersten Weltkrieg eingetretene Verzahnung zwischen Gesellschaft und Staat führte dazu, daß der an der Einführung eines Registerpfandrechts interessierte Großhandel nicht durch Einwirkung auf die Gesetzgebung, sondern durch Eingaben an die Ministerialbürokratie eine Reform des Kreditsicherungsrechtes zu erreichen hoffte. Seine Aufnahme des Kontaktes zu den Führungsorganen der Administration machte deutlich – und das trifft nicht nur auf Deutschland zu –, in welchem Umfange sich faktisch das Schwergewicht bei der Gesetzgebung vom Parlament auf die die Gesetzentwürfe ausarbeitende Ministerialbürokratie verlagert hatte. Daß diese Kontakte zur Ministerialbürokratie für den Großhandel zu keinem Erfolg führten, war darin begründet, daß er einen eigentlichen »Klubsesseleinfluß« nicht besaß. Aber auch die Interessengegensätze innerhalb des eigentlichen Großhandels – ganz abgesehen von den andersliegenden Interessen der Industrie – verurteilten seine Bestrebungen zum Scheitern. Erst danach trat der Großhandel verstärkt die Flucht in die Öffentlichkeit an und versuchte über ihm nahestehende Abgeordnete seine Reformwünsche durch die Gesetzgebung herbeizuführen. Nachdem er hier auf Grund des Übergewichts entgegenstehender Interessen erfolglos blieb, verstand er sich dazu, durch Einführung neuer Methoden der Kreditkontrolle, aber auch durch eine bessere Organisierung seiner Interessenvertretung, für einen besseren Schutz seiner Kredite Sorge zu tragen. Die weitere Entwicklung ist, sofern noch Interessengegensätze auftraten, durch selbstordnende Maßnahmen der Wirtschaft gekennzeichnet. Sie dienten dazu, eine Reglementierung des Wirtschaftslebens durch den totalitären Staat abzuwehren, aber auch später den Gesetzgeber vor Eingriffen in das durch Rechtsprechung und Wirtschaftspraxis herausgebildete Recht der Kreditsicherung abzuhalten.

Als Ergebnis zeigen die Bestrebungen von Interessenverbänden um die Neugestaltung des deutschen Kreditsicherungsrechtes, daß die Sicherungsübereignung eine Legalregelung ist, die dem wirtschaftlichen Bedürfnis nicht antithetisch gegenübersteht. Die Reformbestrebungen, die mit den Mitteln der Jurisprudenz eine ausreichende Kreditermöglichung mit einer großen Kreditsicherheit zu verbinden suchten, litten an der Aporie, einerseits der Kreditsicherung eine den interessierten Rechtsbeteiligten erkennbare Offenkundigkeit zu geben, andererseits aber auch den Ansprüchen an eine Kapitalmobilisierung zu genügen, die eine sozialpolitische Wirtschaftsexpansion gewährleistete. Beides – als Maximalforderung genommen – ist letztlich nicht zu vereinbaren. Gibt man der Publizität der Kreditsicherung den Vorzug, dann ist diese – wenn man von Zeiten einer konjunkturellen Hochspannung wie von Volkswirtschaften mit einer ausreichenden Kapitalausstattung absieht – kein Mittel, um einer kapitalarmen Wirtschaft in kürzester Zeit die notwendigen Kredite zuzuführen und eine schnelle allseitige Wirtschaftsausdehnung mit der größtmöglichsten Wachstumsrate zu erreichen. Die deutsche Volkswirtschaft, die im vorigen Jahrhundert als letzte der westeuropäischen Länder in den sich schon auf hoher Stufen befindenden Industrialisierungsprozeß eintrat, war gezwungen, in kürzester Zeit den wirtschaftlichen Rückstand aufzuholen [1]. Für eine hierzu erforderliche Kapitalmobilisierung war aber nur ein diskretes und vor allem schnell zu handhabendes Kreditsicherungsmittel geeignet. Die für die erste Vollindustrialisierung bestehende Notwendigkeit einer schnellen Kreditermöglichung blieb auch angesichts der hohen Kapitalverluste durch den Ersten Weltkrieg und die Inflation weiter bestehen und erhielt durch die Folgen des Zweiten Weltkrieges für die deutsche Volkswirtschaft eine ganz besondere Bedeutung. Neben dem Kapitalbedürfnis zur Aufholung von Entwicklungsrückständen und den durch die Weltkriege und ihre Folgen eingetretenen Verlusten wird ein großer Kapitalbedarf für den Übergang zu einer vollausgereiften Industriegesellschaft erforderlich [2].

In Volkswirtschaften, die derart hohe Kapitalverluste und einen so schnellen Nachholbedarf nicht haben, liegt daher nicht im gleichen Umfang wie in der deutschen ein Bedürfnis nach schneller Kapitalbeschaffung vor. Sie sind daher in der Lage, bei Sicherungsmitteln zu verbleiben, die zwar die Kreditbeschaffung umständlicher gestalten, dafür aber eine Publizität der Sicherheiten ermöglichen [3].

Diese Faktoren zeigen auch das Bedenkliche einer Rechtsvergleichung, die die wirtschaftlichen Grundgegebenheiten außer acht läßt. Darüber hinaus ist es auch wenig ergiebig, ähnliche Rechtsinstitute verschiedener Rechtsordnungen rechtsvergleichend gegenüberzustellen. Denn die Sicherung von Krediten kann in einzelnen Volkswirtschaften durch ganz unterschiedliche juristische und wirtschaftliche Mittel herbeigeführt werden.

Die Sicherungsübereignung ist für die deutsche Wirtschaft eine ökonomische Notwendigkeit. Man wird ihr daher nicht gerecht, wenn man sie als »zivilrechtliche Sumpfpflanze« bezeichnet [4] oder ihre Ersetzung durch eine Mobiliarhypothek fordert, die sich als Rechtsfortbildung bruchlos in das Ganze der Rechtsordnung einfügen würde [5].

Die Kämpfe der Interessengruppen um die Reform des Kreditsicherungsrechtes zeigen somit folgendes Ergebnis:

1. Es gibt keine für alle Zeiten feststehende Einstellung von Gläubigergruppen zu einem bestimmten Kreditsicherungsmittel. Diese kann sich vielmehr aus den mannigfaltigsten Ursachen ändern.

[1] Es handelt sich hier um die als Kondratieff bezeichneten langen konjunkturellen Wellen; vgl. Schumpeter, Konjunkturzyklen, Bd. I, S. 174.

[2] Vgl. Verhandlungen des 41. Deutschen Juristentages, Bd. II, F 4, 35, 43, 44 und 50.

[3] Auf der Tagung für Rechtsvergleichung im September 1963 in Wien wurde festgestellt, »daß die umfassenden Sicherungsmöglichkeiten, die sowohl in den USA als auch in Deutschland gegeben seien, möglicherweise eine Vorbedingung für die kräftige wirtschaftliche Entwicklung beider Länder gewesen seien«. Weiterhin sei noch die Festetellung Coings angeführt: »Das französische Recht mit seiner starken Orientierung am Personalkredit erscheine für Wirtschaftswirklichkeit doch ein wenig veraltet.« Serick, Mezger, Riesenfeld, Kollisionen zwischen der dinglichen Sicherung von Lieferantenkredit und Bankkredit, S. 69.

[4] Vgl. Ackermann, Die Sicherungsübereignung von Warenlagern, S. 166.

[5] So Larenz, Kennzeichen geglückter richterlicher Rechtsfortbildungen, S. 7, 8.

2. Die Stellungnahme von Interessengruppen ist weitestgehend abhängig von der allgemeinen wirtschaftlichen Situation, insbesondere der Konjunkturlage.
3. Diese hängt jedoch nicht nur von der wirtschaftlichen Wechsellage ab, sondern wird auch durch die Stellung einzelner Wirtschaftsinteressen im Rahmen der Gesamtwirtschaft bestimmt, die sich aus den großen Veränderungen beim Übergang zur vollausgereiften Industriegesellschaft ergeben.

Literaturverzeichnis

I. Lehr- und Handbücher, Kommentare, Gesamtdarstellungen

Bauer, Lehrbuch des Sachenrechts, München–Berlin 1960.

Baumbach-Lauterbach, Zivilprozeßordnung, 28. Aufl., München–Berlin 1964.

Boehmer, Grundlagen der Bürgerlichen Rechtsordnung, Zweites Buch, Zweite Abteilung, Praxis der richterlichen Rechtsschöpfung.

Brandt, Eigentumserwerb und Austauschgeschäft, Leipziger Rechtswissenschaftliche Studien, Heft 120, Leipzig 1940.

Corell, Allgemeine Volkswirtschaftslehre, 7. Aufl., Heidelberg 1956.

The Dictionary of English Law, vol. 1 A–H, London 1959.

Enneccerus-Lehmann, Recht der Schuldverhältnisse, Ein Lehrbuch, 15. Bearbeitung, Tübingen 1958.

Enzyklopädisches Lexikon für das Geld-, Bank- und Börsenwesen, Zugleich 2. Aufl. vom Handwörterbuch des Bankwesens, Frankfurt a. M. 1957, Bd. II, I–Z.

Gabler, Wirtschaftslexikon, 5. Aufl., Bd. I, Wiesbaden 1962.

Gierke, Der Entwurf eines bürgerlichen Gesetzbuches und das deutsche Recht, Leipzig 1889.

Gutachten aus dem Anwaltsstande über die erste Lesung des Entwurfs eines Bürgerlichen Gesetzbuches, herausgegeben im Auftrage des Deutschen Anwalt-Vereins, Berlin 1890.

Handwörterbuch der Betriebswirtschaft, Bd. II, herausgegeben von Nicklisch, Stuttgart 1926.

Handwörterbuch der Sozialwissenschaften (zugleich Neuaufl. der Staatswissenschaften), Bd. IV, Stuttgart–Tübingen–Göttingen 1959.

Handwörterbuch der Staatswissenschaften, 4. Aufl., Bd. III, Jena 1926, Ergänzungsband 1929.

Heck, Grundriß des Sachenrechts, Tübingen 1930.

Heilfron, Geld-, Bank- und Börsenrecht, 2. Aufl., Berlin 1912.

Herbst, Dictionary of Commercial, Financial and Legal Terms, Bd. I, Luzern 1955.

Herold, Hilgermann, Bernicken, Das Kreditgeschäft der Banken, Ein Lehr- und Handbuch, 13. Aufl., Hamburg 1951.

Internationales Handwörterbuch des Genossenschaftswesens, herausgegeben von Totomianz, Bd. I, Berlin 1928.

Koch, Der Warenkredit der Banken und seine Sicherstellung, 2. Aufl., Jena 1922.

Koch, Kredit im Recht, Jena 1925.

Kulemann, Die Berufsvereine, 2., völlig neu bearbeitete Aufl. der Gewerkschaftsbewegung, Bd. III Deutschland, Jena 1908.

Larenz, Lehrbuch des Schuldrechts, 6. Aufl., Bd. II, München–Berlin 1964.

Samuelson, Volkswirtschaftslehre, Eine Einführung, 3. Aufl., Bd. I, Köln 1964.

Serick, Eigentumsvorbehalt und Sicherungsübertragung, Monographie in 3 Bänden, Bd. I: Der einfache Eigentumsvorbehalt, Verlagsgesellschaft Recht und Wissenschaft m. b. H., Heidelberg 1963.

Schlegelberger-Hefermehl, Handelsgesetzbuch (Kommentar), 4. Aufl., Bd. III, Berlin–Frankfurt a. M. 1965.

Scholz, Das Recht der Kreditsicherung, 2. Aufl., Berlin 1957.

Staatslexikon, herausgegeben von der Görres-Gesellschaft, 6. Aufl., Bd. III, Freiburg 1959.

Trost-Schütz, Bankgeschäftliches Formularbuch, 16. Aufl., Berlin 1962.

Westermann, Lehrbuch des Sachenrechts, 3. Aufl., Karlsruhe 1956.

Das Zivilrecht der Deutschen Demokratischen Republik, Sachenrecht, herausgegeben von Dorneberg, Kleine, Klinger und Porsch, Berlin 1956.

Zusammenstellung der gutachtlichen Äußerung zu dem Entwurf eines Bürgerlichen Gesetzbuches, gefertigt im Reichsjustizamt, Bd. III: Äußerungen zum Sachenrecht, Berlin 1890 (als Manuskript gedruckt).

II. Konjunkturtheoretische und konjunkturgeschichtliche Darstellungen

Clausing, Die wirtschaftlichen Wechsellagen von 1919–1932, Beiträge zur Erforschung der wirtschaftlichen Wechsellagen, Aufschwung, Krise, Stockung, herausgegeben von Arthur Spiethoff, Heft 8, Jena 1933.

Haberler, Prosperität und Depression, Übersetzung nach der 3., erweiterten Aufl. (1941), Bern 1948.

Hesse, Die deutsche Wechsellage von 1914–1923, Krieg, Geldblähe und Wechsellagen, herausgegeben von Arthur Spiethoff, Heft 16, Jena 1938.

Schmidt, German Business Cycles 1924–1933, Publications of the National Bureau of Economic Research, Inc., Number 25, New York 1934.

Schumpeter, Konjunkturzyklen I und II, Bd. II, Göttingen 1961.

Schumpeter, Theorie der wirtschaftlichen Entwicklung, 5. Aufl., Berlin 1952.

Spiethoff, Die wirtschaftlichen Wechsellagen, Bd. I, Tübingen–Zürich 1955.

Wagemann, Konjunkturlehre, Berlin 1928.

Wagemann, Einführung in die Konjunkturlehre, Wissenschaft und Bildung, Einzeldarstellungen aus allen Gebieten der Wissenschaft, Bd. 259, Leipzig 1929.

III. Monographien und Abhandlungen

Ackermann, Die Sicherungsübereignung an Warenlagern, herausgegeben von Prof. Dr. Ernst Heymann, Berlin Nr. 28, Marburg 1919.

Apelt, Die wirtschaftlichen Interessenvertretungen in Deutschland, Bd. 107, Leipzig 1925.

Bernhard, Wirtschaftsparlamente von den Revolutionsräten bis zum Reichswirtschaftsrat, Wien–Leipzig–München 1923.

Bernhard, M.d.R.W.R., Wege der Absatzfinanzierung für den Großhandel, Heft 1 des Zentralverbandes des Deutschen Großhandels e.V., Bezirksgruppe Berlin 1926.

Briefs, Kriegswirtschaftslehre und Kriegswirtschaftspolitik (Artikel), in: Handwörterbuch der Staatswissenschaften, 4. Aufl., Bd. V, S. 984–1022, 1923.

Ecker, Kreditprobleme des kaufmännischen Mittelstandes, Essen (Ruhr) 1913.

Eckert, Die Stellung der Handelskammern im Aufbau der wirtschaftlichen Interessenvertretungen, Bonn 1922.

Eichhorn, Parteien und Klassen im Spiegel der Reichstagswahlen, Halle 1925.

Engel, Die berufsständische Organisation des deutschen Großhandels, in: Adreßbuch des Deutschen Großhandels, Ausgabe 1925, S. 16–20.

Frenzel, Sicherungsübereignung und Registerpfandrecht, Sonderdruck aus der »Deutschen Wirtschaftszeitung«, Nr. 51, 62 (1926), Nr. 1 (1927).

Föhl, Kredit (II Theorie), in: Handwörterbuch der Sozialwissenschaften, Bd. VI, S. 302.

Hedemann, Kreditnot, Jena, in: »Recht und Wirtschaft«, 1914, 3. Jahrg., Nr. 4, S. 97–100.
Hellwig, Gläubigernot, Sicherungsübereignung und andere Schiebungen, Schriften des Vereins Recht und Wirtschaft, Bd. I, Heft 3, Berlin 1912.
Hildebrand, Genossenschaften, verschiedene, Handwörterbuch der Betriebswirtschaft, Bd. II, Sp. 1209–1212.
Hirsch, Der moderne Handel, seine Organisation und Formen und die staatliche Binnenhandelspolitik, in: »Grundriß der Sozialökonomie«, V. Abteilung, II. Teil, 2. Aufl., Tübingen 1925.
Hoeniger, Die Diskontierung von Buchforderungen, Mannheim 1912.
Jacusiel, Der Eigentumsvorbehalt, Berlin 1932.
Jung, Das Borgunwesen im Handwerk und seine Bekämpfung durch Einziehungsämter auf genossenschaftlicher Grundlage, herausgegeben von der wissenschaftlichen Zentralstelle der Mittelstandsvereinigung für Handel und Gewerbe e.V., Heft 1, Düsseldorf 1909.
Kamm, Abgeordnetenberuf und Parlament, Karlsruhe 1927.
Kerschensteiner, Georg Kerschensteiner, der Lebensweg eines Schulreformers, München–Berlin 1939.
Klausing, Kreditsicherung – Eine rechtsverständliche und rechtspolitische Betrachtung, Rhein-Mainische Wirtschaftszeitung, Nr. 1 vom 5. 11. 1933, S. 13–20.
Kracht, Gläubigernot im Kriege, in: »Recht und Wirtschaft«, S. 58, 59, 1915.
Lange, Liberalismus, Nationalsozialismus und Bürgerliches Recht, Recht und Staat in Geschichte und Gegenwart, Heft 102, Tübingen 1933.
Lange, Vom alten zum neuen Schuldrecht, Hamburg 1934.
Larenz, Kennzeichen geglückter richterlicher Rechtsfortbildungen, Juristische Studiengesellschaft Karlsruhe, Heft 64, Karlsruhe 1956.
Lederer, Die wirtschaftlichen Organisationen und die Reichstagswahlen, Separatabdruck aus dem 1. Heft von Bd. 34 des »Archiv für Sozialwissenschaft und Sozialpolitik«, Tübingen 1912.
Lehmann, Reform der Kreditsicherung an Fahrnis und Forderungen, Denkschrift (nebst Gesetzesvorschlag) auf Grund der Beratungen des Ausschusses für Personen-, Vereins- und Schuldrecht der Akademie für Deutsches Recht, Stuttgart 1937.
Marck, Die Sicherungsübereignung unter Einschluß der Sicherungsabtretung mit Formularen, Mannheim–Berlin–Leipzig 1917.
Müffelmann, Die moderne Mittelstandsbewegung, Leipzig–Berlin 1913.
Meisner, Der Eigentumsvorbehalt, München–Berlin–Leipzig 1932.
Rühl, Der Eigentumsvorbehalt und Abzahlungsgeschäft einschließlich des Rechts der Teilzahlungsfinanzierung, Berlin 1930.
Serick, Mezger, Riesenfeld, Kollisionen zwischen der dinglichen Sicherung von Lieferantenkredit und Bankkredit, Arbeiten zur Rechtsvergleichung, Bd. 23, Frankfurt a. M., Metzner 1964.
Schanz, Verlängerter Eigentumsvorbehalt – wie lange noch? Frankfurter rechtswissenschaftliche Abhandlungen, Nr. 3, Frankfurt a. M. 1937.
Scheu, Das persönliche Grundbuch, Ein neues System wirksamer Rechtsverfolgung, Berlin 1927.
Schmelzeisen, Das Treupfand, Stuttgart 1936.
Schönitz, Der kleingewerbliche Kredit in Deutschland in systematischer, privat- und nationalökonomischer Darstellung, Freiburger volkswirtschaftliche Abhandlungen, Bd. I, 4. Ergänzungsheft, herausgegeben von Karl Diehl und Gerhard von Schulze-Gränitz, Karlsruhe 1912, Volkswirtschaftliche Abhandlungen an der Badischen Hochschule, Bd. XI, 4. Ergänzungsheft.

Tatarin-Tornheyden, Die Berufsstände, ihre Stellung im Staatsrecht und die Deutsche Wirtschaftsverfassung, Berlin 1922.

Weinberg, Fragen des Gläubigerschutzes unter besonderer Berücksichtigung des Registerpfandrechts, Berlin–Leipzig 1926.

Weinhausen, Die Sicherungsübereignung, Berlin 1928.

Wernicke, Kapitalismus und Mittelstandspolitik, Jena 1907.

Wernicke, Der Mittelstand und seine wirtschaftliche Lage, Wissenschaft und Bildung (Einzeldarstellungen aus allen Gebieten des Wissens), Bd. V, Leipzig 1909.

Westermann, Interessenkollision und ihre richterliche Wertung bei den Sicherungsrechten an Fahrnis und Forderungen, Juristische Studiengesellschaft Karlsruhe, Heft 11, Karlsruhe 1956.

Zergiebel, Der Kreditschutz in Handel und Gewerbe, insbesondere die Vereins-Creditform, Leipzig 1921.

IV. Dissertationen

1. Juristische Dissertationen

Feilner, Sicherungsübereignung oder Registerpfand?, Hamburg 1929.

Fischer, Kollision des verlängerten Eigentumsvorbehalts des Warenlieferanten mit den Sicherungsmitteln des Geldgebers, Münster 1956.

Hermes, Regreß bei einfacher und mehrfacher Sicherung einer Forderung unter Berücksichtigung der Sicherungsübereignung, Greifswald 1918.

Holtz, Das Anwartschaftsrecht aus bedingter Übereignung als Kreditsicherungsmittel, Kiel 1932.

Nathan, Die Übertragung des Eigentums an beweglichen Sachen mittels constitutum possesorium zum Zwecke der Sicherung von Forderungen, Tübingen 1909.

Seidel, Zur Lehre von der Sicherungsübereignung, Leipzig 1916.

Stern, Die Sicherungsübereignung von Warenlagern, Marburg 1913.

Walther, Sicherungsübereignung, insbesondere an Warenlagern unter besonderer Berücksichtigung der Rechtsprechung, Leipzig 1917.

Weisweiler, Die Reform der Sicherungsübereignung unter besonderer Berücksichtigung der Einführung eines Registerpfandrechts, Köln 1926.

2. Philosophische, staats-, wirtschafts- und sozialwissenschaftliche Dissertationen

Borell, Die soziologische Gliederung des Reichsparlaments als Spiegelung der politischen und ökonomischen Konstellation, Gießen 1933.

Hahn, Das Problem der Reform der Sicherungsübereignung, Frankfurt a. M. 1940.

Kleffner, Die Organisation des korporativen Kreditschutzes in Deutschland, Köln 1926.

Lammers, Die Bekämpfung des Borgunwesens, Münster 1913.

Nürnberg, Der kommunale Kriegskredit für den Mittelstand, Heidelberg 1918.

Schmitt, Großhandel und Einkaufsvereinigungen des Einzelhandels, München 1927.

Schwendemann, Kreditverkehr und Kriegskreditbanken, München 1916.

Untereiner, Die Sicherungsübereignung von Warenlagern mit wechselndem Bestand als Instrument der Bankkreditsicherung, München 1960.

Zwingmann, Die volkswirtschaftliche Bedeutung der Sicherungsübereignung, München 1931.

V. Aufsätze

Bernstein, Der uneigentliche Eigentumsvorbehalt an gelieferten Waren, Bank-Archiv, 26. Jahrg., S. 62–65.

Bernstein, Die Nachteile des Registerpfandrechts, DJZ 1926, Sp. 735–737.
Boschan, Sicherungsübereignung und Gläubigernot, JW 1912, S. 8–9.
Caemmerer, v., Verlängerter Eigentumsvorbehalt und Bundesgerichtshof, JZ 1953, S. 97–100.
Cahn, Die Sicherungsübereignung als gangbarste Form des Kreditgeschäfts, Zentralblatt für Handelsrecht, 1926, Nr. 11, S. 426–430.
Engel, Die berufsständische Organisation des deutschen Großhandels, in: »Adreßbuch des Deutschen Großhandels einschließlich des Ein- und Ausfuhrhandels, 1925, S. 16–20.
Fischer, N., Der verlängerte Eigentumsvorbehalt in der Krise, NJW 1959, S. 366–369.
Fischer, O., Die Anwendbarkeit des § 826 BGB auf die Sicherungsübereignung von Warenlagern und Außenständen nach der neuesten Rechtsprechung des Reichsgerichts, Bank-Archiv, 11. Jahrg., Nr. 7, S. 103–106.
Fischer, O., Die Sicherungsübereignung als Verstoß gegen § 826 BGB, Bank-Archiv, 13. Jahrg., Nr. 9, S. 141–143.
Flume, Der verlängerte und erweiterte Eigentumsvorbehalt, NJW 1950, S. 841–850.
Fränkel, Veredelungskredite, DJZ 1922, Sp. 414–416.
Friedländer, Bemerkungen zum Entwurf eines Gesetzes, betreffend die Einführung des Registerpfandrechts, Zentralblatt für Handelsrecht, 1926, S. 99–101.
Fuchs, Sicherungsübereignung an den Hauptgläubiger und Eigentumsvorbehalt eines anderen Gläubigers, Zentralblatt für Handelsrecht, 1936, Nr. 11, S. 422–425.
Geiger, in: DJZ 1907, S. 590.
Geiler, Empfiehlt sich die Einführung der Mobiliarhypothek?, Leipziger Zeitschrift, 1921, Nr. 18, Sp. 543–546.
Grund, Sicherungsübereignung von Abzahlungsgegenständen, JW 1933, S. 2631.
Hallbauer, Die Sicherungsübereignung eines Warenlagers, Bank-Archiv, 10. Jahrg., Nr. 20, S. 307–309.
Heinsheimer, Sanierungsversuch als Verstoß gegen die guten Sitten?, Bank-Archiv, 13. Jahrg., Nr. 8, S. 125–128.
Hoeniger, Der Erwerb des Sicherungseigentums an nicht bezahlter Ware, JW 1927, S. 627–630.
Hoeniger, Die Sanierung der Sicherungsübereignung, Bank-Archiv, 26. Jahrg., Nr. 11, S. 265–268.
Hoeniger, Zur Sanierung der Sicherungsübereignung, Bank-Archiv, 26. Jahrg., Nr. 17, S. 396–397.
Just, Hebung der mittelständischen Kreditnot, Bank-Archiv, 11. Jahrg., Nr. 5, S. 68–72.
Kleinrath, Die Sicherungsübereignung von Warenlagern, LZ 1912, Sp. 105.
Koch, Zum Gesetzentwurf betreffend die Einführung des Registerpfandrechts, Bank-Archiv, 25. Jahrg., Nr. 14, S. 207–273.
Koch, Zur Sanierung der Sicherungsübereignung, Bank-Archiv, 26. Jahrg., Nr. 12, S. 297–299.
Lampe, Einzelhandel, in: Handwörterbuch der Staatswissenschaften, Bd. III, S. 496 ff.
Lampe, Großhandel, in: Handwörterbuch der Staatswissenschaften, Ergänzungsband, S. 335 ff.
Lange, Lage und Zukunft der Sicherungsübereignung, NJW 1950, S. 565–570.
Linckelmann, Die Sicherungsübereignungen, Archiv für Bürgerliches Recht, Bd. VII, 1893, S. 209–234.
Marcus, Zum Entwurf eines Gesetzes betreffend die Einführung des Registerpfandrechts, Zentralblatt für Handelsrecht, 1926, Nr. 3, S. 97–99.
Mellerowicz, Großhandel, in: Staatslexikon, Sp. 1098 ff.
Merzbach, Das Registerpfand, Bank-Archiv, 25. Jahrg., S. 183–185.

Meyerstein, Zur Frage der Einführung der Sicherungsübereignung und der Einführung eines Registerpfandrechts, JW 1926, S. 529 f.
Möller, Zur Frage der Sicherungsübereignung, JW 1912, S. 720 f.
Münzel, Eigentumsvorbehalt und Sicherungsübereignung, MDR 1951, S. 129–134.
Oertmann, Zur Frage der Sicherungsübereignung, DJZ 1911, Sp. 1178–1183.
Nord, Gebundene Berechtigung, ein Beitrag zur Lösung der Frage der Sicherungsübereignung, JW 1915, S. 189 f.
Rautmann, Sicherungsübereignung und Eigentumsvorbehalt, Bank-Archiv, 30. Jahrg., Nr. 18, S. 416–418.
Rehbein, JW 1910, S. 606 f.
Salinger, Zur Einführung des Registerpfandrechts, DJZ 1926, Sp. 634–639.
Schäfer, Die Rechtsprechung über die Sicherungsübereignung, Archiv für Bürgerliches Recht, Bd. XXXVIII, 1912, Heft 1, S. 1–48.
Schauer, DJZ 1907, Sp. 589, 590.
Schwabe, Die »Sanierung« der Sicherungsübereignung, Bank-Archiv 26. Jahrg., Nr. 13, S. 315–316.
Schwickerath, Die Sicherungsübereignung von noch nicht bezahlten Waren, Bank-Archiv, 26. Jahrg., S. 95–96.
Schwister, Anwartschaft und Kredit, DJZ 1934, Sp. 1024–1031.
Schwister, Vertragspfandrecht, Sicherungsübereignung und Eigentumsvorbehalt, ZAkDR, 5. Jahrg., 1938, S. 338–342.
Schwister, Zur Reform der Kreditsicherung an Fahrnis und Forderung, ZAkDR, 5. Jahrg., 1938, S. 370–373.
Stepp, Gläubigernot, JW 1913, S. 65–69.
Wolf, Wie beseitigt man die Gefahren der Sicherungsübereignung?, DJZ 1906, Sp. 1315.
Wunschel, Die Krise des verlängerten Eigentumsvorbehalts, NJW 1959, S. 653–656.
Zadow, Zur Reform der Kreditsicherung, Die Bank, 1938, Heft 39, S. 1271–1279.
Ziese, Sicherungsübereignung oder Pfandrecht?, Zeitschrift des Deutschen Notarvereins, 5. Jahrg., 1905, S. 648–651.

VI. Verhandlungen, Denkschriften, Protokolle und andere Periodika

Adreßbuch des Deutschen Großhandels einschließlich des Ein- und Ausfuhrhandels, Ausgabe 1925.
Correspondenz der Ältesten der Kaufmannschaft von Berlin.
Creditreform – Verbandszeitung für die Vereine Creditreform.
1. und 2. Denkschrift des Zentralverbandes des Deutschen Großhandels betreffend Einführung des Registerpfandrechts.
Denkschrift des Reichsjustizministeriums betreffend Einführung eines durch Vertrag zu begründenden besitzlosen Pfandrechts an beweglichen Sachen (Registerpfandrecht, Mobiliarhypothek).
Deutsche Handels-Warte, Beiträge zur Deutschen Wirtschaftspolitik.
Drucksache des Reichstages, Legislaturperiode, Session.
Gutachten des 7. Deutschen Juristentages in der Tschechoslowakei, Prag 1935.
Handel und Gewerbe, Zeitschrift für die zur Vertretung von Handel und Gewerbe gesetzlich berufenen Körperschaften. Im Auftrag des Deutschen Handelstags herausgegeben von Dr. Soetbeer, Generalsekretär des Deutschen Handelstags.
Mitteilung der Handelskammer Hamburg. Im Auftrag der Handelskammer herausgegeben von Dr. E. Schwenck, Syndikus der Handelskammer.
Mitteilung der Industrie- und Handelskammer zu Berlin.

Mitteilung des Deutschen Handelstags an die Mitglieder.
Mitteilungen des Vorläufigen Reichswirtschaftsrats.
Motive zu dem Entwurf eines Bürgerlichen Gesetzbuchs für das Deutsche Reich, Bd. III, Sachenrecht (Amtliche Ausgabe), Berlin–Leipzig 1888.
Protokolle der Kommission für die zweite Lesung des Entwurfs des Bürgerlichen Gesetzbuchs, Bd. III (Sachenrecht), Berlin 1899.
Verhandlungen des Reichstags, Legislaturperiode, Session.
Verhandlungen des Deutschen Industrie- und Handelstages.
Verhandlungen des 15., 31., 33., 41. Deutschen Juristentages.

VII. Aktenpublikationen

Akten des Preußischen Justizministeriums betreffend Einführung des Registerpfandrechts, Pol. 1–168.

VIII. Tageszeitungen

Der Abend
Berliner Tageblatt
Deutsche Allgemeine Zeitung
Deutsche Tageszeitung
Frankfurter Zeitung
Germania
Magdeburgische Zeitung
Münchener Neueste Nachrichten
Vossische Zeitung

IX. Abkürzungen

AGB, Allgemeine Geschäftsbedingungen der Bank.
ALR, Allgemeines Landrecht für die preußischen Staaten.
Bank-Archiv, Zeitschrift für Bank- und Börsenwesen, herausgegeben von Rießer.
BGHZ, Bundesgerichtshof, Entscheidungen in Zivilsachen.
Die Bank, Wochenhefte für Finanz-, Kredit-, Versicherungswesen.
DJZ, Deutsche Juristen-Zeitung (Jahr und Spalte).
Grotefend, Cretschmer, das gesamte deutsche und preußische Gesetzgebungsmaterial.
Gruchot, Beiträge zur Erläuterung des Deutschen Rechts, begründet von Gruchot.
HoldhMon, Monatsschrift für Handelsrecht und Bankwesen, begründet von Holdheim.
JW, Juristische Wochenschrift (Jahr und Seite).
LZ, Leipziger Zeitschrift (Jahr und Seite).
MDR, Monatsschrift für Deutsches Recht (Jahrg. und Seite).
NJ, Neue Justiz (Jahrg. und Seite).
NJW, Neue Juristische Wochenschrift (Jahrg. und Seite).
RG, Reichsgericht, auch amtliche Sammlung der RG-Rechtsprechung in Zivilsachen (Band und Seite).
RGZ, Reichsgericht, Entscheidungen in Zivilsachen.
RGBl, Reichsgesetzblatt, ohne Ziffer Teil I, mit Ziffer II, Teil II.
Recht und Wirtschaft
Seuffert, Seufferts Archiv für Entscheidungen oberster Gerichte (Band und Nummer, z. T. Seite).

Warneyer, Die Rechtsprechung des Reichsgerichts (Jahr und Nummer der Entscheidung, auch Seite).

Warneyer, Kommentar zum BGB, 11. Aufl., 1950.

ZAkDR, Zeitschrift der Akademie für Deutsches Recht (Jahr und Seite).

Zeitschrift für das gesamte Kreditwesen.

Westdeutscher Verlag Köln und Opladen

Staat und Politik

Band 2

Die Pariser Kommune

Macht und Karriere einer politischen Legende. Die Auswirkungen auf das politische Denken in Deutschland

Von Günter Grützner
1963. XV, 279 Seiten. Verlags-Nr. 053403. Kart. DM 29,–

Grützners Werk ist besonders wichtig für das Verständnis der sozialistischen und kommunistischen Geschichte. Schon dieser Zusammenhang macht das verdienstvolle Buch zu einer wirklichen Bereicherung. Das freie Wort, Bonn

Band 3

Grundlagen und Struktur der Staatslehre Friedrich Julius Stahls

Von Dieter Grosser
1963. X, 138 Seiten. Verlags-Nr. 053403. Kart. DM 17,50

Grosser rückt in den Mittelpunkt seiner Untersuchung den Stahlschen Begriff des „sittlichen Reiches". In ihm sieht Stahl das Wesen des Staates, und aus ihm entwickelte er seine Staatslehre. Grosser gelangt über die bisher vorliegenden Arbeiten insofern wesentlich hinaus, als er nachweist, daß dieser Begriff des „sittlichen Reiches" mehr als nur eine Rechtfertigung für das „monarchische Prinzip" und deshalb, kritisch weiterentwickelt, als Grundlage einer allgemeinen Staatslehre auch heute noch der Wissenschaft Anregungen für die Entwicklung einer anwendbaren Norm der gerechten Ordnung zu geben vermag. Geist und Tat, Frankfurt

Band 4

Die nationalsozialistische Schulpolitik

Eine Studie zur Funktion der Erziehung im totalitären Staat

Von Rolf Eilers
1963. XII, 152 Seiten. Verlags-Nr. 053404. Kart. DM 22,50

Band 6

Der Kampf um den Bau des Mittellandkanals

Eine politologische Untersuchung über die Rolle eines wirtschaftlichen Interessenverbandes im Preußen Wilhelms II.

Von Hannelore Horn
1964. XII, 143 Seiten, 1 Falttafel. Verlags-Nr. 053406. Kart. DM 16,80

Die Studie gibt einen guten Überblick über die Politik eines Interessenverbandes. Daneben aber wird hier wieder einmal das damals verhängnisvolle komplizierte Verhältnis zwischen Preußen und dem Reich deutlich. Die Staatsregierung konnte sich in Preußen kaum durchsetzen, weil sie in der Reichspolitik auf konservative Unterstützung angewiesen war. Frankfurter Allgemeine Zeitung